SPANISH FOR
MEDICAL PERSONNEL

Sixth Edition

SPANISH FOR MEDICAL PERSONNEL

Ana C. Jarvis
Chandler-Gilbert Community College

Raquel Lebredo
California Baptist University

Houghton Mifflin Company
Boston   New York

Director, Modern Language Programs: E. Kristina Baer
Development Manager: Beth Kramer
Associate Development Editor: Rafael Burgos-Mirabal
Project Editor: Tracy Patruno
Manufacturing Manager: Florence Cadran
Associate Marketing Manager: Tina Crowley Desprez

Cover design: Rebecca Fagan
Cover image: "Ocean Park #72" Richard Diebenkorn, 1975 (Philadelphia Museum of Art)

Printed in the U.S.A.

ISBN: 0-395-96300-1

23456789-VG-03 02 01 00 99

Contents

The Human Body

The Sixth Edition of *Spanish for Medical Personnel* presents realistic situations and the specialized vocabulary that health-care professionals need to communicate with Hispanic patients in the course of their daily work. Personalized questions, grammar exercises, dialogue completions, role-plays, and realia-based activities provide students with numerous opportunities to apply, in a wide variety of practical contexts, the grammatical structures introduced in the corresponding lessons of the *Basic Spanish Grammar*, Sixth Edition, core text.

 Spanish for Medical Personnel contains an introductory section with anatomical diagrams of the human body labeled in Spanish and English, one preliminary lesson, twenty regular lessons, four readings, and four review sections.

New to the Sixth Edition

In preparing the Sixth Edition, we have kept in mind suggestions from reviewers and users of the previous editions and the need to develop students' ability to communicate effectively in Spanish. The following list highlights the major changes in the manual and its components designed to respond to those needs.

- The fine-tuned grammatical sequence parallels all changes made in *Basic Spanish Grammar*, Sixth Edition.
- The dialogues have been revised as necessary to conform to the changes in the scope and sequence and in the vocabulary.
- The thematically-organized *Vocabulario adicional* subsections that follow the lessons' main vocabulary lists have been updated or expanded to reflect current medical practices.
- Updated *Notas culturales* highlight Hispanic customs and traditions relevant to health care, as well as information on medical conditions and concerns affecting Hispanics in the United States.
- Grammar exercises have been revised to reflect the changes to the grammatical sequence and vocabulary.
- The appendices feature an answer key to all the *Vamos a practicar* sections, as well as a handy reference to the Spanish verb system including charts with conjugations.
- The Testing Program includes one vocabulary quiz for each of the twenty regular lessons.
- The Audio Program now comes in audio CDs and in cassettes.
- The *Spanish Phrasebook for Medical and Social Services Professionals* is now available.

Organization of the Lessons

- Realistic dialogues model typical conversations in Spanish, using key vocabulary and grammatical structures that doctors, nurses, medical technicians, and other personnel need in their daily work.
- The *Vocabulario* section summarizes the new, active words and expressions presented in the dialogue and categorizes them by part of speech. A special subsection of cognates heads up the vocabulary list so students can readily identify these terms. The optional *Vocabulario adicional* subsection supplies supplementary vocabulary related to the lesson theme, while special footnotes identify useful colloquialisms.
- *Notas culturales* equip students with practical insights into culturally determined behavior patterns and other pertinent information regarding medical treatment of Hispanics in the United States.
- The *¿Recuerdan ustedes?* questions check students' comprehension of the dialogue.
- The *Para conversar* section provides personalized questions spun off from the lesson theme. Students are encouraged to work in pairs, asking and answering each of the questions.
- The *Vamos a practicar* section reinforces essential grammar points and the new vocabulary through a variety of structured and communicative activities.
- *Conversaciones breves* encourages students to use their own imaginations, experiences, and the new vocabulary to complete each conversation.
- The *En estas situaciones* section develops students' communication skills through guided role-play situations related to the lesson theme.
- Open-ended *Casos* offer additional opportunities for improving oral proficiency as students interact in situations they might encounter in their work as health-care professionals. These role-plays require spontaneous use of Spanish and are intended to underscore the usefulness of language study.

- The optional *Un paso más* section features one or two contextualized activities employing a range of creative formats to practice the supplementary words and expressions in the *Vocabulario adicional* section. In pertinent lessons, authentic documents expand upon the lesson theme and expose students to comprehensible input as they draw upon the use of cognates to assist them in developing their reading skills in Spanish. Comprehension activities guide students through the documents.

Lecturas

To further improve students' reading skills in Spanish, four supplementary selections (one after every five lessons) present basic information about diabetes, cancer, AIDS, and heart disease—four topics of major concern to the medical profession. Recorded on the Audio Program, each reading passage is accompanied by three or four brief, model conversations related to the topic. Comprehension questions check students' understanding of the materials.

Repasos

A comprehensive review section containing the following materials appears after every five lessons. Upon completion of each section, students will know precisely what material they have mastered.

- *Práctica de vocabulario* exercises check students' cumulative knowledge and use of active vocabulary in a variety of formats: matching, true/false statements, identifying related words, sentence completion, and crossword puzzles. Solutions to the crossword puzzles appear in Appendix F so students can verify their responses independently.
- The *Práctica oral* section features questions that review key vocabulary and grammatical structures presented in the preceding five lessons. To develop students' aural and oral skills, the questions are also recorded on the Audio Program.

Appendices

- Appendix A, "Introduction to Spanish Sounds and the Alphabet," explains vowel sounds, consonant sounds, linking, rhythm, intonation, syllable formation, accentuation, and the Spanish alphabet.
- Appendix B, "Verbs," presents charts of the three regular conjugations and of the *-ar, -er,* and *-ir* stem-changing verbs, as well as lists of orthographic-changing verbs and of some common irregular verbs.
- Appendix C, "English Translations of Dialogues," contains the translations of all dialogues in the preliminary lesson and the twenty regular lessons.
- Appendix D, "Weights and Measures," features conversion formulas for temperature and metric weights and measures, as well as Spanish terms for U.S. weights and measures.
- Appendix E, "Answer Key to *Vamos a practicar* Sections," includes answers to all cloze grammar exercises in the manual so that students may have immediate access to feedback.
- Appendix F, "Answer Key to the *Crucigramas*," allows students to check their work on the crossword puzzles in the *Repaso* sections.

End Vocabularies

Completely revised, the comprehensive Spanish-English and English-Spanish vocabularies contain all words and expressions from the *Vocabulario* sections followed by the lesson number in which this active vocabulary is introduced. All passive vocabulary items in the *Vocabulario adicional* lists, the diagrams of the human body, and the glosses in the readings, authentic documents, exercises, and activities are also included.

Audio Program and Audioscript

The *Spanish for Medical Personnel* Audio Program opens with a recording of the vowels, consonants, and linking sections in Appendix A, "Introduction to Spanish Sounds and the Alphabet." The five mini-dialogues and the vocabulary list of the preliminary lesson are also recorded. For the twenty regular lessons, the Audio Program, now available in audio CDs as well as in cassettes, contains recordings of the lesson dialogues (paused and unpaused versions), the active vocabulary list, and the supplementary words and expressions in the *Vocabulario adicional* section. The recordings of the *Lecturas, Conversaciones,* and *Práctica oral* sections of the *Repasos* appear on the audio CDs and cassettes following Lessons 5, 10, 15, and 20 in accordance with their order in *Spanish for Medical Personnel.* For students' and instructors' convenience, a CD icon in the manual signals materials recorded on the Audio Program.

The complete tapescript for the *Spanish for Medical Personnel* Audio Program is available in a separate booklet that contains the audioscripts for the *Basic Spanish Grammar* program.

Testing

The *Testing Program/Transparency Masters* booklet for the *Basic Spanish Grammar* program includes a vocabulary quiz for each of the twenty regular lessons and two sample final exams for *Spanish for Medical Personnel,* Sixth Edition. For instructors' convenience, answer keys for the tests and suggestions for scheduling and grading the quizzes and exams are also supplied. Transparency masters of the manual's diagrams of the human body without Spanish labels offer instructors a creative means of presenting or reviewing material.

The New Spanish Phrasebook for Medical and Social Services Professionals

This phrasebook contains the combined vocabularies of *Spanish for Medical Personnel,* Sixth Edition, and of *Spanish for Social Services,* Sixth Edition. The book comes in a convenient pocket size and the terminology is arranged alphabetically to serve as a handy and quick reference during the course and in professional settings.

A Final Word

The many students who have used *Spanish for Medical Personnel* in previous editions have enjoyed learning and practicing a new language in realistic contexts. We hope that the Sixth Edition will prepare today's students to communicate better with the Spanish-speaking people whom they encounter in the course of their work as health-care professionals.

We would like to hear your comments on and reactions to *Spanish for Medical Personnel* and to the *Basic Spanish Grammar* program in general. Reports of your experience using this program would be of great interest and value to us. Please write to us in care of Houghton Mifflin Company, College Division, 222 Berkeley Street, Boston, MA 02116.

Acknowledgments

We wish to thank our colleagues who have used previous editions of *Spanish for Medical Personnel* for their constructive comments and suggestions. We also appreciate the valuable input of the following health-care practitioners and reviewers of *Spanish for Medical Personnel,* Fifth Edition:

Hope Hernández, *Community College of Southern Nevada*
Mónica Herrera, *Prince Georges Community College*
Violeta Mercado, *University of Wisconsin at Milwaukee*

Finally, we extend our sincere appreciation to the Modern Languages Staff of Houghton Mifflin Company, College Division: E. Kristina Baer, Director; Beth Kramer, Development Manager; Rafael Burgos-Mirabal, Associate Development Editor; and Tracy Patruno, Project Editor.

Ana C. Jarvis
Raquel Lebredo

The Human Body

The diagrams on these pages show the important parts of the human body. Study them carefully and refer to them when necessary as you progress through the text.

El cuerpo humano (The Human Body)
Vista anterior (Front View)
La mujer (Woman)

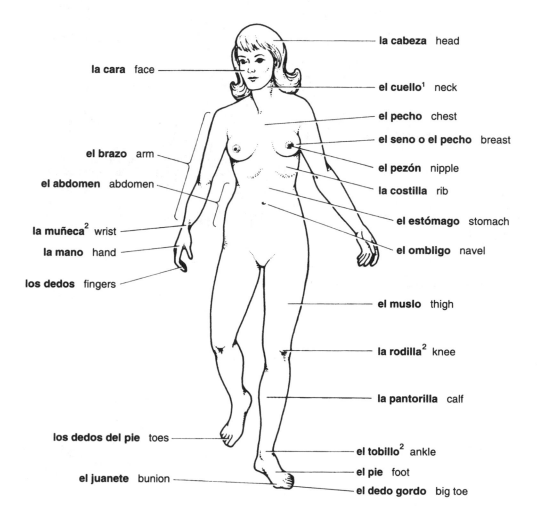

la cara face

el brazo arm

el abdomen abdomen

la muñeca[2] wrist

la mano hand

los dedos fingers

los dedos del pie toes

el juanete bunion

la cabeza head

el cuello[1] neck

el pecho chest

el seno o el pecho breast

el pezón nipple

la costilla rib

el estómago stomach

el ombligo navel

el muslo thigh

la rodilla[2] knee

la pantorilla calf

el tobillo[2] ankle

el pie foot

el dedo gordo big toe

[1]Colloquialism: **el pescuezo.**
[2]**una articulación** (*joint*)

El cuerpo humano (The Human Body)
Vista posterior (Rear View)
El hombre (Man)

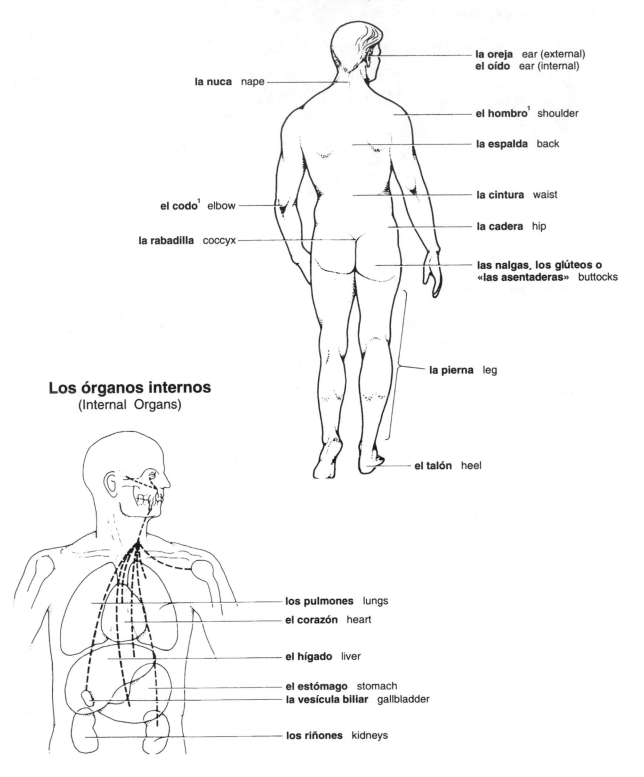

la nuca nape

la oreja ear (external)
el oído ear (internal)

el hombro[1] shoulder

la espalda back

la cintura waist

la cadera hip

el codo[1] elbow

la rabadilla coccyx

**las nalgas, los glúteos o
«las asentaderas»** buttocks

la pierna leg

el talón heel

Los órganos internos
(Internal Organs)

los pulmones lungs
el corazón heart

el hígado liver

el estómago stomach
la vesícula biliar gallbladder

los riñones kidneys

---

[1]**una articulación** (*joint*)

El aparato digestivo
(Digestive System)

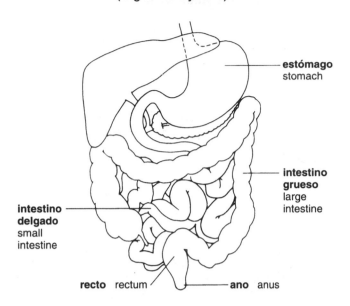

estómago
stomach

**intestino
grueso**
large
intestine

**intestino
delgado**
small
intestine

recto rectum

ano anus

Los órganos reproductivos (Reproductive Organs)

La mujer (Woman)

El hombre (Man)

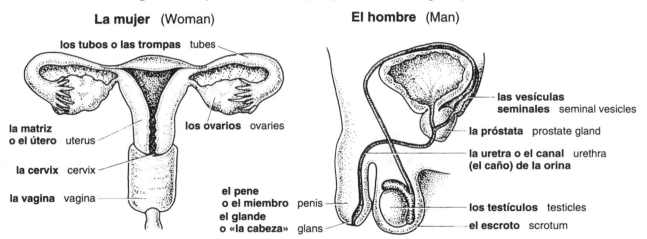

los tubos o las trompas tubes

**la matriz
o el útero** uterus

los ovarios ovaries

la cervix cervix

la vagina vagina

**el pene
o el miembro** penis
**el glande
o «la cabeza»** glans

**las vesículas
seminales** seminal vesicles

la próstata prostate gland

la uretra o el canal urethra
(el caño) de la orina

los testículos testicles

el escroto scrotum

La cabeza (The Head)

Vista anterior (Front View)

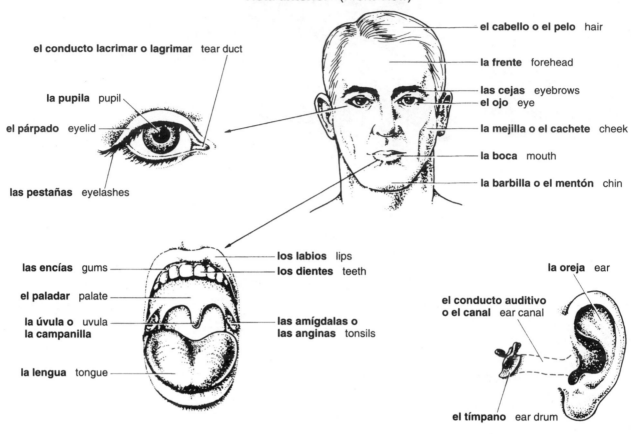

el conducto lacrimar o lagrimar tear duct

la pupila pupil

el párpado eyelid

las pestañas eyelashes

el cabello o el pelo hair

la frente forehead

las cejas eyebrows

el ojo eye

la mejilla o el cachete cheek

la boca mouth

la barbilla o el mentón chin

las encías gums

el paladar palate

la úvula o uvula
la campanilla

la lengua tongue

los labios lips

los dientes teeth

las amígdalas o
las anginas tonsils

la oreja ear

el conducto auditivo
o el canal ear canal

el tímpano ear drum

La cabeza (The Head)

Vista de perfil (Side View)

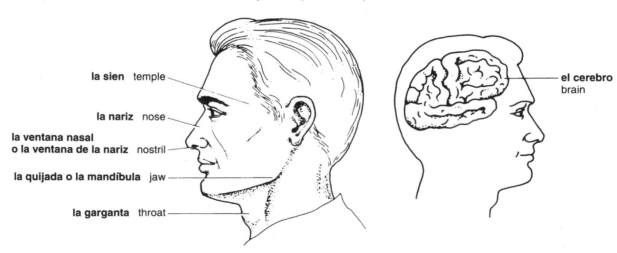

la sien temple

la nariz nose

la ventana nasal
o la ventana de la nariz nostril

la quijada o la mandíbula jaw

la garganta throat

el cerebro
brain

El esqueleto (The Skeleton)
Los huesos (The Bones)

la vértebra   vertebra

la columna vertebral o la espina dorsal   spinal column

el cráneo   skull

el radio   radius

la clavícula   clavicle

la mandíbula   jawbone

el cúbito ulna

el esternón   sternum

el omóplato   scapula

el húmero   humerus

las costillas   ribs

el carpo   carpus

el hueso iliaco   ilium

el cóccix   coccyx

las falanges   phalanges

el fémur   femur

la rótula   patella

la tibia   tibia

la fíbula o el peroné   fibula

el tarso   tarsus

el metatarso   metatarsus

las falanges   phalanges

el calcáneo
calcaneus

SPANISH FOR
MEDICAL PERSONNEL

Conversaciones breves

A. —Buenos días, señorita Vega. ¿Cómo está usted?
   —Muy bien, gracias, señor Pérez. ¿Y usted?
   —Bien, gracias.

B. —Buenas tardes, doctora Ramírez.
   —Buenas tardes, señora Soto. Pase y tome asiento, por favor.
   —Gracias.

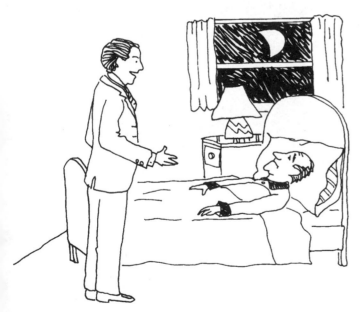

C. —Buenas noches, señor Rojas. Yo soy el doctor Díaz. ¿Cómo se siente?
   —No muy bien, doctor.
   —Lo siento.

D. —Muchas gracias, señora.
   —De nada, señorita. Hasta mañana.
   —Adiós.

E.   —¿Nombre y apellido?

      —José Luis Torres Fuentes.

      —¿Dirección?

      —Calle Palma, número diez.

      —¿Número de teléfono?

      —Ocho-dos-uno-treinta y nueve-cuarenta y dos.

      —¿Es usted casado o soltero, señor Torres?

      —Soy soltero.

⊙ Vocabulario (*Vocabulary*)

SALUDOS Y DESPEDIDAS (*Greetings and farewells*)

Adiós.   Good-bye.
Chau.   Bye.
Buenos días.   Good morning., Good day.
Buenas tardes.   Good afternoon.
Buenas noches.   Good evening., Good night.
¿Cómo está usted?[1]   How are you?
Hasta mañana.   See you tomorrow.
Bien.   Fine., Well.
Muy bien, gracias.   Very well, thank you.
No muy bien.   Not very well.

TÍTULOS (*Titles*)

doctor (Dr.), doctora (Dra.)   doctor
señor (Sr.)   Mr., sir, gentleman
señora (Sra.)   Mrs., lady, Ma'am, Madam
señorita (Srta.)   Miss, young lady

---

[1]**¿Cómo estás?**   familiar form.

OTRAS PALABRAS Y EXPRESIONES (*Other words and expressions*)

el apellido   last name, surname
la calle   street
casado(a)   married
¿cómo?   how?
¿Cómo se siente?   How are you feeling?
conversaciones breves   brief conversations
De nada.   You're welcome.
la dirección, el domicilio   address
¿Es[1] usted... ?   Are you... ?
Lo siento.   I'm sorry.
Muchas gracias.   Thank you very much.
el nombre   name
el número de teléfono   phone number
o   or
Pase.   Come in.
por favor   please
soltero(a)   single
soy[1]   I am
Tome asiento.   Have a seat.
y   and

Cognados (Cognates)

Cognates (*cognados*) are words that are similar in spelling and meaning in two languages. Some Spanish cognates are identical to English words. In other instances, the words differ only in minor or predictable ways. There are many Spanish cognates related to the medical or health care professions, as illustrated in the following lists. Learning to recognize and use cognates will help you to acquire vocabulary more rapidly and to read and speak Spanish more fluently.

la anemia   anemia
la bronquitis   bronchitis
el cáncer   cancer
la cirrosis   cirrhosis
la deshidratación   dehydration
la diabetes   diabetes
la disentería   dysentery
el enfisema   emphysema
la epilepsia   epilepsy
la hipertensión   hypertension
el insomnio   insomnia
la úlcera   ulcer

la anestesiología   anesthesiology
la cardiología   cardiology
la ginecología   gynecology
la oftalmología   ophthalmology
la ortopedia   orthopedics
la pediatría   pediatrics
la urología   urology
el (la) anestesiólogo(a)   anesthesiologist
el (la) cardiólogo(a)   cardiologist
el (la) ginecólogo(a)   gynecologist
el (la) oftalmólogo(a)   ophthalmologist
el (la) ortopedista, el (la) ortopeda   orthopedist
el (la) pediatra   pediatrician
el (la) urólogo(a)   urologist

---

[1]From the verb **ser,** *to be*

3

¿Recuerdan ustedes? (*Do you remember?*)

Write appropriate responses to the following.

1. Buenos días.

    _____

2. Buenas tardes. ¿Cómo está usted?

    _____

3. Muchas gracias.

    _____

4. Buenas noches.

    _____

5. Pase y tome asiento, por favor.

    _____

6. ¿Cómo se siente?

    _____

7. Hasta mañana.

    _____

Vamos a practicar (*Let's practice*)

A. Write in Spanish the name of the place and the telephone number (in words) you would call in each of the following situations.[1] Since many of the words are cognates, guess at their meaning.

1. You need some medicine. _____

2. You have a toothache. _____

3. Your husband/wife is having a heart attack. _____

4. You have just witnessed a car accident. _____

5. You want to know when you can visit a friend who has just had a baby. _____

    _____

    Hospital Municipal 257-8493
    Ambulancia 235-3011
    Dr. Manuel Montoya, dentista 265-9267
    Policía 112
    Farmacia "Marín" 241-4228

---

[1]Write the first three numbers individually and the rest in pairs: 2 5 7 - 84 - 93.

B. You are responsible for making patients' appointments at a medical clinic. In order to verify that you have written the following names correctly in the appointment book, spell each one in Spanish.

1. Sandoval
2. Fuentes
3. Varela
4. Ugarte
5. Barrios
6. Zubizarreta

C. Write the definite article before each word and then write the plural form.

1. _____ apellido   _____

2. _____ dirección   _____

3. _____ doctora   _____

4. _____ señor   _____

5. _____ nombre   _____

6. _____ conversación   _____

7. _____ calle   _____

8. _____ número   _____

En estas situaciones (*In these situations*)

What would you say in the following situations? What might the other person say?

1. You greet your instructor in the evening and ask how he/she is.

2. You greet a patient, Miss Vega, in the morning.

3. Someone knocks on the door of your office.

4. You want to thank someone for a favor.

5. You want to ask someone how he/she is feeling.

6. You are helping someone fill out a form. You ask for his/her first and last name, address, and phone number.

7. You ask someone whether he/she is married or single.

1

🔴 *En el consultorio*

El paciente entra y habla con la recepcionista.

RECEPCIONISTA	—Buenos días, señor.
PACIENTE	—Buenos días, señorita. Necesito hablar[1] con la doctora Gómez, por favor.
RECEPCIONISTA	—Muy bien. ¿Nombre y apellido?
PACIENTE	—Jorge Vera Ruiz.
RECEPCIONISTA	—¿Quién paga la cuenta, señor Vera? ¿Usted o el seguro?
PACIENTE	—El seguro.
RECEPCIONISTA	—La tarjeta de seguro médico, por favor.
PACIENTE	—Aquí está.
RECEPCIONISTA	—Gracias. Ahora necesita llenar esta planilla.
PACIENTE	—Muy bien. (*El paciente llena la planilla.*)

La doctora Gómez habla con el paciente. La doctora llena la planilla.

MÉDICA	—A ver… Usted pesa ciento setenta libras. ¿Cuánto mide?
PACIENTE	—Cinco pies, nueve pulgadas.
MÉDICA	—(*Mira la hoja clínica.*) Ajá… dolor de cabeza… dolor de estómago… y náusea…
PACIENTE	—Sí, doctora. Vomito a menudo. Siempre después de las comidas.
MÉDICA	—¿Vomita sangre?
PACIENTE	—No, no vomito sangre.
MÉDICA	—Bueno, necesitamos radiografías y un análisis de sangre.
PACIENTE	—Muy bien, doctora.

Con la recepcionista.

PACIENTE	—¿Cuándo necesito regresar?
RECEPCIONISTA	—Necesita regresar mañana, a las ocho y media.

---

[1]When two verbs are used together, the second verb remains in the infinitive: **Necesito *hablar*.**

INFORMACIÓN SOBRE EL PACIENTE (Llenar con letra de imprenta.)

_____

Fecha: 3/10/1999[1]

Sr.
Sra.
Srta. _Vera Ruiz_____Jorge_____Luis_____
 Apellido(s)   Nombre   Segundo nombre

Dirección: _Magnolia 913 Riverside___CA___92314_
 Calle   Ciudad   Estado   Zona
                                                   postal

Teléfono: _686-9236_____

_566-77-4832_____4 de mayo de 1950___49_
Número de seguro social   Fecha de nacimiento   Edad

Sexo: ☒ Masculino   Ocupación: _Mecánico_____
      ❑ Femenino

Número de la licencia para conducir: _A 06 964 803_____

Lugar donde trabaja: _____AMCO_____

Estado civil: ☒ Casado(a)   Nombre del esposo: _____
              ❑ Soltero(a)   Nombre de la esposa: _Julia___
              ❑ Divorciado(a)
              ❑ Separado(a)
              ❑ Viudo(a)

En caso de emergencia llamar a: _____Julia Vera_____

Teléfono: _686-9236_____

Nombre de la compañía de seguro: _____Blue Cross_____

Número de póliza: _____792573_____

Firma: _Jorge Vera Ruiz_____

[1]See _Notas culturales_.

⊕ Vocabulario

COGNADOS (Cognates)

la compañía company	**el (la) paciente** patient
la emergencia emergency	**la póliza** policy
la información information	**el (la) recepcionista** receptionist
médico(a) medical	**el sexo** sex
la náusea nausea	**social** social
la ocupación occupation	

NOMBRES (Nouns)

el análisis test, analysis
  el análisis de sangre blood test
la cabeza head
la comida meal
la compañía de seguro insurance company
el consultorio doctor's office
la cuenta bill
el dolor pain, ache
  el dolor de cabeza headache
  el dolor de estómago stomachache
la edad age
la esposa, la mujer wife
el esposo, el marido husband
el estado civil marital status
el estómago stomach
la fecha de nacimiento date of birth
la firma signature
la hoja clínica, la historia clínica medical history
la licencia para conducir driver's license
la letra letter, handwriting
  la letra de imprenta, la letra de molde print, printed letter
la libra pound
el lugar donde trabaja place of employment
el (la) médico(a) (medical) doctor, M.D.
el pie foot
la planilla, la forma (Méx.) form
la pulgada inch
la radiografía X-ray
la sangre blood
el segundo nombre middle name
el seguro, la aseguranza (Méx.) insurance
el seguro social Social Security
la tarjeta card
  la tarjeta de seguro médico medical insurance card

VERBOS (Verbs)

entrar to enter
hablar to speak
llamar to call
llenar to fill out
mirar to look at
necesitar to need
pagar to pay
pesar to weigh
regresar to return
vomitar, arrojar to throw up

ADJETIVOS (Adjectives)

clínico(a) medical
divorciado(a) divorced
esta[1] this
separado(a) separated
viudo(a) widower, widow

OTRAS PALABRAS Y EXPRESIONES (Other words and expressions)

a las (+ time) at (+ time)[2]
a menudo often
A ver… Let's see…
ahora now
ajá aha
aquí está here it is
bueno okay, well
con with
¿cuándo? when?
¿cuánto? how much?
¿Cuánto mide usted? How tall are you?
después (de) after
en caso de in case of
mañana tomorrow
o or
¿quién? who?
siempre always
sobre about

---

[1]**este:** this (masculine form)
[2]**A la una** is used to express At one o'clock.

Vocabulario adicional (Additional vocabulary)

Necesita una radiografía
{
de la cabeza   head
de la espalda   back
del pecho   chest
de la rodilla   knee
de la mano   hand
de la pierna   leg
de la muñeca   wrist
}

Necesita un análisis de
{
orina   urine
materia fecal   stool, feces
esputo   sputum
}

¿Dónde le duele?   Where does it hurt?

Me duele
{
el cuello   neck
el estómago   stomach
el vientre   abdomen
el oído   (inner) ear
la garganta   throat
el hombro   shoulder
aquí   here
}

Me duelen[1]
{
los pies   feet
las piernas   legs
los brazos   arms
los dientes   teeth
los dedos   fingers
}

¡OJO! For additional anatomical terms, see the diagrams on pages xi-xv.

Notas culturales

- In most Spanish-speaking countries the day of the month is placed first. For example, 3/10/99 is equivalent to **el 3 de octubre de 1999** or October 3, 1999.
- In Spanish-speaking countries, people generally have two surnames: the father's surname and the mother's maiden name. For example, the children of María **Rivas** and Juan **Pérez** would use the surnames **Pérez Rivas.** In this country, this custom may cause some confusion when completing forms, making appointments, or filing medical records. The proper order for alphabetizing Hispanic names is to list people according to the father's surname.

    Peña Aguilar, Rosa
    Peña Aguilar, Sara Luisa
    Peña Gómez, Raúl
    Quesada Álvarez, Javier
    Quesada Benítez, Ana María

¿Recuerdan ustedes?

Answer the following questions, basing your answers on the dialogue on page 7.

1. ¿Con quién necesita hablar el paciente?

_____

---

[1]Used with plural nouns.

2. ¿Quién paga la cuenta, el señor Vera o el seguro?

   _____

3. ¿Qué (*What*) necesita llenar el paciente?

   _____

4. ¿Cuánto pesa y cuánto mide el señor Vera?

   _____

5. ¿Vomita el paciente a menudo? ¿Vomita después de las comidas?

   _____

6. ¿Vomita sangre?

   _____

7. ¿Qué necesita la doctora Gómez?

   _____

8. ¿A qué hora necesita regresar mañana el paciente?

   _____

Para conversar (*To talk*)

Interview a classmate, using the following questions. When you have finished, switch roles.

1. ¿Nombre y apellido?

   _____

2. ¿Estado civil?

   _____

3. ¿Fecha de nacimiento?

   _____

4. ¿Cuánto mide usted?

   _____

5. ¿Cuánto pesa usted?

   _____

6. ¿Necesita usted hablar con un médico?

   _____

7. ¿Usted necesita regresar mañana?

   _____

Vamos a practicar

A. **Complete the following exchanges, using the present indicative of the verbs given.**

Modelo: llenar

El paciente _____ la planilla.

El paciente **llena** la planilla.

1. necesitar/hablar

—Nosotros _____ hablar con la doctora Smith.

—¿La doctora _____ español?

—Sí, ella y yo siempre _____ español.

2. necesitar/pagar

—¿Ustedes _____ la tarjeta de seguro médico?

—No, nosotros _____ la hoja clínica.

—¿Usted _____ la cuenta?

—Sí, yo _____ la cuenta.

3. pesar

—¿Cuánto _____ tú?

—Yo _____ ciento cincuenta libras.

4. regresar

—¿A qué hora _____ ustedes?

—Yo _____ a las dos y la recepcionista _____ a las cinco.

—¿Y los pacientes?

—Ellos _____ a la una.

B. **Write the following numbers in Spanish.**

Modelo: 1.213

mil doscientos trece

1. 31.568 _____

2. 22.738 _____

3. 55.890 _____

4. 470.915 _____

C. **Write in Spanish what time the following people have scheduled appointments for today.**

Modelo: José Santos: 3:40 P.M.

a las cuatro menos veinte de la tarde

1. Ana María Santos: 9:15 A.M. _____

2. Roberto Montes: 10:00 A.M. _____

3. José Luis Vera Vierci: 10:45 A.M. _____

4. Dulce Peña: 11:30 A.M. _____

5. María Teresa Ruiz: 1:20 P.M. _____

6. Jorge Ibáñez: 2:50 P.M. _____

D. **Write appropriate adjectives to complete the following sentences.**

Modelo: El doctor Rivas es _____.

El doctor Rivas es **viudo.**

1. El médico necesita las hojas _____.

2. Es un seguro _____.

3. La señora Vásquez es _____ y el señor Valdivia es_____.

4. La señorita Eva Cortés es _____.

Conversaciones breves

Complete the following dialogues, using your imagination and the vocabulary from this lesson.

A. **La recepcionista y el paciente:**

PACIENTE —_____

RECEPCIONISTA —Buenos días. ¿Cómo se llama usted?

PACIENTE —_____

RECEPCIONISTA —¿Lugar donde trabaja?

PACIENTE —_____

RECEPCIONISTA —La tarjeta de seguro médico, por favor.

PACIENTE —_____

RECEPCIONISTA —Ahora necesita llenar esta planilla.

PACIENTE —_____

B. El doctor Rivas y la paciente:

El doctor Rivas mira la hoja clínica.

DOCTOR RIVAS —_____

PACIENTE —Sí, mucho dolor de estómago y dolor de cabeza.

DOCTOR RIVAS —_____

PACIENTE —Sí, vomito a menudo. Siempre después de las comidas.

DOCTOR RIVAS —_____

PACIENTE —Sí, a menudo vomito sangre.

DOCTOR RIVAS —_____

PACIENTE —Muy bien, doctor.

En estas situaciones

What would you say in the following situations? What might the other person say?

1. You are a receptionist and a patient comes into the office in the afternoon. You greet the person and ask if he/she needs to speak with the doctor (*f.*). You tell the person that he/she needs to fill out the form and ask if the insurance company is paying the bill.

2. You are a doctor. Greet your patient (it's morning), and ask how he/she is. Ask your patient how much he/she weighs and how tall he/she is. Then tell the person you need X-rays and a blood test.

Un paso más (*A step further*)

A. **Review the *Vocabulario adicional* in this lesson and then look at the drawings. Write what part of the body hurts by matching the numbers in the activity on page 15 to those in the drawings.**

Modelo: **3. Me duele el brazo.**

9. _____

5. _____

6. _____

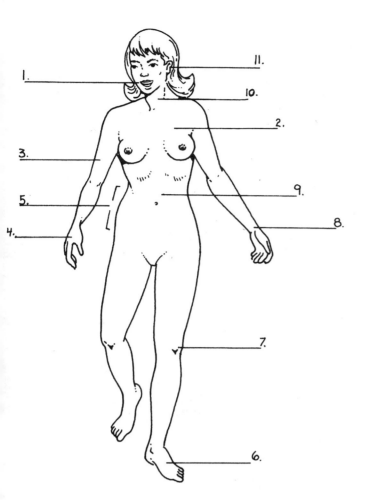
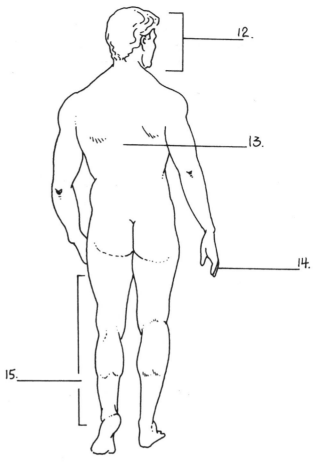

11. _____

13. _____

1. _____

14. _____

12. _____

B. **Look at the drawings again and write what part of the body needs to be X-rayed.**

Necesita una radiografía…

7. _____

8. _____

4. _____

5. _____

2. _____

C. You work at the admitting desk in a hospital and part of your job is to fill in the following form for each patient. Solicit the necessary information from a classmate by asking questions based on the form. After you have completed the form, ask your classmate to verify that the information you have written is correct and to sign the form.

INFORMACIÓN SOBRE EL PACIENTE (Llenar con letra de imprenta.)

_____

Fecha: ....

Sr.
Sra.
Srta. ....
   Apellido(s)   Nombre   Segundo nombre

Dirección: ....
      Calle   Ciudad   Estado   Zona postal

Teléfono: ....

....
Número de seguro social   Fecha de nacimiento   Edad

Sexo: ☐ Masculino   Ocupación:[1] ....
      ☐ Femenino

Número de la licencia para conducir: ....

Lugar donde trabaja: ....

Estado civil: ☐ Casado(a)   Nombre del esposo: ....
         ☐ Soltero(a)   Nombre de la esposa: ....
         ☐ Divorciado(a)
         ☐ Separado(a)
         ☐ Viudo(a)

En caso de emergencia llamar a: ....

Teléfono: ....

Nombre de la compañía de seguro: ....

Número de póliza: ....

Firma: ....

[1]For a list of Careers and Occupations refer to Appendix C in *Basic Spanish Grammar.*

⚘ *En el hospital*

La dietista habla con la Sra. López.

DIETISTA	—¿Es Ud. la madre de Carlos López?
SRA. LÓPEZ	—Sí, yo soy su mamá.
DIETISTA	—¿Qué desea comer[1] el niño hoy?
SRA. LÓPEZ	—Desea sopa, pollo y, de postre, fruta.
DIETISTA	—¿Qué desea tomar[1]?
SRA. LÓPEZ	—Leche fría y agua.
DIETISTA	—¿Y mañana, para el desayuno?
SRA. LÓPEZ	—Jugo de naranja, cereal, pan tostado con mantequilla y chocolate caliente.

La enfermera habla con los pacientes en la sala.

Con el Sr. Ramos:

ENFERMERA	—¿Todavía tose mucho, Sr. Ramos?
SR. RAMOS	—Sí, necesito un jarabe para la tos.
ENFERMERA	—Ud. fuma mucho. No debe fumar[1] tanto.
SR. RAMOS	—Señorita, sólo fumo una cajetilla al día.
ENFERMERA	—Ajá… Bueno, necesitamos muestras de orina y de heces fecales para los análisis.
SR. RAMOS	—Está bien. Ah, señorita, necesito mis cigarrillos y una taza de café, por favor.

Con la Sra. Díaz:

ENFERMERA	—Sra. Díaz, ¿usa Ud. dentadura postiza, anteojos o lentes de contacto?
SRA. DÍAZ	—Uso lentes para leer.
ENFERMERA	—¿Necesita Ud. algo?
SRA. DÍAZ	—Sí, necesito otra almohada y una frazada, y también la pastilla para el dolor.
ENFERMERA	—Muy bien. ¿Desea orinar ahora?
SRA. DÍAZ	—Sí, por favor.
ENFERMERA	—Bien, aquí está la chata. ¿Necesita algo más?
SRA. DÍAZ	—Sí, hágame el favor de llamar a la Dra. Silva. Necesito hablar con ella.

---

[1]Remember: When two verbs are used together, the second verb remains in the infinitive: **desea** *comer*, **no debe** *fumar*.

🔊 Vocabulario

COGNADOS

el cereal   cereal
el chocolate   chocolate
la fruta   fruit
el hospital   hospital
los lentes de contacto   contact lenses
mucho   much, a lot

NOMBRES

el agua (*f.*)   water
la almohada   pillow
los anteojos, los lentes, las gafas, los espejuelos
   (*Cuba*)   glasses
el café   coffee
la cajetilla   pack of cigarettes
la chata,[1] **la cuña**   bedpan
el cigarrillo   cigarette
la dentadura   teeth, set of teeth
la dentadura postiza   dentures
el desayuno   breakfast
el (la) dietista   dietician
el (la) enfermero(a)   nurse
la frazada, la manta, la cobija   blanket
el jarabe para la tos   cough syrup
el jugo   juice
el jugo de naranja, el jugo de china (*Puerto Rico*)
   orange juice
la leche   milk
la madre, la mamá   mother, mom
la mantequilla   butter
la muestra   sample, specimen
   la muestra de orina   urine sample, specimen
   la muestra de heces fecales, materia fecal,
   excremento[2] stool specimen
el (la) niño(a)   child, boy (girl)
el pan   bread
el pan tostado, la tostada   toast
la pastilla   pill
   la pastilla para el dolor, el calmante[3]
   pill for pain, pain killer
el pollo   chicken

el postre   dessert
la sala   ward
la sopa   soup
la taza   cup
la tos   cough

VERBOS

comer   to eat
deber   should, must
desear   to want, to wish
fumar   to smoke
leer   to read
orinar   to urinate[4]
tomar, beber   to drink
toser   to cough
usar   to wear, to use

ADJETIVOS

caliente   hot
frío(a)   cold
otro(a)   other, another
postizo(a)   false

OTRAS PALABRAS Y EXPRESIONES

al día   a day, per day
algo   anything, something
¿Algo más?   Anything else?
en   in, at
Está bien.   Okay.
Hágame el favor de... (+ *inf.*)   Please
   (+ command)

---

[1]A urinal for males is called **el pato.**
[2]Colloquialism: **la caca.** Remember that colloquialisms are expressions used in familiar and informal conversation or regional dialects and they should not be used indiscriminately.
[3]The term **calmante** has two meanings: *painkiller* and *sedative.* **Calmante para el dolor** (*painkiller*) may be used to clarify the meaning.
[4]Colloquialisms: **hacer pipí, hacer pis. Hacer pipí** is frequently used by mothers when talking to small children.

hoy today	**también** also
para for	**tanto(a)** so much
¿qué? what?	**todavía** still, yet
sólo, solamente only	

Vocabulario adicional

Ud. debe
{
- **ir a la oficina de admisión**   go to the admissions office
- **llenar la planilla de admisión**   fill out the admissions form
- **firmar la autorización**   sign the authorization
- **ingresar en el hospital**   be admitted to the hospital

Deseo jugo[1] de
{
- **toronja**   grapefruit
- **piña**   pineapple
- **tomate**   tomato
- **manzana**   apple
- **uvas**   grapes
- **pera**   pear
- **durazno, melocotón**   peach

Debe tomar
{
- **dos tabletas**   tablets
- **dos cápsulas**   capsules
- **la medicina**   medicine
- **un sedativo, un calmante**   sedative
- **un antidepresivo**   antidepressant
- **un antidiarreico**   antidiarrheic
- **un antiespasmódico**   antispasmodic
- **un tranquilizante**   tranquilizer

Notas culturales

As the U.S. population becomes increasingly diverse, it is important that the health professional develop multicultural competencies and skills. Several professional schools are now including course offerings on multiculturalism as part of their curricula. There are several sources available on the impact of cultural attitudes on medical issues and public health concerns. One of the 1998 issues of the journal *Family Medicine* was dedicated to issues on minority health. The School of Nursing of the University of California in San Francisco has published a manual on culture and nursing care. In addition to publications from specific organizations, there are many books on the subject. Three of the most recent ones are *Cultures of Color in America: A Guide to Family, Religion, and Health* (1998), *Multicultural Clients: A Professional Handbook for Health Care Providers and Social Workers* (1996), and *Approaching Diversity: A Tool for Building Bridges* (1996).

¿Recuerdan ustedes?

Answer the following questions, basing your answers on the dialogues.

1. ¿Quién es la Sra. López?

_____

---

[1]**zumo** (España)

2.   ¿Qué desea comer el niño? ¿Qué desea de postre?

   _____

3.   ¿Qué desea para el desayuno?

   _____

4.   ¿Tose mucho el Sr. Ramos?

   _____

5.   ¿Qué desea tomar para la tos?

   _____

6.   ¿Qué necesita la enfermera para los análisis?

   _____

7.   ¿Qué necesita el Sr. Ramos?

   _____

8.   ¿Usa lentes de contacto la Sra. Díaz?

   _____

9.   ¿Qué necesita la Sra. Díaz?

   _____

10. ¿A quién debe llamar la enfermera?

   _____

Para conversar

Interview a classmate, using the following questions. When you have finished, switch roles.

1.   ¿Qué desea comer Ud. hoy?

   _____

2.   ¿Come Ud. muchas frutas?

   _____

3.   ¿Desea Ud. tomar leche fría, jugo de naranja, café o agua?

   _____

4.   ¿Usa Ud. lentes de contacto?

   _____

5.   ¿Necesita Ud. anteojos para leer?

   _____

6. ¿Usa Ud. dentadura postiza?

   _____

7. ¿Cuántas (*How many*) almohadas usa Ud.?

   _____

8. ¿Qué pastillas para el dolor toma Ud.?

   _____

9. ¿Fuma Ud.? ¿Cuántas cajetillas al día?

   _____

10. ¿Qué debo tomar para la tos?

   _____

Vamos a practicar

A. **Complete the following exchanges, using the present indicative of the verbs given.**

   Modelo: comer

   Él _____ frutas.
   Él **come** frutas.

1. comer/beber

   —¿Qué _____ Uds.?

   —Nosotros _____ pollo. ¿Qué _____ tú?

   —Yo _____ jugo de naranja o leche.

2. deber/leer

   —¿Tú _____ usar anteojos para leer?

   —Sí, cuando (*when*) yo _____ necesito lentes.

3. toser

   —¿Ud. _____ mucho, señora?

   —Sí, (yo) _____ mucho.

B. **Complete the following sentences using possessive adjectives. Each adjective should agree with the subject.**

   Modelo: Ella necesita _____ lentes.

   Ella necesita **sus** lentes.

1. Yo necesito _____ almohada y él necesita _____ frazada.

2. Nosotros necesitamos _____ pastillas y tú necesitas _____ jarabe.

3. La enfermera necesita _____ anteojos y Uds. necesitan _____ cigarrillos.

C. Give the Spanish equivalent of the following.

1. We need to call the nurse.

   _____

2. My son needs Jorge's phone number.

   _____

3. The doctor reads Miss Vega's medical history.

   _____

Conversaciones breves

Complete the following dialogues, using your imagination and the vocabulary from this lesson.

A. La enfermera y el Sr. García:

ENFERMERA —_____

SR. GARCÍA —No uso dentadura postiza, pero (*but*) sí uso lentes de contacto.

ENFERMERA —_____

SR. GARCÍA —No, pero necesito otra frazada.

ENFERMERA —_____

SR. GARCÍA —Sí, señorita, toso mucho.

ENFERMERA —_____

SR. GARCÍA —No, yo no fumo mucho: sólo tres o cuatro cigarrillos al día.

ENFERMERA —_____

SR. GARCÍA —No, no deseo orinar ahora.

B. La enfermera y la Srta. Ortiz:

ENFERMERA —_____

SRTA. ORTIZ —Deseo tomar leche fría.

ENFERMERA —_____

SRTA. ORTIZ —No, no deseo agua, gracias.

ENFERMERA —_____

SRTA. ORTIZ —Para el desayuno deseo jugo de naranja, cereal y una taza de café.

ENFERMERA —_____

SRTA. ORTIZ —No, no deseo tostadas con mantequilla.

ENFERMERA —_____

SRTA. ORTIZ —Para comer deseo pollo y sopa.

ENFERMERA —_____

SRTA. ORTIZ —No, no deseo postre.

C. La enfermera y la Sra. Mora:

ENFERMERA —Necesito una muestra de orina para los análisis.

SRA. MORA —_____

ENFERMERA —No, no necesito muestra de heces fecales. ¿Cómo está Ud. hoy?

SRA. MORA —_____

ENFERMERA —¿Desea tomar la pastilla para el dolor?

SRA. MORA —_____

ENFERMERA —Aquí está. ¿Necesita agua?

SRA. MORA —_____

En estas situaciones

What would you say in the following situations? What might the other person say?

1. You are a nurse. Verify your patient's name and ask if he/she wears contact lenses or glasses. Then ask if he/she needs another pillow or a blanket.

2. You are a patient. Tell the dietician you want toast with butter and milk for breakfast and that today you want to eat soup, salad, and chicken. Tell him/her you want to drink orange juice.

3. You are a doctor. Tell your patient that you need a urine sample and a stool specimen. Ask if he/she is still coughing a great deal, then tell the patient that he/she shouldn't smoke so much.

4. You are a nurse. Ask your female patient if she wants to urinate and needs the bedpan. Ask also if she needs anything else.

5. You tell someone that you need to call your mother.

Casos *(Cases)*

Act out the following scenarios with a partner.

1. A dietician and a patient discuss the menu for lunch and breakfast.

2. A nurse and a patient discuss the patient's needs.

Un paso más

Review the *Vocabulario adicional* in this lesson. Then give advice to the following people in these situations.

1. Your patient has a headache.

   _____

2. Your patient is very nervous.

   _____

3. The patient needs to give permission for surgery.

   _____

4. The person should be admitted to the hospital on Thursday.

   _____

5. Your patient wants some juice.

   _____

💿 *En el consultorio del pediatra (I)*

La Sra. Leyva lleva a su hijo al consultorio del Dr. Méndez. Da su nombre y toma un número, y los dos van a la sala de espera. Al rato, la enfermera llama a Miguel Leyva. La Sra. Leyva y su hijo van a un cuarto y esperan al médico.

Con la enfermera:

ENFERMERA	—¿Cuál es el problema de su hijo, Sra. Leyva?
SRA. LEYVA	—Está resfriado, y como él es asmático, sufre mucho, pobrecito.
ENFERMERA	—A ver… Su temperatura es alta… ciento tres grados… ¿Qué tal el apetito?
SRA. LEYVA	—Come muy poco y siempre está cansado.
ENFERMERA	—Está muy pálido… ¡Ah! Aquí está el doctor.

Con el Dr. Méndez:

DR. MÉNDEZ	—Miguel está muy delgado. Pesa sólo cuarenta libras. Muy poco para un niño de siete años.
SRA. LEYVA	—Mi hijo come muy poco, doctor. Y siempre está estreñido y aventado…
DR. MÉNDEZ	—Quizá está anémico. Necesitamos un análisis de sangre.
SRA. LEYVA	—¿Cree Ud. que es algo grave?
DR. MÉNDEZ	—No… necesita vitaminas, hierro y proteína.
SRA. LEYVA	—¿Y para el catarro y la fiebre? ¿Va a necesitar penicilina? Él es alérgico a la penicilina.
DR. MÉNDEZ	—No, su hijo no necesita penicilina.
SRA LEYVA	—¿Va a necesitar alguna medicina?
DR. MÉNDEZ	—Sí, unas cápsulas. Debe tomar una después de cada comida y una antes de dormir.[1]
SRA. LEYVA	—Bueno.
DR. MÉNDEZ	—El niño debe tomar mucho líquido, señora. Aquí está la receta.
SRA. LEYVA	—Muy bien. Ahora mismo vamos a ir a la farmacia para comprar la medicina. ¿Debe tomar aspirinas para la fiebre?
DR. MÉNDEZ	—No, debe tomar Tylenol para niños. Si la fiebre pasa de ciento un grados, debe tomar dos cucharaditas cada cuatro horas. Si la fiebre no baja, deben regresar mañana.
SRA. LEYVA	—Muchas gracias, doctor. ¡Ah! ¿Adónde llevo al niño para el análisis de sangre?
DR. MÉNDEZ	—Al laboratorio. Aquí está la orden.

---

[1]After prepositions, Spanish uses an infinitive: **antes de *dormir***.

Vocabulario

COGNADOS

alérgico(a) allergic	**la medicina, el remedio** medicine
anémico(a) anemic	**la oficina** office
el apetito appetite	**la orden** order, referral
asmático(a) asthmatic	**la penicilina** penicillin
la aspirina aspirin	**el problema** problem
la cápsula capsule	**la proteína** protein
la farmacia[1] pharmacy	**la temperatura** temperature
el laboratorio laboratory, lab	**la vitamina** vitamin
el líquido liquid	

NOMBRES

el año year
el catarro, el resfrío, el resfriado cold
el cuarto room
la cucharadita teaspoonful
la fiebre, la calentura fever
el grado degree
el hierro iron
el (la) hijo(a) son, daughter
la hora hour
el (la) pediatra pediatrician
el (la) pobrecito(a) poor little thing
la receta prescription
la sala de espera waiting room

VERBOS

bajar to go down
comprar to buy
creer to think, to believe
dar to give
esperar to wait (for)
estar to be
ir to go
llevar to take (*someone or something somewhere*)
sufrir to suffer
tomar to take

ADJETIVOS

alguno(a) some, any
alto(a) high
aventado(a), lleno(a) de gases bloated
cada every, each
cansado(a) tired
delgado(a) thin
estreñido(a), tapado(a), tupido(a) constipated
grave, serio(a) serious
pálido(a) pale

OTRAS PALABRAS Y EXPRESIONES

¿adónde? where (to)?
ahora mismo[2] right now
al rato a while later
antes de before
antes de dormir before sleeping
como since
¿cuál? what?, which?
estar resfriado(a), estar acatarrado(a) to have a
cold
los (las) dos the two of them, both
para in order to
pero but
poco little (*quantity*)
que that
¿Qué tal...? How about...?, How is (are)...?
quizá(s) perhaps, maybe
si if
la temperatura pasa de... the temperature is
over...

---

[1]Colloquialism: **la droguería** (some Latin American countries).
[2]Colloquialism: **ahorita** (some Latin American countries).

Vocabulario adicional

INSTRUCCIONES PARA TOMAR LAS MEDICINAS[1]

Tome (Take) **Déle** (Give him/her)	**una cucharada** (a tablespoon) **una cucharadita** (a teaspoonful)	**antes de cada comida** before each meal **cada seis (ocho) horas** every six (eight) hours **con las comidas** with meals **entre comidas** between meals **en ayunas** before eating anything **al acostarse** at bedtime **al levantarse** first thing in the morning (when he/she gets up)

LAS ALERGIAS (*Allergies*)

¿Es Ud. alérgico(a)	**a algún antibiótico?** any antibiotic **a algún alimento?** any food **a la inyección contra el tétano (antitetánica)?** the tetanus shot **a la sulfa?** sulfa **a los analgésicos?** analgesics **a los barbitúricos?** barbiturates **a los descongestivos?** decongestants **a algún cosmético o perfume?** any cosmetic or perfume **al polen?** pollen

---

Notas culturales

- In many Spanish-speaking countries, people not only consult medical doctors about their health problems, but also their local pharmacists. In general, pharmacists in the Spanish-speaking world receive rigorous training and are up-to-date in pharmacology. They often give shots and recommend or prescribe medicines because many drugs such as antibiotics can be bought without a prescription.
- In some Latin American countries, especially in the Caribbean region, there are stores called **botánicas** where different kinds of herbs, roots, and powders can be bought. These products are used to cure headaches, backaches, and other similar problems.
- All Spanish-speaking countries use the metric system, which may cause some misunderstanding or confusion when discussing weights and measures with a Hispanic American patient. For example, the child in the dialogue weighs forty pounds or approximately eighteen kilograms. Also, temperatures are measured in degrees Celsius rather than degrees Fahrenheit. Thus, the child's temperature is 101°F or about 38°C. For more information, see the conversion charts in Appendix D.

¿Recuerdan ustedes?

Answer the following questions, basing your answers on the dialogues.

1. ¿Adónde lleva la Sra. Leyva a su hijo?

   _____

2. ¿Cuál es el problema de Miguel?

   _____

---

[1]The **Instrucciones para tomar las medicinas** are not recorded on the audio program.

3. ¿Cuánto pesa Miguel?

_____

4. ¿Qué necesita el niño si es anémico? ¿Y para el catarro y la fiebre?

_____

5. ¿Cuándo debe tomar las cápsulas?

_____

6. ¿Adónde van a ir la Sra. Leyva y su hijo ahora mismo?

_____

7. ¿Qué debe tomar el niño para bajar la fiebre?

_____

8. Si la fiebre no baja, ¿cuándo deben de regresar?

_____

9. ¿Adónde va a llevar la Sra. Leyva al niño?

_____

Para conversar

Interview a classmate, using the following questions. When you have finished, switch roles.

1. ¿Es Ud. anémico(a)? ¿Asmático(a)?

_____

2. ¿Está Ud. cansado(a)?

_____

3. ¿Qué tal el apetito? ¿Come Ud. bien?

_____

4. ¿Necesita Ud. hierro? ¿Vitaminas? ¿Proteína?

_____

5. ¿Está Ud. resfriado(a)?

_____

6. ¿Qué toma Ud. cuando está resfriado(a)?

_____

7. ¿Qué toma Ud. para el dolor de cabeza?

_____

8. ¿Qué toma Ud. para la fiebre? ¿Para el resfrío?

    _____

9. ¿Es Ud. alérgico(a) a alguna medicina? ¿A cuál?

    _____

10. ¿Dónde (*Where*) compra Ud. las medicinas?

    _____

11. Estoy resfriado(a). ¿Debo tomar mucho o poco líquido?

    _____

12. ¿Yo estoy pálido(a)?

    _____

Vamos a practicar

A. **Complete the following exchanges, using the present indicative of *ir*, *dar*, or *estar*.**

Modelo: Ellos _____ a California.

Ellos **van** a California.

1. —¿_____ Uds. a la farmacia?

    —Sí, _____ a la farmacia para comprar medicina. Yo _____ aventado y estreñido.

2. —La Dra. Soto no _____ su número de teléfono.

    —Yo no _____ mi número de teléfono tampoco (*either*).

    —Nosotros _____ el número de la oficina.

3. —¿Uds. _____ resfriados?

    —Sí, _____ acatarrados y tosemos mucho.

B. **Complete the following exchanges, using the present indicative of *ser* or *estar*.**

Modelo: Ella _____ enferma.

Ella **está** enferma.

1. —¿_____ Ud. alérgico a alguna medicina?

    —Sí, _____ alérgico a la penicilina.

2. —¿Dónde _____ el médico?

    —_____ en el consultorio.

29

3. —¿Tú _____ el hijo de la Sra. Vega?

   —No, _____ el hijo de la Sra. Morales.

4. —¿Cuál _____ el problema de su hijo, señora?

   —_____ muy pálido últimamente (*lately*) y siempre

   _____ muy cansado. Además, _____ asmático.

   ¿Cree Ud. que _____ algo grave?

   —No, no _____ grave.

C.   Write the following dialogues in Spanish.

1. "Where are you going to take your son, madam?"

   "To the lab."

   —_____

   —_____

2. "Is Mr. Sosa's daughter very sick?"

   "Yes, she needs to go to the hospital. He's going to call Dr. Paz."

   —_____

   —_____

   _____

Conversaciones breves

Complete the following dialogues, using your imagination and the vocabulary from this lesson.

A. La doctora y el paciente:

DOCTORA —¿Cómo se siente?

PACIENTE —_____

DOCTORA —¿Come Ud. bien?

PACIENTE —_____

DOCTORA —¿Qué vitaminas toma Ud.? ¿Toma hierro?

PACIENTE —_____

B. La enfermera y la madre (*mother*) de una paciente:

ENFERMERA —¿La fiebre de su hija es muy alta?

SRA. CALLES —_____

ENFERMERA —La niña debe tomar Tylenol para niños.

SRA. CALLES —¿Necesita otra medicina?

ENFERMERA —_____

SRA. CALLES —Ahora mismo voy a la farmacia para comprar la medicina.

En estas situaciones

What would you say in the following situations? What might the other person say?

1. You are a doctor. Tell a mother that her son/daughter must take Children's Tylenol every four hours and that they must return tomorrow if the fever doesn't go down.

2. You are a doctor. After giving a patient a prescription, tell him/her to take four capsules: one after each meal and one before sleeping. Also tell the patient that he/she must drink plenty of liquids.

3. You are the patient. Tell the doctor that you are constipated and bloated and that you don't eat very much. Ask the doctor if he/she thinks it is serious.

4. You are a doctor. Tell your patient that he/she may be anemic and that you need to do a blood test. Tell him/her that he/she must go to the lab.

Casos

Act out the following scenarios with a partner.

1. A parent discusses a child's health problems and symptoms with a doctor.

2. A doctor gives instructions to a patient who has a cold and a high fever.

Un paso más

A. Review the *Vocabulario adicional* in this lesson. Then give your patients instructions about taking their medications that would approximately correspond to the times given.

1. a las seis de la mañana

_____

2. a las siete de la mañana, a las doce y a las seis de la tarde

_____

3. a las diez de la mañana y a las cuatro de la tarde

_____

4. a las once de la noche

_____

B. You are a doctor. What would you say to the following people in these situations?

1. The patient has just visited a botanical garden and now has uncontrollable bouts of sniffling and sneezing.

_____

2. The patient has hives and difficulty breathing.

_____

3. The patient has developed a rash on her face and neck.

_____

4. You are about to give a patient a tetanus shot.

_____

5. You want to prescribe a drug containing sulfa for your patient.

_____

6. The patient has a bronchial infection and you want to prescribe an antibiotic.

_____

💿 *Con el ginecólogo*

La Sra. Mora no tiene menstruación desde enero y va al consultorio del Dr. Aranda.
El Dr. Aranda es ginecólogo.

Con el Dr. Aranda:

SRA. MORA	—Creo que estoy embarazada, doctor; no tengo la regla desde enero.
DR. ARANDA	—Vamos a ver. ¿Tiene dolor en los senos? ¿Están duros o inflamados?
SRA. MORA	—Sí, doctor, y están más grandes. También tengo los tobillos muy hinchados.
DR. ARANDA	—¿Tiene mareos, náusea?
SRA. MORA	—Sí, todas las mañanas.
DR. ARANDA	—¿Está cansada?
SRA. MORA	—Sí, y estoy muy débil. Tengo dolor de espalda y siempre tengo sueño.
DR. ARANDA	—Quizás tiene anemia. ¿Tiene dolores durante las relaciones sexuales?
SRA. MORA	—Sí, tengo mucho dolor.
DR. ARANDA	—¿Orina con frecuencia?
SRA. MORA	—Sí, con mucha frecuencia.
DR. ARANDA	—¿Algún[1] malparto o aborto?
SRA. MORA	—No, ninguno.

El doctor examina a la paciente.

DR. ARANDA	—Ud. tiene todos los síntomas de estar embarazada, pero necesitamos unos análisis para estar seguros. Ud. tiene que comer bien, descansar y evitar los trabajos pesados. No debe tomar bebidas alcohólicas.
SRA. MORA	—Yo no bebo, pero fumo mucho.
DR. ARANDA	—Tiene que dejar de fumar.
SRA. MORA	—¿Por qué?
DR. ARANDA	—Porque es malo para el bebé y para Ud. también.
SRA. MORA	—Tiene razón, doctor. Debo dejar de fumar.

---

[1]The **o** in **alguno** or **ninguno** is dropped before a masculine singular noun.

🔘 Vocabulario

COGNADOS

el aborto   abortion
la anemia   anemia
el (la) ginecólogo(a)   gynecologist
el síntoma   symptom

NOMBRES

el bebé   baby
la bebida alcohólica   alcoholic beverage
la espalda   back
el malparto, el aborto natural, el aborto espontáneo   miscarriage
la mañana   morning
el mareo   dizziness
la regla, la menstruación, el periodo   menstruation
las relaciones sexuales[1]   sexual relations, sex
los senos, los pechos   breasts
el tobillo   ankle
el trabajo   work

VERBOS

descansar   to rest
evitar   to avoid
examinar, reconocer[2]   to examine
tener   to have

ADJETIVOS

débil   weak
duro(a)   hard
embarazada, encinta[3]   pregnant
grande   big
inflamado(a), hinchado(a)   swollen
malo(a)   bad
pesado(a)   heavy
seguro(a)   sure

OTRAS PALABRAS Y EXPRESIONES

con frecuencia   frequently
dejar de   to stop (doing something)
desde   since
durante   during
más   more
ninguno(a)   not a one, none
¿por qué?   why?
porque   because
tener dolor   to be in pain
tener dolor de espalda   to have a backache
tener que + *infinitivo*   to have to + *infinitive*
tener razón   to be right
tener sueño   to be sleepy
todo(a)   all
vamos a ver   let's see

---

[1]**Tener relaciones sexuales, acostarse con** = *to have sex.*
[2]Irregular first person: *yo reconozco.*
[3]Colloquialism: **preñada.**

Vocabulario adicional

OTROS ESPECIALISTAS

el (la) cardiólogo(a)   cardiologist
el (la) cirujano(a)   surgeon
el (la) endocrinólogo(a)   endocrinologist
el (la) especialista de garganta, nariz y oídos; el (la) otorrinolaringólogo(a)   throat, nose, and ear specialist
el (la) especialista de la piel, el (la) dermatólogo(a)   dermatologist
el (la) geriatra   geriatrician, geriatrist
el (la) internista   internist
el (la) obstetra   obstetrician
el (la) oculista   oculist
el (la) oftalmólogo(a)   ophthalmologist
el (la) oncólogo(a)   oncologist
el (la) ortopeda, el (la) ortopedista   orthopedist
el (la) podiatra   podiatrist
el (la) psiquiatra   psychiatrist
el (la) urólogo(a)   urologist

Notas culturales

- Like most women, many Latina females may feel uncomfortable or embarrassed discussing matters of sex and reproduction, especially with a male doctor. This reaction may be due in part to cultural taboos, the patient's level of education, or both. In some cultures, it is not possible or it is considered socially unacceptable to talk about any aspect of sexuality. Therefore, it is important to be sensitive and diplomatic when dealing with these topics.
- A 1998 National Center for Health Statistics study shows the following trends regarding births of Hispanic American origin and maternal healthcare between 1989 and 1995.

  The fertility rate of Hispanic American women continues to be higher than that of non-Hispanic American women. Mexican American women account for 70 percent of all births of Hispanic American origin.

  In the six-year period, there has been a major increase (19 percent) in timely prenatal care for Hispanic American women. However, just over 70 percent of Latina women began prenatal care in the first trimester of pregnancy, compared to 87% of non-Hispanic white women.

  The low-birthweight rate of Latino infants is 6.3 percent. This rate varies significantly among the subgroups of Hispanic Americans: from 5.8 percent for Mexican Americans to 9.4 percent for Puerto Ricans.

  Cesarean delivery rates vary considerably among the subgroups of Hispanic American women: from 30 percent (Cuban American) to 20 percent (Mexican American). The rate for Cuban American women is decreasing, but it is still higher than the national average (21 percent).

¿Recuerdan ustedes?

Answer the following questions, basing your answers on the dialogue.

1. ¿Por qué va la Sra. Mora al consultorio del Dr. Aranda?

_____

2. ¿Desde cuándo (*when*) no tiene la menstruación la Sra. Mora?

_____

3. ¿Tiene dolor en los senos?

_____

4. ¿Qué tiene la Sra. Mora todas las mañanas?

_____

5. ¿Qué otros síntomas tiene ella?

_____

6. ¿Tiene ella dolores durante las relaciones sexuales?

_____

7. ¿Qué necesitan para estar seguros de que la señora está embarazada?

_____

8. ¿Qué tiene que hacer (*do*) ella?

_____

9. ¿Qué no debe hacer la Sra. Mora?

_____

10. ¿Por qué tiene que dejar de fumar?

_____

Para conversar

Interview a classmate, using the following questions. When you have finished, switch roles.

1. ¿Tiene Ud. los tobillos hinchados?

_____

2. ¿Tiene Ud. mareos o náusea?

_____

3. ¿Está Ud. cansado(a)? ¿Débil?

_____

4. ¿Tiene Ud. dolor de espalda?

_____

5. ¿Orina Ud. con frecuencia?

_____

6. ¿Toma Ud. bebidas alcohólicas?

_____

7. Yo creo que es malo fumar. ¿Tengo razón o no?

_____

8. ¿Es fácil (*easy*) dejar de fumar?

_____

9. Si una mujer (*woman*) está embarazada, ¿qué síntomas tiene?

_____

10. Estoy muy cansado(a). ¿Qué tengo que hacer (*do*)?

_____

Vamos a practicar

A. Write two comparative or superlative statements for each situation.

Modelo: Raquel pesa 140 libras, Alicia pesa 120 libras y Silvia pesa 110 libras.

(a) Alicia es más delgada que Raquel.

(b) Silvia es la más delgada de las tres.

1. La temperatura de José es de noventa y nueve grados pero la temperatura de Rosa pasa de ciento dos grados.

(a) _____

(b) _____

2. Mi bebé pesa siete libras, el bebé de Ana pesa ocho libras y el bebé de Carmen pesa nueve libras.

(a) _____

(b) _____

3. Alfredo tiene once años, María tiene trece años y Miguel tiene dieciséis años.

(a) _____

(b) _____

4. La Clínica La Cruz Azul tiene diez doctores y la Clínica Alvarado tiene tres doctores.

(a) _____

(b) _____

B. **Write the following dialogues in Spanish.**

1. "Does Mrs. Aguilera come to the gynecologist frequently?"
   "Yes, she has to come frequently."

   — _____

   — _____

2. "You have to stop smoking, Mr. Carreras."
   "You are right."

   — _____

   — _____

3. "Are you tired, Anita?"
   "Yes, and I'm very sleepy."

   — _____

   — _____

Conversaciones breves

Complete the following dialogue, using your imagination and the vocabulary from this lesson.

La Sra. Peña y el ginecólogo:

DOCTOR —¿Desde cuándo no tiene la menstruación?

SRA. PEÑA — _____

DOCTOR —¿Tiene los tobillos hinchados? ¿Tiene mareos por la mañana?

SRA. PEÑA — _____

DOCTOR —¿Tiene dolor de espalda?

SRA. PEÑA — _____

DOCTOR —¿Tiene dolor durante las relaciones sexuales?

SRA. PEÑA — _____

DOCTOR —¿Orina con fecuencia?

SRA. PEÑA — _____

DOCTOR —¿Algún aborto o malparto?

SRA. PEÑA — _____

En estas situaciones

What would you say in the following situations? What might the other person say?

1. You are the doctor, and your patient thinks she is pregnant. Ask her if her breasts are swollen or hard, and if she feels dizzy or nauseated in the morning.

2. You are the patient. Tell your doctor that you are always tired and weak, and that you feel (have) a great deal of pain during sexual intercourse. Also tell your doctor that you urinate frequently.

3. You are a nurse. Tell your patient that he/she must eat well and avoid heavy work. Advise him/her to stop smoking and to not drink alcoholic beverages.

Casos

Act out the following scenarios with a partner.

1. You are a doctor and one of your patients thinks she is pregnant.

2. You are a doctor and have to give instructions to a pregnant patient about what she must and must not do.

3. You are serving as an interpreter for a Spanish-speaking person who is pregnant. Tell the doctor her symptoms.

Un paso más

A. Review the *Vocabulario adicional* in this lesson. Which specialist would you consult if you had the following medical conditions?

1. a fracture _____

2. frequent chest pains _____

3. a recurrent ear infection _____

4. blurred vision _____

5. a large kidney stone _____

6. an ulcer _____

7. a severe case of depression _____

8. a severely ingrown toenail _____

9. a bad case of acne _____

B. Read the following instructions for pregnant women. Then write all of the Spanish words or phrases that are cognates and their English meanings.

INSTRUCCIONES PARA MUJERES EMBARAZADAS

Si le ocurre lo siguiente,° debe llamar a su doctor.

- Hemorragia vaginal
- Contracciones regulares cada diez minutos o menos durante dos horas
- Flujo sanguíneo color rojo vivo o coágulos de sangre de la vagina (*Es normal que sangre un poco después de tener relaciones sexuales o después de un examen vaginal.*)
- Fiebre alta de más de 100.4°F o 38°C
- Dificultad o dolor al orinar
- Una disminución marcada del movimiento del feto o ningún movimiento fetal en 24 horas
- Vómitos frecuentes durante 48 horas
- Dolor de cabeza severo y persistente, vista borrosa,° acidez estomacal o hinchazón[3] de los tobillos, los pies o la cara°

LA DIETA

Las necesidades nutritivas diarias durante el embarazo:

leche	3 vasos° de 8 onzas
carne°	6 onzas o más
pan	4 o más porciones
frutas y vegetales	4 o más porciones

Si... If the following happens to you

vista... blurred vision
swelling
face

glasses

meat

ESPAÑOL	INGLÉS
_____	_____
_____	_____
_____	_____
_____	_____
_____	_____
_____	_____
_____	_____
_____	_____
_____	_____
_____	_____
_____	_____
_____	_____
_____	_____
_____	_____
_____	_____
_____	_____
_____	_____
_____	_____
_____	_____

🔊 *En el consultorio del pediatra (II)*

La Sra. Gómez lleva a su hija a la clínica. La niña tiene diarrea, una temperatura de 103 grados y las nalgas muy irritadas. Ahora está hablando con la enfermera.

ENFERMERA	—¿La niña está vacunada contra la difteria, la tos ferina y el tétano[1]?
SRA. GÓMEZ	—No… ¿es necesario todo eso?
ENFERMERA	—Sí, señora, es muy importante. ¿Y contra la poliomielitis?
SRA. GÓMEZ	—No, no…
ENFERMERA	—Bueno, la semana próxima vamos a vacunar a su hija contra la difteria, la tos ferina y el tétano.
SRA. GÓMEZ	—¿Todo junto?
ENFERMERA	—Sí, es una vacuna contra las tres enfermedades. Más adelante vamos a vacunar a la niña contra las paperas, el sarampión y la rubéola.
SRA. GÓMEZ	—Está bien.
ENFERMERA	—También vamos a hacer una prueba de tuberculina.
SRA. GÓMEZ	—¿Para qué es eso?
ENFERMERA	—Para ver si hay tuberculosis. Es sólo una precaución.
SRA. GÓMEZ	—Muy bien… ¡Ah! La niña tiene sarpullido en las nalgas. ¿La vaselina es buena para eso?
ENFERMERA	—Si hay diarrea, lo mejor es limpiar a la niña en seguida y cubrir la piel con un ungüento especial.
SRA. GÓMEZ	—También tiene una costra en la cabeza.
ENFERMERA	—Para eso debe usar aceite mineral. ¡Ah! Aquí está el doctor.

Con el Dr. Vivar:

SRA. GÓMEZ	—Mi hija tiene mucha diarrea, doctor, y en estos días está comiendo muy poco.
DR. VIVAR	—¿Hay pus o sangre en el excremento?
SRA. GÓMEZ	—Creo que no… Pero tiene mucha fiebre.
DR. VIVAR	—(*Revisa a la niña.*) Tiene una infección en el oído. Voy a recetar unas gotas para el oído, un antibiótico para la infección y Kaopectate para la diarrea.
SRA. GÓMEZ	—Muy bien.
DR. VIVAR	—Si todavía hay fiebre, quiero ver a la niña mañana por la tarde. Si no, la semana que viene.
SRA. GÓMEZ	—Sí, doctor. Muchas gracias.

[1]Colloquialism: **la Triple** refers to a vaccination against diphtheria, whooping cough, and tetanus.

Con la recepcionista:

SRA. GÓMEZ	—Quiero pedir turno para la semana próxima, por favor.
RECEPCIONISTA	—A ver… ¿El miércoles, primero de mayo a las diez y veinte está bien?
SRA. GÓMEZ	—Prefiero venir por la tarde, si es posible. ¿A qué hora cierran?
RECEPCIONISTA	—A las cinco. ¿Quiere venir a las tres y media?
SRA. GÓMEZ	—Sí. Muchas gracias.

🔊 Vocabulario

COGNADOS

el **antibiótico** antibiotic
la **clínica** clinic
la **diarrea** diarrhea
la **difteria** diphtheria
especial special
importante important
la **infección** infection
irritado(a) irritated
mineral mineral

necesario(a) necessary
la **poliomielitis** polio (myelitis)
la **precaución** precaution
el **pus, la supuración** pus
el **tétano, el tétanos** tetanus
la **tuberculina** tuberculin
la **tuberculosis** tuberculosis
la **vaselina** vaseline

NOMBRES

el **aceite** oil
la **costra** scab
la **enfermedad** disease, sickness
la **gota** drop
las **nalgas, las asentaderas** buttocks
el **oído** (inner) ear
las **paperas**[1] mumps
la **piel** skin
el (la) **primero(a)** first (one)
la **prueba** test
la **rubéola** rubella
el **sarampión** measles
el **sarpullido, el salpullido** rash
la **tos ferina** whooping cough, pertussis
el **turno, la cita** appointment
el **ungüento** ointment

VERBOS

cerrar (e:ie) to close
cubrir to cover
hacer[2] to do, to make
limpiar to clean
preferir (e:ie) to prefer
querer (e:ie) to want, to wish
recetar to prescribe
revisar, chequear to check
vacunar to vaccinate
venir (e:ie)[3] to come
ver[4] to see

ADJETIVOS

junto(a) together
vacunado(a) vaccinated

---

[1]Colloquialism: **las farfallotas** (Puerto Rico).
[2]Irregular first person: **yo hago.**
[3]Irregular first person: **yo vengo.**
[4]Irregular first person: **yo veo.**

OTRAS PALABRAS Y EXPRESIONES

¿a qué hora... ?   (at) what time... ?
contra   against
Creo que no.   I don't think so.
en estos días   these days, lately
en seguida   right away
hay   there is, there are
lo mejor   the best (thing)
más adelante   later on
¿para qué... ?   for what... ?
pedir turno, pedir hora   to make an appointment
la próxima vez   next time
la semana que viene, la semana próxima, la semana entrante   next week
todo eso   all that

Vocabulario adicional

ALGUNAS ENFERMEDADES COMUNES Y OTROS PROBLEMAS

la alergia   allergy
la amigdalitis, la infección de la garganta   tonsilitis
el aneurisma   aneurysm, aneurism
las ampollas   blisters
la apendicitis   appendicitis
la artritis   arthritis
el asma   asthma
la bronquitis   bronchitis
el cólico   colic
la colitis, la inflamación del intestino grueso   colitis
la conjuntivitis   conjunctivitis
las convulsiones   convulsions
el crup, el garrotillo   croup
el eccema   eczema
la endometriosis   endometriosis
los escalofríos   chills
la fiebre del heno   hay fever

la fiebre escarlatina   scarlet fever
la fiebre reumática   rheumatic fever
la gastritis   gastritis
la gripe[1]   influenza
la hipertensión   hypertension
la insolación   sunstroke
la intoxicación   intoxication
la(s) jaqueca(s), la migraña   migraine
la laringitis   laryngitis
la leucemia   leukemia
la meningitis   meningitis
el orzuelo   sty
la pulmonía, la pneumonía   pneumonia
el reumatismo   rheumatism
la sarna   scabies
la urticaria   hives
la varicela   chickenpox
la viruela   smallpox

---

[1]Colloquialism: **la monga** (*Puerto Rico*).

Notas culturales

- According to the National Institute of Allergy and Infectious Diseases, asthma is a growing concern in the U.S., particularly in inner-city African American and Latino communities. Several factors contribute to the disproportionate rates among African Americans and Latinos in risk of having a severe asthma attack or of dying from asthma: poverty, substandard housing that results in increased exposure to certain indoor allergens, inadequate access to health care, and the failure to take appropriate medications.
- Due to general poverty, the number of children without vaccinations is still a serious problem in some Spanish-speaking countries. In addition, some people may have misconceptions about vaccinations. For example, they may believe that as a result of vaccinations certain diseases such as polio, diphtheria, and whooping cough have been eradicated or that it is not necessary to vaccinate a child until he/she is of school age. Moreover, some Hispanic Americans, particularly those who are migrant workers, find it difficult to maintain vaccination schedules because they are constantly moving their place of residence. In these situations, parents should be informed of the importance of each type of vaccination, and they should be encouraged to keep a written record of their child's vaccinations.

¿Recuerdan ustedes?

Answer the following questions, basing your answers on the dialogues.

1. ¿Qué problemas tiene la hija de la Sra. Gómez?

   _____

2. ¿Contra qué enfermedades van a vacunar a la niña la próxima vez?

   _____

3. ¿Contra qué enfermedades van a vacunar a la niña más adelante?

   _____

4. ¿Para qué es la prueba de tuberculina?

   _____

5. Si hay diarrea, ¿qué es lo mejor?

   _____

6. ¿La niña está comiendo bien en estos días?

   _____

7. ¿Qué va a recetar el Dr. Vivar?

   _____

8. Si la fiebre no baja, ¿cuándo quiere ver el doctor a la niña?

   _____

9. ¿Para qué día es el turno de la Sra. Gómez?

   _____

10. ¿A qué hora prefiere venir la Sra. Gómez?

    _____

Para conversar

Interview a classmate, using the following questions. When you have finished, switch roles.

1. ¿Qué quiere comer Ud.?

   _____

2. Para el desayuno, ¿prefiere Ud. comer fruta o cereal?

   _____

3. ¿Tiene Ud. turno para ver al médico? ¿Cuándo es?

   _____

4. ¿Qué toma Ud. cuando tiene diarrea?

   _____

5. ¿Es importante vacunar a los niños contra la poliomielitis?

   _____

6. ¿Contra qué enfermedades está vacunado(a) Ud.?

   _____

7. Tengo 102 grados de fiebre. ¿Qué debo hacer?

   _____

8. Tengo una infección en el oído. ¿Qué cree Ud. que me va a recetar el doctor?

   _____

9. Mi bebé tiene una costra en la cabeza. ¿Qué debo usar?

   _____

10. ¿Qué debo hacer si un niño tiene las nalgas irritadas?

    _____

Vamos a practicar

A. **Complete the following sentences, using the present progressive of the verbs given.**

   Modelo: Luis _____ (comer).

   Luis **está comiendo.**

1. La enfermera _____ (hablar) con el médico.

2. ¿Tú _____ (leer) la hoja clínica?

3. Nosotros _____ (vacunar) a los niños.

4. Ellos _____ (beber) jugo de naranja.

5. Yo _____ (examinar) al paciente.

B. Write the following dialogues in Spanish.

1. "When do you want to see my son, Dr. López?"

    "You need to make an appointment for next week, Mrs. Vega."
    — _____
    — _____

2. "My baby has a scab on his head."
    "For that, you must use mineral oil."

    — _____
    — _____

3. "What time do you (*pl.*) close next week?"
    "We close at six on Mondays and at five on other days."

    — _____
    — _____

Conversaciones breves

Complete the following dialogues, using your imagination and the vocabulary from this lesson.

A.   La enfermera y la madre de un paciente:

ENFERMERA — _____

SRA. RUIZ —Sí, el niño está vacunado contra esas tres enfermedades.

ENFERMERA — _____

SRA. RUIZ —No, no está vacunado contra la poliomelitis.

ENFERMERA — _____

SRA. RUIZ —¿Una prueba de tuberculina? ¿Para qué es eso?

ENFERMERA — _____

B.   El doctor y la madre de una paciente:

SRA. ROJAS   —Mi hija tiene las nalgas muy irritadas y una costra en la cabeza. ¿Qué debo hacer?

DOCTOR   —_____

SRA. ROJAS   —¿Cuándo tengo que regresar?

DOCTOR   —_____

En estas situaciones

What would you say in the following situations? What might the other person say?

1.   You are a doctor. Tell your patient that he/she has an ear infection and pre-scribe the proper medication.

2.   You are a patient. Make an appointment with the receptionist to see the doctor on July 2 at two-thirty in the afternoon.

3.   You are a nurse. Tell a patient that you are going to do a tuberculin test and explain its purpose. Then tell the patient that you want to see him/her in forty-eight hours to check the test.

Casos

Act out the following scenarios with a partner.

1.   A pediatrician and a parent confer about a child who has the following symptoms: diarrhea, a rash on the buttocks, and a high temperature.

2.   A nurse and a parent discuss a child's vaccination record. Use the immu-nization record on page 50 as a basis for your conversation.

Un paso más

A.   **Review the *Vocabulario adicional* in this lesson. Then work with a partner to classify all the medical conditions named in the *Vocabulario adicional* list according to whether they are related to the skin, the blood, the bones, the eyes, etc. Also write the type of doctor or spe-cialist to whom you would refer a patient who has each condition.**

Los huesos *(Bones)*   Especialista

_____   _____

_____   _____

_____   _____

RÉCORD DE INMUNIZACIONES (Vacunas)

Paciente: _____ **Fecha de nacimiento:** _____

Inmunizaciones

Vacuna contra la viruela _____
Fecha

Resultados
❑ Prendió[1]   ❑ No prendió   ❑ Contraindicado

Firma del doctor

Revacunación contra la viruela _____
Fecha

Resultados
❑ Prendió   ❑ No prendió   ❑ Contraindicado

Firma del doctor

Difteria, tos ferina, tétano

Tratamiento[2]	Fecha	Dosis	Firma del doctor
1a Dosis			
2a Dosis			
3a Dosis			
1a Reacción			
2a Reacción			
3a Reacción			

Poliomielitis

Tratamiento	Tipo usado	Dosis	Fecha	Firma del doctor
1a Dosis				
2a Dosis				
3a Dosis				
1a Reacción				
2a Reacción				
3a Reacción				

[1]It reacted   [2]Treatment   [3]senses

Otras inmunizaciones o pruebas

Nombre	Fecha	Resultado	Firma del doctor

Enfermedades y fechas

Tos ferina _____		Paperas _____	
Rubéola _____		Sarampión _____	
Varicela _____		Difteria _____	
Escarlatina _____		Poliomielitis _____	

Accidentes (dar fechas y especificar) _____

Impedimentos y anomalías (especificar) _____

Otras enfermedades (especificar) _____

Operaciones (especificar) _____

Defectos de los sentidos[3] (especificar) _____

Los ojos *(Eyes)*

_____

_____

_____

Especialista

_____

_____

_____

La piel

_____

_____

_____

_____

_____

_____

Especialista

_____

_____

_____

_____

_____

_____

El aparato respiratorio
(Respiratory system)

_____

_____

_____

_____

_____

_____

Especialista

_____

_____

_____

_____

_____

_____

El sistema nervioso *(Nervous system)*

_____

_____

_____

Especialista

_____

_____

_____

La sangre

_____

_____

_____

Especialista

_____

_____

_____

B. Read the following information from a brochure that was published as
    part of the National Campaign of Immunization to educate people in
    the U.S. about the need for vaccinations. Remember to guess the
    meaning of the cognates.

¿Qué vacunas necesita su niño?

Algunas vacunas protegen° contra más de una enfermedad, pero su niño
necesita todas las siguientes vacunas para mantenerse saludable.

- **M-M-R** *Lo protege contra el sarampión, las paperas y la rubéola.*
- **Vacuna de polio** *Lo protege contra la poliomielitis.*
- **DTP** *Lo protege contra la difteria, el tétano y la pertusis (tos ferina).*
- **Hib** *Lo protege contra "haemophilus influenzae" tipo b, una de las causas principales de la meningitis.*
- **Hepatitis B** *Lo protege contra infecciones del hígado,° una de las causas de la cirrosis y del cáncer del hígado.*

A los dos años de edad, su niño debe haber recibido° las siguientes
vacunas.

- 1 vacuna contra el sarampión
- 4 vacunas contra la difteria, el tétano y la pertusis (tos ferina)
- 3 vacunas contra la Hepatitis B
- 3-4 vacunas contra el "haemophilus influenzae b"

protect

liver

***haber...** have received*

With a partner, discuss at what age(s) the vaccinations listed are normally
administered to children. Then write the information so it can be distrib-
uted to your Spanish-speaking patients.

_____

_____

_____

_____

_____

_____

_____

_____

Lectura 1

🎧 *La dieta para diabéticos*

(Adapted from TEL MED, tape #611)

Hay tres principios básicos que se deben tener en cuenta° con respecto a las dietas para los diabéticos.

    El primero y el más importante es el control de las calorías que la persona consume. El control del peso° es el factor más importante para controlar la diabetes porque el exceso de tejido graso° puede° interferir con la absorción de insulina por el cuerpo.

    El segundo principio de la dieta consiste en no comer dulces° concentrados. La persona diabética debe evitar el azúcar de mesa,° la miel,° las gelatinas y todos los alimentos que contengan mucho azúcar, como por ejemplo° ciertos refrescos,° los pasteles° y las galletitas.°

    El tercer principio básico es la forma° en que comen los diabéticos. Una persona que tiene diabetes debe comer por lo menos° tres comidas al día. El desayuno debe ser la comida más importante. El almuerzo° y la cena° deben ser en cantidades moderadas. Si comen algo ligero° entre° comidas, deben limitar las cantidades en las comidas principales.

tener... keep in mind

weight
tejido... fatty tissue / can

sweets
azúcar... table sugar / honey
por... for example / soft drinks /
    pies or cakes / cookies
way
por... at least
lunch / dinner
light / between

🎧 Conversaciones

—Doctor, mi esposo es diabético. ¿Qué no debe comer?
—Debe evitar comer dulces.
—¿Puede tomar refrescos?
—Sí, si no están endulzados con azúcar.

—¿Qué es lo más importante para controlar la diabetes?
—Lo más importante es controlar el peso.
—¿Por qué?
—Porque el tejido graso interfiere con la absorción de la insulina.

—Doctor, ¿cuántas comidas puedo comer al día?
—Debe comer por lo menos tres comidas.
—¿Cuál debe ser la comida principal?
—La comida principal debe ser el desayuno.

—Mi hijo es diabético. ¿Qué alimentos puede comer?
—Puede comer solamente los alimentos especificados en su dieta.
—¿Puede comer huevos?
—Sí, pero no todos los días.

¿Recuerdan ustedes?

Answer the following questions, basing your answers on the reading and the conversations.

1. ¿Cuántos principios básicos hay que tener en cuenta con respecto a las dietas para los diabéticos?

   _____

2. ¿Cuál es el más importante?

   _____

3. ¿Cuál es el factor más importante para controlar la diabetes?

   _____

4. ¿Qué puede interferir con la absorción de la insulina por el cuerpo?

   _____

5. ¿Qué no debe comer la persona diabética?

   _____

6. ¿Cuántas comidas debe comer una persona que tiene diabetes?

   _____

7. ¿Cuál debe ser la comida más importante?

   _____

8. ¿Cómo deben ser las cantidades de comida en la cena?

   _____

9. ¿Qué deben limitar las personas diabéticas cuando comen algo ligero entre comidas?

   _____

10. ¿Deben las personas diabéticas comer mucha grasa (*fat*)?

    _____

11. ¿Qué no deben comer todos los días las personas diabéticas?

    _____

12. ¿Qué tipos de alimentos deben comer las personas diabéticas?

    _____

Repaso

LECCIONES 1–5

PRÁCTICA DE VOCABULARIO

A. Circle the word or phrase that best completes each sentence.

1. El doctor receta (gotas/pus/tostadas) para el oído.

2. Fumo una (frazada/cajetilla/almohada) al día.

3. Voy a orinar. Necesito (la chata/la mantequilla/la dentadura postiza).

4. Mañana, para el desayuno, deseo sólo (receta/planilla/cereal).

5. Deseo beber (pastilla/agua/pollo).

6. La enfermera mira la hoja (clínica/aventada/estreñida).

7. Tose mucho. Necesita tomar (sangre/letra/jarabe) para la tos.

8. Para ver si es anémico, necesitamos una muestra de (materia fecal/orina/sangre).

9. Ella sufre, pero yo sufro (también/todavía/bueno).

10. El catarro es una (enfermedad/pulgada/clínica).

11. Necesita (resfrío/anteojos/hierro), proteínas y vitaminas.

12. Yo pago (la cuenta/la letra de imprenta/la rubéola).

13. ¿Tiene Ud. su (segundo nombre/firma/tarjeta) de seguro médico?

14. En caso de (emergencia/comida/seguro social), debe llamar a mi esposo.

15. Mi mamá (entra/llena/cubre) la planilla.

B. Circle the word or phrase that does not belong in each group.

1. la próxima vez   la semana que viene   ahora

2. aceite mineral   tarjeta   ungüento

3. póliza   análisis   muestra

4. compañía de seguro   póliza   almohada

5. antibiótico   cuarto   penicilina

6. evitar   dormir   descansar

7. a menudo   con frecuencia   tanto

8. cajetilla   comida   cigarrillo

9. por qué   para qué   cuánto

10. trabajo   senos   tobillos

11. mareo   náusea   espalda

12. poco   mucho   quizá

13. desear   querer   dar

14. ahora mismo   al rato   después

15. diarrea   tétano   excremento

16. pies   pulgadas   ninguno

17. taza   sarpullido   costra

18. estar cansado   tener sueño   llamar

19. ahora   en esos días   adónde

20. laboratorio   cucharadita   orden

C. Complete the sentences in column *A* with the appropriate word or phrase in column *B*.

A		*B*
1. No como nada. Estoy muy _____.		a. encinta
2. Ella mide _____.		b. recepcionista
3. Creo que _____.		c. la planilla
4. No tengo la información necesaria para llenar _____.		d. en seguida
		e. después de las comidas
5. ¿Mi ocupación? Soy _____.		f. débil
6. Tengo dolor de _____.		g. todo eso
7. ¿Debo tomar las cápsulas antes o _____?		h. estómago
8. ¿Para qué es _____?		i. no
9. Lo mejor es llamar al médico _____.		j. un aborto
10. ¿Todavía tiene _____?		k. apetito
11. El niño no come. No tiene _____.		l. fiebre
12. Tiene las nalgas _____.		m. las comidas No estoy seguro…
13. ¿Cuál es _____?		n. ver
14. ¿Debo tomar la medicina después de _____?		o. irritadas
15. Vamos a _____.		p. su hijo, señora
16. ¿Tiene los senos _____?		q. inflamados y duros
17. No tiene la menstruación y tiene náusea por la mañana. Son síntomas de que está _____.		r. cinco pies, cuatro pulgadas
18. No desea tener el bebé. Va a tener _____.		

D. *¿Verdadero o falso?* Read each statement and decide if it is true (*V*) or false (*F*).

_____ 1. Es importante tomar precauciones.

_____ 2. Tiene una temperatura de noventa y ocho grados. Es muy alta.

_____ 3. Estoy un poco acatarrado. Eso es muy grave.

_____ 4. Si está aventado, debe tomar mucho líquido y descansar.

_____ 5. Algunas personas son alérgicas a la penicilina.

_____ 6. Aquí está la hoja clínica. Tiene información sobre el paciente.

_____ 7. Lo mejor es no dejar de fumar.

_____ 8. Si está embarazada, debe evitar los trabajos pesados y las bebidas alcohólicas.

_____ 9. Como tengo una infección, necesito un postre.

_____ 10. Cada vez que un niño come algo, debemos llamar al médico.

_____ 11. El Sr. Vega no tiene la menstruación desde enero.

_____ 12. Quiero agua porque tengo mucha hambre.

_____ 13. El doctor receta jarabe para la tos.

_____ 14. Los niños deben ser vacunados contra la poliomielitis.

_____ 15. El niño tiene una costra en la cabeza. Debe usar aceite mineral.

_____ 16. Hacen las radiografías en la sala de espera.

_____ 17. Más adelante vamos a vacunar a la niña contra las paperas, la rubéola y el sarampión.

_____ 18. El médico va a recetar Kaopectate para la tos ferina.

E. Crucigrama

HORIZONTAL

6. la semana próxima, la semana que _____
8. *always*, en español
9. un análisis de materia _____
11. Pesa muy poco. Es muy _____.
12. Tose; tiene _____.
15. Tiene una _____ en la cabeza.
16. resfrío
21. De _____, deseo fruta.
24. médico de niños (*pl.*)
26. Si tiene dolor de cabeza, debe tomar una _____.
28. *mornings*, en español

30. oficina del médico
32. *he returns*, en español
33. Tiene mareo y _____.
35. examinar
38. Tiene asma; es _____.
41. bebe
43. *X-ray*, en español
44. *milk*, en español
45. pedir turno: pedir _____
46. asentaderas
48. aborto natural
49. Yo peso 145 _____.

VERTICAL

1. No debe tomar _____ alcohólicas.
2. Debe cubrir la _____ con un ungüento.
3. Está embarazada. Va a tener un _____.
4. Deseo beber jugo de _____.
5. Compro medicina en la _____.
7. El _____ receta penicilina.
10. Ella es la esposa. Él es el _____.
13. *soup*, en español
14. Usa _____ postiza.
17. La prueba de la tuberculina es para ver
   si hay _____.
18. *also*, en español
19. Necesito una _____ de sangre.
20. *toast*, en español
22. salpullido

23. *necessary*, en español
25. Cuando como mucho tengo dolor de _____.
27. vomitar
29. No uso anteojos. Uso lentes de _____.
31. hinchado
34. La difteria es una _____.
36. Tiene catarro. Está _____.
37. *poor thing*, en español (*f.*)
39. Debe usar _____ mineral.
40. ¿Está vacunada la niña _____ la poliomielitis?
42. La naranja es una _____.
47. *he cleans*, en español

🔊 Práctica oral

Listen to the following exercise on the audio program. The speaker will ask you some questions. Answer the questions, using the cues provided. The speaker will verify the correct answer. Repeat the correct answer.

1. ¿Es Ud. de Arizona? (no, de California)

2. ¿Cuánto mide Ud.? (cinco pies, ocho pulgadas)

3. ¿Cuánto pesa Ud.? (ciento cincuenta libras)

4. ¿Ud. tiene seguro médico? (sí)

5. ¿Usa Ud. anteojos? (no, lentes de contacto)

6. ¿Su hijo es alérgico a alguna medicina? (sí, a la penicilina)

7. ¿Con quién necesita hablar Ud.? (con el médico)

8. ¿Su médico es el Dr. Ruiz? (no, el Dr. Molina)

9. ¿A qué hora debe Ud. regresar a la oficina? (a la una)

10. ¿Qué necesita Ud.? (una planilla)

11. ¿Tiene Ud. dolor de espalda? (no)

12. ¿Tiene Ud. los tobillos hinchados? (sí)

13. ¿Quiere Ud. pedir turno con el médico? (sí)

14. ¿Prefiere ir al médico por la mañana o por la tarde? (por la tarde)

15. ¿A qué hora cierran Uds. el consultorio? (a las cinco y media)

16. ¿Qué necesitan Uds.? (una muestra de orina)

17. Cuando Ud. tiene fiebre, ¿qué toma? (aspirinas)

18. ¿Qué come Ud. cuando tiene hambre? (pollo)

19. ¿Qué desea comer hoy? (cereal y pan tostado)

20. ¿Qué desea beber? (café)

21. ¿Bebe Ud. jugo de naranja? (sí)

💿 Con la dietista

La Sra. Rivas está hablando con la dietista de los problemas de su hijo Ramón.

DIETISTA	—Sra. Rivas, su hijo Ramón necesita perder peso.
SRA. RIVAS	—Ya lo sé, pero come constantemente; especialmente dulces. Además toma muchos refrescos y nunca toma leche.
DIETISTA	—Si no quiere tomar leche, puede comer queso o yogur. Además, Ud. puede usar leche descremada en las comidas que prepara para él.
SRA. RIVAS	—Estoy muy preocupada porque Ramón está muy gordo. Pesa 150 libras y sólo tiene diez años.
DIETISTA	—Tiene que bajar de peso, porque la obesidad es peligrosa.
SRA. RIVAS	—¿Necesita seguir una dieta estricta? Eso va a ser muy difícil.
DIETISTA	—No estamos hablando de una dieta estricta, pero el niño debe adelgazar porque más tarde puede tener problemas con el corazón.
SRA. RIVAS	—Yo siempre tengo miedo porque mi padre padece del corazón y mi madre es diabética.
DIETISTA	—Por eso tiene que tener cuidado. Aquí tengo una lista de alimentos que su hijo debe comer. Es importante tener variedad. Muchos de los alimentos de la lista tienen pocas calorías.
SRA. RIVAS	—A ver si ahora puede adelgazar…
DIETISTA	—Tiene que comer por lo menos una cosa de cada grupo, pero en pequeñas cantidades.
SRA. RIVAS	—¿Tengo que contar las calorías?
DIETISTA	—No, no es necesario contarlas, pero Ramón tiene que hacer ejercicio y comer sólo la mitad de lo que come ahora y, sobre todo, debe evitar las grasas.
SRA. RIVAS	—Pero Ramón almuerza en la escuela y generalmente come hamburguesas y papas fritas.
DIETISTA	—Puede comerlas a veces, pero no muy a menudo.
SRA. RIVAS	—¿Cuándo volvemos?
DIETISTA	—En dos semanas; y aquí tiene la lista de alimentos. Si tiene preguntas me puede llamar.

Grupo 1	Grupo 2
leche descremada	pescado
queso	pollo
yogur	hígado
margarina (un poco)	huevos (blanquillos)
	frijoles, habichuelas
	mantequilla de maní (mantequilla de cacahuate) (un poco)

Grupo 3	Grupo 4
naranjas	tortillas
toronjas	cereal
chiles (pimientos) verdes y rojos	pan
fresas	macarrones
melón	espaguetis
repollo, col	arroz
bróculi	
tomates	

🎵 Vocabulario

COGNADOS

el bróculi	broccoli	la hamburguesa	hamburger
la caloría	calorie	la lista	list
constantemente	constantly	los macarrones	macaroni
diabético(a)	diabetic	la margarina	margarine
la dieta	diet	el melón	melon
los espaguetis	spaghetti	la obesidad, la gordura	obesity
especialmente	especially	el tomate	tomato
estricto(a)	strict	la tortilla	tortilla
generalmente	generally	la variedad	variety
el grupo	group	el yogur	yogurt

NOMBRES

el alimento   food, nourishment
el arroz   rice
la cantidad   quantity
el chile, el pimiento   pepper
la cosa   thing
el dulce   sweet, candy
la escuela   school
la fresa   strawberry
los frijoles, las habichuelas (*Puerto Rico*)   beans
la grasa   fat
el huevo, el blanquillo (*Méx.*)   egg
el hígado   liver
la leche descremada   skim milk

la mantequilla de maní, la mantequilla de cacahuate   peanut butter
la mitad   half
la naranja   orange
el padre, el papá   father
las papas fritas   French fries
el pescado   fish
el peso   weight
la pregunta   question
el queso   cheese
el refresco   soft drink, soda pop
el repollo, la col   cabbage
la toronja   grapefruit

VERBOS

adelgazar, rebajar (*Méx.*)   to lose weight
almorzar (o:ue)   to have lunch
contar (o:ue)   to count
padecer[1]   to suffer
poder (o:ue)   to be able to, can
preparar   to prepare
volver (o:ue)   to come (go) back, to return

ADJETIVOS

difícil   difficult
gordo(a)   fat
peligroso(a)   dangerous
pequeño(a)   small, little
pocos(as)   few
preocupado(a)   worried
rojo(a)   red
verde   green

OTRAS PALABRAS Y EXPRESIONES

a veces, algunas veces   sometimes
además   besides, in addition
aquí   here
eso   that
perder (e:ie) peso, bajar de peso   to lose weight
hacer ejercicio   to exercise
más tarde   later
nunca   never
padecer del corazón, estar enfermo(a) del corazón, sufrir del corazón   to have heart problems
por eso   that's why, for that reason
por lo menos   at least
seguir (e:i) una dieta   to go on a diet
sobre todo   above all
tener (diez) años   to be (ten) years old
tener cuidado   to be careful
Ya lo sé.   I know (it).

Vocabulario adicional

LAS DIETAS

No debe comer
azúcar   sugar
grasas   fats
comidas picantes, comidas muy condimentadas   spicy foods
sal   salt

Debe comer
fibras   fibers, roughage
vegetales   vegetables
una porción más pequeña   a smaller portion

Debe tomar
mucho líquido   a lot of liquids
caldos claros   clear broth

Debe seguir una dieta
especial   special
balanceada   balanced
con poca grasa   low-fat
sin sal   salt-free
con pocos carbohidratos   low in carbohydrates
con poca pasta o harina   with little pasta or flour

---

[1]Irregular first person: **yo padezco.**

Notas culturales

- A recent book addresses the topic of nutrition and Hispanic Americans from a broad and culturally sensitive perspective. *Hispanic Foodways, Nutrition, and Health* by Diva Sanjur (Boston: Allyn and Bacon, 1995) is perhaps the most comprehensive discussion to date on issues such as the food habits of Hispanic Americans, diet-related diseases, overweight and obesity in Hispanic Americans, applying the U.S. dietary guidelines to Hispanic diets, and reaching the Hispanic American population through diet counseling and nutrition education.

- Major recent studies on diabetes in Hispanic Americans show the serious challenges that this medical condition poses to the population of Latino descent and to the health profession in the U.S. In 1994, the American Diabetes Association published a report on the growing public health challenge of diabetes among Latinos. According to a 1995 study by the National Institutes of Health, these challenges are due to the increased prevalence of diabetes in this group, the greater number of risk factors for diabetes, the greater incidence of several diabetes complications, and the growing number of people of Spanish-speaking descent in the U.S. A study based on the Hispanic Health and Examination Survey and another based on data from the U.S. Bureau of the Census show the following information on the degree that diabetes affects Hispanic Americans.

Hispanic American populations in the United States and percent with diabetes			
Hispanic American population[1]	Percentage of total Hispanic population[1]	Percentage with diabetes, ages 20–44[2]	Percentage with diabetes, ages 45–74[2]
Mexican Americans	64.0%	3.8%	23.9%
Central/South Americans	13.4%	n/a	n/a
Puerto Ricans	10.5%	4.1%	26.1%
Cuban Americans	4.7%	2.4%	15.8%
Other Hispanic subgroups	7.0%	n/a	n/a

Sources: [1]U.S. Bureau of the Census, Washington, DC (March 1993). Hispanic Populations in the United States.
[2]Flegal, et al. (1991). "Prevalence of Diabetes in Mexican Americans, Cubans, and Puerto Ricans from the Hispanic Health and Examination Survey, 1982–1984." *Diabetes Care*, 14 (Suppl.3), 628–638.

¿Recuerdan ustedes?

Answer the following questions, basing your answers on the dialogue.

1. ¿Con quién está hablando la Sra. Rivas sobre los problemas de Ramón?

   _____

2. ¿Ramón toma mucha leche? ¿Qué toma?

   _____

3. ¿Qué puede usar la Sra. Rivas en las comidas que prepara para Ramón?

   _____

4. ¿Por qué está preocupada la Sra. Rivas? ¿Cuánto pesa Ramón?

   _____

5. ¿Quién padece del corazón? ¿Quién es diabética?

   _____

6. ¿Qué debe hacer Ramón para adelgazar?

   _____

7. Sobre todo, ¿qué debe evitar Ramón?

   _____

8. ¿Dónde almuerza Ramón y qué come generalmente?

   _____

9. ¿Cuándo vuelven Ramón y su mamá a ver a la dietista?

   _____

10. ¿Qué puede hacer la Sra. Rivas si tiene preguntas?

   _____

Para conversar

Interview a classmate, using the following questions. When you have finished, switch roles.

1. ¿Necesita Ud. perder peso? ¿Por qué o por qué no?

   _____

2. ¿Come Ud. muchos dulces? ¿Toma muchos refrescos?

   _____

3. ¿Necesita Ud. seguir una dieta estricta?

   _____

4. ¿Alguien de su familia padece del corazón? ¿Alguien es diabético?

   _____

5. ¿Cuenta Ud. siempre las calorías cuando come?

   _____

6. ¿Qué cantidad de leche toma Ud. cada día? ¿Toma leche descremada?

   _____

7. ¿Qué alimentos tienen mucha proteína?

_____

8. ¿Qué frutas tienen vitamina C?

_____

9. ¿Qué alimentos de la lista tienen muchas calorías?

_____

10. ¿Qué es necesario hacer para adelgazar?

_____

Vamos a practicar

A. **Answer the following questions in the negative.**

Modelo: ¿Llama Ud. a alguien (*someone*)?

No, **no** llamo a **nadie.**

1. ¿Uds. pueden hacer algo por mi hijo?

_____

2. ¿Ud. va a hablar con alguien?

_____

3. ¿Hay algunas personas diabéticas aquí?

_____

4. ¿Ud. padece del corazón o de los riñones (*kidneys*)?

_____

5. ¿Ud. siempre vuelve a su casa por la mañana?

_____

B. **Answer the questions in the affirmative, using direct object pronouns.**

Modelo: ¿Ud. siempre toma **leche descremada**?

Sí, siempre **la** tomo.

1. ¿Ud. siempre cuenta **las calorías**?

_____

2. ¿Puede Ud. llamar**me** mañana? (*Answer with* **tú** *form*)

_____

3. ¿Llama Ud. **a su médico** a menudo?

_____

4. ¿El médico **los** llama **a Uds.**?

_____

5. ¿Lleva Ud. **a los niños** al médico con frecuencia?

_____

C. Write the following dialogues in Spanish.

1. "Can you go to the hospital with me, Paquito?"
   "No, I cannot go with you, Carlos."

   — _____

   — _____

   _____

2. "Are the oranges for me?"
   "Yes, Alberto, they are for you."

   — _____

   — _____

Conversaciones breves

Complete the following dialogue, using your imagination and the vocabulary from this lesson.

La Sra. Pérez y la dietista:

SRA. PÉREZ —Estoy muy preocupada porque mi hija Rosa está muy gorda.

DIETISTA —¿ _____?

SRA. PÉREZ —Pesa 160 libras.

DIETISTA —¿ _____?

SRA. PÉREZ —Tiene sólo doce años.

DIETISTA —_____

SRA. PÉREZ —Sí, ya sé que debe perder peso, pero ella come mucho.

DIETISTA —_____

SRA. PÉREZ —Sí, come muchos dulces y además toma muchos refrescos.

DIETISTA —¿ _____?

SRA. PÉREZ —No, nunca toma leche.

DIETISTA —_____

SRA. PÉREZ —Yo sé que ella necesita tomar leche, pero no quiere. ¿Qué otros alimentos necesita comer?

DIETISTA —_____

SRA. PÉREZ —¿Tengo que contar las calorías?

DIETISTA —_____

SRA. PÉREZ —Bueno, a ver si Rosa puede adelgazar ahora. La obesidad es peligrosa. Muchas gracias, señora. ¿Cuándo debo volver?

DIETISTA —_____

En estas situaciones

What would you say in the following situations? What might the other person say?

1. You are a patient. Tell the dietician that you want to lose weight but that you eat lots of sweets and foods that have many calories. Tell him/her how much you weigh.

2. You are a dietician. Tell your patient that obesity is very dangerous and he/she needs to go on a diet. Also, tell the person to eat only half the amount he/she eats now and to drink skim milk. Finally, tell your patient that it is necessary to exercise.

3. You are a doctor. Tell your patient that he/she has to be careful, because he/she is a diabetic and has heart problems.

Casos

Act out the following scenarios with a partner.

1. A dietician and a patient discuss the patient's need to lose weight because of potential health problems.

2. A dietician and a patient discuss the importance of a balanced diet and what foods the person should eat.

Un paso más

Review the *Vocabulario adicional* in this lesson. Then work with a partner and decide what advice you would give the following people in each situation. Recommend what the person should or should not eat and what type of diet the person should follow.

1. Una persona obesa

_____

_____

_____

_____

2. Una persona que tiene hipertensión

_____

_____

_____

3. Una persona que siempre está estreñida

_____

_____

_____

4. Una persona diabética

_____

_____

_____

5. Una persona que tiene gastritis

_____

_____

_____

🔊 *En el Centro de Planificación Familiar*

La Sra. Reyes está en el Centro de Planificación Familiar. Es recién casada y, como es muy joven, no quiere tener hijos todavía. Le pide información a la Dra. Fabio sobre los distintos métodos usados para el control de la natalidad.

SRA. REYES	—Dra. Fabio, yo sé que puedo tomar pastillas anticonceptivas, pero muchos dicen que causan cáncer.
DRA. FABIO	—Si Ud. no quiere usar la pastilla, hay distintos métodos que puede probar para evitar el embarazo.
SRA. REYES	—Pero, ¿son efectivos también?
DRA. FABIO	—De todos los métodos, la pastilla es el mejor, pero muchas mujeres prefieren no tomarla.
SRA. REYES	—Conozco a una señora que usa un aparato intrauterino. Ella dice que no tiene problemas, pero ¿no son peligrosos los aparatos intrauterinos?
DRA. FABIO	—No necesariamente. El médico lo inserta en el útero... pero a veces pueden causar molestias...
SRA. REYES	—¿Hay algún otro método?
DRA. FABIO	—Sí, puede usar un diafragma que sirve para cubrir la entrada del útero y parte de la vagina.
SRA. REYES	—¿Debe insertarlo el médico?
DRA. FABIO	—No. El médico mide la vagina para determinar el tamaño correcto, pero Ud. lo inserta.
SRA. REYES	—¿Cuándo debo insertarlo?
DRA. FABIO	—Antes de tener relaciones sexuales.
SRA. REYES	—Veo que no es muy fácil tampoco.
DRA. FABIO	—No... Además, debe cubrir el diafragma con jalea o crema por dentro y por fuera.
SRA. REYES	—¿Y el condón? ¿Es efectivo?
DRA. FABIO	—Sí, si lo usa correctamente.
SRA. REYES	—¿Y qué piensa Ud. sobre los implantes que se pueden colocar en el brazo de la mujer?
DRA. FABIO	—Voy a darle unos folletos que tienen información sobre ese método. Puede leerlos.
SRA. REYES	—¿Y si sigo el método del ritmo, doctora?
DRA. FABIO	—Bueno, en ese caso, Ud. debe saber cuál es su período fértil.
SRA. REYES	—¿El período fértil... ?
DRA. FABIO	—Sí, unos días antes, durante y después de la ovulación.
SRA. REYES	—Bueno, voy a pensarlo, doctora. Gracias por todo.
DRA. FABIO	—De nada. Buena suerte.
SRA. REYES	—¿Qué hago ahora? ¿Le pido turno a la recepcionista para la semana que viene?
DRA. FABIO	—Sí, yo puedo verla la semana entrante.

☉ Vocabulario

COGNADOS

el cáncer	cancer	**familiar**	family (*adj.*)
el centro	center	**fértil**	fertile
el condón	condom	**el implante**	implant
el control	control	**el método**	method
correctamente	correctly	**necesariamente**	necessarily
correcto(a)	correct	**la ovulación**	ovulation
la crema	cream	**la parte**	part
el diafragma	diaphragm	**el útero**	uterus
efectivo(a)	effective	**la vagina**	vagina
la familia	family		

NOMBRES

el aparato intrauterino   intrauterine device (I.U.D.)
el brazo   arm
el embarazo   pregnancy
la entrada   opening, entry
el folleto   brochure, pamphlet
la jalea   jelly
la molestia   trouble, discomfort
la mujer   woman
la natalidad   birth
la planificación   planning
el (la) recién casado(a)   newlywed
el ritmo   rhythm
el tamaño   size

VERBOS

causar   to cause
colocar   to place
conocer[1]   to know, to be acquainted with
decir[2]   to say, to tell
determinar   to determine
insertar   to insert
medir (e:i)   to measure
pedir (e:i)   to ask for; to request
pensar (e:ie)   to think (about)
probar (o:ue)   to try
saber[3]   to know
seguir (e:i)[4]   to follow, to continue
servir (e:i)   to serve

ADJETIVOS

anticonceptivo(a)   for birth control, contraceptive
distinto(a), diferente   different
fácil   easy
joven   young
mejor   better, best
usado(a)   used

OTRAS PALABRAS Y EXPRESIONES

buena suerte   good luck
en ese caso   in that case
por dentro   on the inside
por fuera   on the outside
tampoco   either, neither

---

[1]Irregular first person: **yo conozco.**
[2]Irregular first person: **yo digo.**
[3]Irregular first person: **yo sé.**
[4]First person: **yo sigo.**

Vocabulario adicional

OTROS TÉRMINOS RELACIONADOS CON LA CONCEPCIÓN

la abstinencia   abstinence
el bebé de probeta   test-tube baby
concebir (e:i)   to conceive
la esperma   sperm
la espuma   foam
la esterilidad   sterility
esterilizar   to sterilize
eyacular   to ejaculate
la impotencia   impotence

la inseminación artificial   artificial insemination
ligar los tubos, amarrar los tubos   to tie the
  tubes
lubricar   to lubricate
(no) tener familia   (not) to have children
el óvulo   ovum
por vía bucal, por vía oral   orally
el semen   semen
la vasectomía   vasectomy

¡OJO! For additional anatomical terms related to the reproductive organs, see
the diagrams on page xiii.

Notas culturales

- Latino attitudes toward contraception and reproduction are very complex, and they
  are greatly influenced by many factors: socioeconomic status, level of education, reli-
  gious beliefs, and cultural beliefs. For example, as a group Latinos are predominantly
  Roman Catholic and the teachings of the Church may affect their decision. Two
  other concepts that may influence their decisions are the cultural importance given
  to motherhood and childrearing and the cultural notion of **machismo,** which is asso-
  ciated with proving one's virility, manliness, or masculinity. One example of
  machismo in practice relates to those Hispanic men who don't want to have a baby,
  but they will not permit their wives to use contraceptives and they refuse to use con-
  doms. In these cases, the women are faced with a dilemma and don't know what to
  do because very few alternatives remain.
- According to a recent study based on data from the Hispanic Health and Nutrition
  Examination Survey, there are also differences regarding contraceptive/reproductive
  decisions among the three major Hispanic American ethnic groups. This study indicated that Mexican American females are almost twice as likely to be using oral contraceptives as Cuban American or Puerto Rican females. In addition, Mexican American
  women show a higher rate of hysterectomies and oophorectomies than the other two
  groups, while the largest percentage of tubal ligations is among Puerto Rican women.
  In fact, 58% of all contraception in Puerto Rico is due to female sterilization.

Recuerdan ustedes?

Answer the following questions, basing your answers on the dialogue.

1. ¿Por qué va la Sra. Reyes al Centro de Planificación Familiar?

   _____

2. ¿Por qué no quiere tener hijos todavía?

   _____

3. ¿Qué le pide la Sra. Reyes a la Dra. Fabio?

   _____

4. ¿Qué le dice la médica sobre la pastilla?

_____

5. ¿Son peligrosos los aparatos intrauterinos?

_____

6. ¿Dónde (*Where*) inserta el médico el aparato intrauterino?

_____

7. ¿Para qué sirve el diafragma? ¿Cuándo se debe insertar?

_____

8. ¿Con qué se debe cubrir el diafragma antes de insertarlo?

_____

9. ¿Qué va a darle la Dra. Fabio a la Sra. Reyes?

_____

10. ¿Qué debe saber la Sra. Reyes para seguir el método del ritmo?

_____

11. ¿Qué le va a pedir la señora a la recepcionista?

_____

12. ¿Cuándo puede verla la Dra. Fabio?

_____

Para conversar

Interview a classmate, using the following questions. When you have finished, switch roles.

1. ¿Cuál cree Ud. que es el método más fácil para el control de la natalidad?

_____

2. ¿Cuál cree Ud. que es el método más efectivo?

_____

3. Si una mujer quiere usar el diafragma, ¿debe ver antes a un médico?
   ¿Por qué?

_____

4. ¿Es fácil seguir el método del ritmo? ¿Por qué o por qué no?

_____

5. ¿Es efectivo el condón?

   _____

6. ¿Conoce Ud. a una pareja (*couple*) de recién casados?

   _____

7. ¿Cuánto tiempo (*How long*) cree Ud. que debe esperar una pareja de recién casados para tener hijos?

   _____

8. ¿Cuántos hijos cree Ud. que debe tener una pareja?

   _____

Vamos a practicar

A. **Complete the following sentences, using the present indicative of the verbs listed.**

pedir	hacer	decir
saber	poner	conocer
servir	medir	seguir

Modelo: María _____ turno para la semana que viene.

María **pide** turno para la semana que viene.

1. Mamá _____ que las pastillas anticonceptivas causan cáncer.

2. ¿Para qué _____ las jaleas y las cremas? ¿Para evitar el embarazo?

3. Yo _____ a una mujer que tiene un implante en el brazo.

4. Yo no _____ nada para evitar el embarazo.

5. El médico _____ la vagina para determinar el tamaño correcto.

6. ¿_____ Uds. el método del ritmo? ¿Es efectivo eso?

7. Yo _____ la crema por dentro y por fuera.

8. Yo _____ que el aparato intrauterino puede causar molestias.

B. **Complete the following sentences with the Spanish equivalent of the words in parentheses.**

Modelo: Ella _____ el folleto. (*gives them*)

Ella **les da** el folleto.

1. Yo voy a _____ información. (*ask her for*)

2. La médica _____ de las pastillas anticonceptivas. (*speaks to us*)

3. ¿Qué vas a _____? (*tell them*)

75

4. Yo puedo _____ la crema, señora. (*give you*)

5. Ella siempre _____ que son peligrosos. (*tells me*)

Conversaciones breves

Complete the following dialogue, using your imagination and the vocabulary from this lesson.

El doctor y la paciente:

PACIENTE   —Yo no quiero tomar la pastilla.

DOCTOR   —_____

PACIENTE   —Pero no son muy efectivos.

DOCTOR   —_____

PACIENTE   —Pero, ¿no son peligrosos los aparatos intrauterinos?

DOCTOR   —_____

PACIENTE   —¿Cuándo debo insertar el diafragma?

DOCTOR   —_____

PACIENTE   —¿También debo usar alguna crema o jalea con el diafragma?

DOCTOR   —_____

PACIENTE   —Yo creo que mi esposo puede usar un condón.

DOCTOR   —_____

PACIENTE   —Sí, prefiero eso.

En estas situaciones

What would you say in the following situations? What might the other person say?

1. You are a doctor and your patient does not want to have children yet. Explain to your patient that her fertile period is before, during, and after ovulation. Then tell your patient that if she doesn't want to use birth control pills, there are other methods she can use to avoid pregnancy.

2. You are a doctor and your patient wants a diaphragm. Tell your patient that you have to measure her vagina to determine the right size and that she should insert the diaphragm before having sexual intercourse. Describe the placement of the diaphragm to her.

3. You are a patient. Tell your doctor that your husband doesn't want to use a condom. Ask him/her if the rhythm method is effective.

Casos

Act out the following scenario with a partner.

A doctor and a patient discuss the nature and use of the following birth control methods.

1. the pill

2. the I.U.D.

3. the diaphragm

4. the rhythm method

5. the implant

Un paso más

Review the *Vocabulario adicional* in this lesson. Then write the words or phrases related to the following.

1. Lo que (*What*) se puede hacer para evitar tener hijos:

   _____

   _____

   _____

   _____

2. Términos relacionados con los órganos reproductivos del hombre (*man*):

   _____

   _____

   _____

3. Métodos artificiales para tener hijos:

   _____

   _____

4. Términos relacionados con la infertilidad:

   _____

   _____

5. Forma en que se toma una medicina:

   _____

Un examen físico

Carlos está en el consultorio del Dr. Díaz. El doctor le está haciendo un examen general. La enfermera trae la hoja clínica del paciente y se la da al médico. Carlos tiene la presión normal y parece muy sano.

DR. DÍAZ	—¿Tiene dolores de cabeza a menudo?
CARLOS	—Sí, a veces, cuando leo mucho.
DR. DÍAZ	—¿Puede doblar la cabeza hacia adelante, hasta tocar el pecho con la barbilla?
CARLOS	—¿Así?
DR. DÍAZ	—Sí. Ahora hacia atrás. ¿Le duele cuando hace eso?
CARLOS	—No, no me duele.
DR. DÍAZ	—¿Tiene algún ruido en los oídos?
CARLOS	—Sí, en este oído, a veces.
DR. DÍAZ	—¿Tiene tos o está ronco sin estar resfriado?
CARLOS	—No, nunca.
DR. DÍAZ	—¿Puede respirar por la boca, por favor? Respire hondo... lentamente. ¿Tiene dificultad para respirar a veces?
CARLOS	—Solamente después de correr mucho.
DR. DÍAZ	—¿Siente algún dolor en el pecho?
CARLOS	—No.
DR. DÍAZ	—¿Tiene a veces la presión alta o baja?
CARLOS	—Siempre es normal cuando me la toman.
DR. DÍAZ	—¿Le duele algunas veces el estómago después de comer?
CARLOS	—Cuando como mucho y de prisa.
DR. DÍAZ	—¿Le duele cuando le aprieto el estómago así?
CARLOS	—Me duele un poco...
DR. DÍAZ	—¿Le duele el pene cuando orina?
CARLOS	—No.
DR. DÍAZ	—¿Puede doblar las rodillas... ? Otra vez, separándolas... ¿Siente algún dolor en los huesos?
CARLOS	—No, doctor.
DR. DÍAZ	—¿Siente comezón o ardor a veces?
CARLOS	—No, nada fuera de lo común...
DR. DÍAZ	—¿Duerme bien?
CARLOS	—Algunas veces tengo insomnio.
DR. DÍAZ	—¿Sube y baja de peso con frecuencia?
CARLOS	—No, siempre peso más o menos lo mismo.
DR. DÍAZ	—Bueno. Vamos a hacerle un análisis de sangre para ver si hay diabetes o si tiene el colesterol alto. Debe ir al laboratorio en ayunas y darle esta orden a la enfermera.
CARLOS	—Muy bien, doctor. ¿Cuándo vuelvo?
DR. DÍAZ	—Si el resultado del análisis es negativo, dentro de seis meses. Si es positivo, yo lo llamo.
CARLOS	—Gracias.

Vocabulario

COGNADOS

el colesterol cholesterol
la diabetes diabetes
el examen, el chequeo exam,
  examination, checkup
físico(a) physical

general general
negativo(a) negative
normal normal
positivo(a) positive

NOMBRES

el ardor burning
la barbilla chin
la comezón, la picazón itching
la dificultad difficulty
el hueso bone
el pecho chest
el pene penis
la presión, la presión arterial pressure, blood
  pressure
el resultado result
la rodilla knee
el ruido noise, ringing

VERBOS

apretar (e:ie) to press (down)
correr to run
doblar to bend
doler (o:ue)[1] to hurt, to ache
dormir (o:ue) to sleep
parecer[2] to seem
respirar, resollar to breathe
sentir (e:ie) to feel
separar to separate
tocar to touch
traer[3] to bring

ADJETIVOS

bajo(a) low
este(a) this
ronco(a) hoarse
sano(a) healthy

OTRAS PALABRAS Y EXPRESIONES

así like this, so
cuando when
de prisa in a hurry
dentro de in, within
en ayunas with an empty stomach, fasting
fuera de lo común out of the ordinary
hacer un análisis, hacer una prueba to run a test
hacer un examen to give a checkup
hacia adelante forward
hacia atrás backward
hasta until, till
lentamente slowly
lo mismo the same (thing)
más o menos more or less
nada nothing
otra vez again
por la boca through the mouth
Respire hondo. Take a deep breath., Breathe
  deeply.
sin without
subir de peso, aumentar de peso to gain weight
un poco a little

---

[1]**Doler** is used with indirect object pronouns. **Me duele el estómago.** *My stomach hurts.* (literally,
The stomach is hurting me.)
[2]Irregular first person: **yo parezco.**
[3]Irregular first person: **yo traigo.**

Vocabulario adicional

LOS SIGNOS VITALES (*Vital Signs*)

la temperatura del cuerpo   body temperature
la presión (la tensión) arterial   blood pressure
el pulso   pulse

EL EXAMEN FÍSICO

¿Tiene Ud.
- **dificultad al tragar?**   difficulty swallowing
- **fatiga?**   fatigue
- **mucha flema?**   a lot of phlegm
- **gases intestinales (flato)?**   intestinal gas (flatus)
- **malestar? molestias?**   discomfort
- **tendencia a sangrar?**   tendency to bleed
- **tos seca?**   dry cough
- **urticaria? ronchas?**   hives

¿Alguien de su familia tiene
- **bocio?**   goiter
- **enfisema?**   emphysema
- **esclerosis múltiple?**   multiple sclerosis
- **hidropesía?**   dropsy
- **malaria?**   malaria
- **pleuresía?**   pleurisy

Notas culturales

The use of health care services by Hispanic Americans depends greatly upon socioeconomic status and type of employment because these affect access to comprehensive and preventive medical care. Data from the Hispanic Health and Nutrition Examination Survey indicates that one-third of the Mexican American population, one-fifth of the Puerto Rican population, and one-fourth of the Cuban American population are uninsured for medical expenditures. Furthermore, compared with Hispanic Americans with private health insurance, uninsured Hispanic Americans are less likely to have a regular source of health care, less likely to have visited a physician in the past year, and less likely to have had a routine physical examination. Mexican Americans, who have the least insurance, visit physicians least often. The highest rate in number of physician visits is among Puerto Ricans, which may be due in part to the fact that they have greater access to Medicaid.

¿Recuerdan ustedes?

Answer the following questions, basing your answers on the dialogue.

1.   ¿Qué le está haciendo el doctor a Carlos?

_____

2.   ¿Qué le da la enfermera al médico?

_____

3. ¿Cuándo le duele la cabeza a Carlos?

_____

4. ¿Cuándo tiene Carlos dificultad para respirar?

_____

5. ¿Tiene Carlos la presión alta?

_____

6. ¿Carlos siempre duerme bien?

_____

7. ¿Para qué le van a hacer un análisis a Carlos?

_____

8. ¿Cuándo debe volver Carlos a ver al doctor?

_____

Para conversar

Interview a classmate, using the following questions. When you have finished, switch roles.

1. ¿Tiene Ud. la presión normal?

_____

2. ¿Tiene Ud. dolores de cabeza a veces? ¿Cuándo?

_____

3. ¿Le duele cuando dobla la cabeza hacia atrás?

_____

4. ¿Tiene algún ruido en los oídos a veces? ¿Cuándo?

_____

5. ¿Tiene tos? ¿Está ronco(a)?

_____

6. ¿Tiene Ud. dificultad para respirar? ¿Cuándo?

_____

7. ¿Le duele algo?

_____

8. ¿Siente algún dolor en los huesos?

_____

9. ¿Siente comezón o ardor a veces?

    _____

10. ¿Sube y baja de peso con frecuencia?

    _____

11. ¿Duerme bien?

    _____

12. ¿Alguien (*Someone*) en su familia tiene el colesterol alto?

    _____

13. ¿Alguien en su familia tiene diabetes?

    _____

Vamos a practicar

A. **Rewrite the following sentences, replacing the words in boldface with the corresponding direct object pronouns.**

    Modelo: Me pide **la orden.**

                Me **la** pide.

1. Le doy **el resultado** mañana.

    _____

2. Te traen **los alimentos** después.

    _____

3. Nos toman **la presión** con frecuencia.

    _____

4. Me dan **las pastillas.**

    _____

5. Les piden **el análisis de sangre.**

    _____

B. **Write the following dialogues in Spanish.**

1. "When do you need the test results, doctor?"
    "Can you give them to me tomorrow?"
    — _____

    — _____

2. "Does your stomach hurt, Mr. Nieto?"
   "Yes, it hurts a lot."

   — _____

   — _____

3. "Do I give these pills to the patient?"
   "Yes, you have to give them to him."

   — _____

   — _____

Conversaciones breves

Complete the following dialogue, using your imagination and the vocabulary from this lesson.

El Dr. Ríos y el paciente:

DR. RÍOS   —¿_____?

PACIENTE   —Sí, a veces tengo dolores de cabeza.

DR. RÍOS   —¿_____?

PACIENTE   —No, no siento ruido en los oídos, pero a veces me duelen.

DR. RÍOS   —¿_____?

PACIENTE   —No, nunca siento dolor en el pecho.

DR. RÍOS   —¿_____?

PACIENTE   —No, nunca me duele el pene cuando orino.

DR. RÍOS   —¿_____?

PACIENTE   —Ardor no, pero a veces siento comezón.

DR. RÍOS   —¿_____?

PACIENTE   —Sólo cuando como de prisa.

DR. RÍOS   —¿_____?

PACIENTE   —Sí, mi padre tiene diabetes.

En estas situaciones

What would you say in the following situations? What might the other person say?

1. You are the patient. Tell your doctor you want a checkup because you sometimes have headaches and difficulty breathing.

2. You are a doctor. Tell your patient to take a deep breath through the mouth. Ask the person if his/her stomach hurts when you press it.

3. You are the doctor. Tell your patient he/she seems healthy, but that you want to run some tests. Tell your patient that he/she must not eat anything before coming to the lab.

Casos

Act out the following scenario with a partner.

A doctor gives a patient a complete checkup.

Un paso más

A. Review the *Vocabulario adicional* in this lesson. Then write the symptoms you associate with the following medical conditions.

1. gastritis: _____

2. anemia: _____

3. tuberculosis: _____

4. alergia: _____

5. catarro: _____

6. hemofilia: _____

7. cáncer de la garganta (*throat*): _____

B. Read the following symptoms of diabetes. Then write six questions
    you would ask a patient whom you suspect might have diabetes.

¿CUÁLES SON ALGUNOS DE LOS SIGNOS COMUNES DE UNA DIABETES SEVERA?

1. Orinar frecuentemente, aún durante la noche
2. Sed°   *Thirst*
3. Pérdida de peso
4. Apetito constante
5. Cansancio y debilidad
6. Comezón en la piel
7. Piel seca°   *dry*
8. Visión borrosa°   *blurred*
9. Infecciones de la piel (*llagas*°)   *wounds*

¿CUÁLES SON ALGUNOS DE LOS SIGNOS COMUNES DE UNA DIABETES MENOS SEVERA?

1. Cansancio y debilidad
2. Dolor
3. Entumecimiento° u hormigueo° en los dedos   *Numbness/pins and needles,*
    de las manos o en los pies   *tingling*
4. Visión borrosa
5. Infecciones de la piel (*llagas*)
6. Es posible que no haya° signos de ninguna   *there may be*
    clase

---

1. _____

2. _____

3. _____

4. _____

5. _____

6. _____

Now interview a classmate, using the questions you have written.

📀 *Con el dentista*

Anita va al dentista porque le duele una muela. Después de entrar en el consultorio, se sienta y la asistente le hace unas radiografías. Ahora el dentista viene para examinarle los dientes.

DENTISTA	—Abra la boca, por favor. ¿Cuál es la muela que le duele? Tóquela.
ANITA	—Ésta. No puedo morder nada, y si como algo muy frío o muy caliente, el dolor es insoportable.
DENTISTA	—Vamos a ver. (*Mira la radiografía.*) Necesito extraerle la muela. No voy a poder salvarla porque tiene un absceso. Otro día vamos a extraerle las muelas del juicio porque no tienen espacio suficiente.
ANITA	—Muy bien. Doctor, para sacarme la muela, ¿me va a dar anestesia local o general?
DENTISTA	—Es una extracción simple. Voy a darle novocaína.
ANITA	—¿Tengo algún diente picado?
DENTISTA	—Sí, tiene dos caries, y tiene una muela que necesita una corona.
ANITA	—¿Todo eso?
DENTISTA	—Sí, lo siento.
ANITA	—Doctor, me sangran mucho las encías cuando me cepillo los dientes…
DENTISTA	—Sí, veo que las tiene muy inflamadas, y tiene mucho sarro. Eso puede causar piorrea y mal aliento.
ANITA	—Entonces, ¿debo pedir turno para la higienista?
DENTISTA	—Sí, pida turno para dentro de tres o cuatro semanas para la higienista, y también para empastarle los dientes.
ANITA	—Y para el problema de las encías, ¿qué hago?
DENTISTA	—Cepíllese los dientes después de cada comida con un buen cepillo y una pasta de dientes para controlar el sarro. Ah, y no se olvide de usar el hilo dental todos los días.

El dentista le extrae la muela.

DENTISTA	—Enjuáguese la boca y escupa aquí. (*Le pone una gasa sobre la herida.*) Durante una hora, cámbiese la gasa que tiene en la herida cada diez o quince minutos, y no se enjuague la boca hoy. Mañana, enjuáguesela con agua tibia con sal.
ANITA	—Si me duele, ¿puedo tomar aspirina?
DENTISTA	—No, tome Advil o Motrin u otro calmante sin aspirina. Si tiene la cara inflamada, póngase una bolsa de hielo.

ANITA	—¿Algo más?
DENTISTA	—Si sangra un poco, use dos almohadas para dormir. Si sangra mucho, llámeme.

Al salir del consultorio, la asistente la llama.

ASISTENTE	—Señorita, ¿esta cartera es suya?
ANITA	—Sí, es mía. Gracias.

 # Vocabulario

COGNADOS

el absceso abscess	**el (la) higienista** hygienist
la anestesia anesthesia	**local** local
el (la) asistente assistant, helper	**el minuto** minute
el (la) dentista dentist	**la novocaína** novocaine
el espacio space, room	**la piorrea** pyorrhea
la extracción extraction	**simple** simple

NOMBRES

el aliento breath
la boca mouth
la bolsa, la cartera handbag, purse
la bolsa de hielo ice pack
la cara face
la caries, la picadura cavity
el cepillo brush
la corona crown
el diente tooth
la encía[1] gum (of mouth)
la gasa gauze
la herida wound, injury
el hielo ice
el hilo dental, la seda dental dental floss
la muela tooth, molar
la muela del juicio, el cordal wisdom tooth
la pasta de dientes, la pasta dentífrica toothpaste
la sal salt
el sarro tartar

VERBOS

abrir to open
cambiar(se) to change (oneself)
cepillar(se) to brush (oneself)
controlar to control
empastar, emplomar to fill (*a tooth*)
enjuagar(se) to rinse (out)
escupir to spit
morder (o:ue) to bite
olvidarse (de) to forget
sacar, extraer[2] to take out, to pull out, to extract
salir[3] to leave, to go out
salvar to save
sangrar to bleed
sentarse (e:ie) to sit (down)

ADJETIVOS

insoportable unbearable
picado(a), cariado(a) decayed, carious
tibio(a) lukewarm, tepid

OTRAS PALABRAS Y EXPRESIONES

ah oh
cepillarse los dientes to brush one's teeth
entonces then
mío(a) mine
suficiente enough, sufficient
suyo(a) yours

---

[1]**Pus en las encías** (*Pus in the gums*).
[2]Irregular first person: **yo extraigo.**
[3]Irregular first person: **yo salgo.**

Vocabulario adicional

EL CUIDADO (*CARE*) DE LOS DIENTES

Cepíllese los dientes {
  después de cada comida
  con un cepillo {
    duro   hard
    blando   soft
    semiduro   medium
  }
  con una buena pasta dentífrica con fluoruro   with a good fluoride toothpaste
}

el canal en la raíz   root canal
el enjuague   mouthwash
los frenos   dental braces
el (la) odontólogo(a)   odontologist, dental surgeon, dentist
la ortodoncia   orthodontia
el (la) ortodoncista   orthodontist
la placa   plaque
el puente   (dental) bridge

LAS PARTES DE UN DIENTE

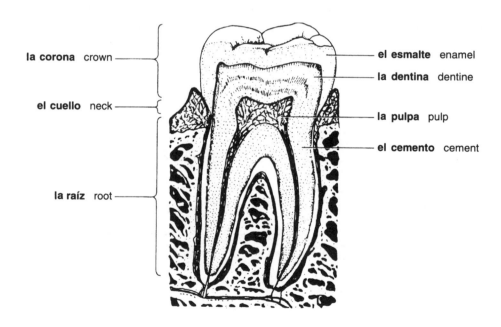

la corona crown

el esmalte enamel
la dentina dentine

el cuello neck

la pulpa pulp

el cemento cement

la raíz root

CLASES DE DIENTES

el canino, el colmillo   canine
el incisivo   incisor
el molar, la muela   molar
la muela del juicio, la (muela) cordal   wisdom tooth

¡OJO! For additional terms related to parts of the mouth, see the diagram on page xiv.

Notas culturales

- Recent research suggests that many members of the Spanish-speaking community are at greater risk of oral disease due to social conditions such as limited access to education, lower paying jobs, and the absence of culturally sensitive health care services. Solutions to some of these problems have been proposed in the literature: increased efforts in educating both the general public and the oral-health practitioners; national and public coalitions to promote oral health; legislative and regulatory initiatives; and further study of the impact that the interaction of behavioral, psychosocial, and biological factors in the individual has in attaining better oral health. [See John P. Brown, "Oral Health of Hispanics: Epidemiology and Risk Factors." In *Health Policy and Hispanics* (Boulder: Westview Press, 1992).]
- In an effort to inform the Spanish-speaking population about dental care, the National Institute of Dental Research in conjunction with the U.S. Department of Health and Human Services publishes the following pamphlets in Spanish as a public service. These brochures may also be obtained from state and local health departments.

  Rx para dientes sanos—La placa: ¿Qué es la placa dental y cómo puede quitársela?
  (*Rx for Sound Teeth—Plaque: What it is and how to get rid of it*)
  Evite las caries dentales (*Avoid Dental Decay*)
  Meriendas sanas para dientes y cuerpos sanos (*Snack Smart for Healthy Teeth*)
  Prevenga el daño que causa el biberón (*Prevent Baby Bottle Tooth Decay*)
  Consejos de cuidado dental para diabéticos (*Dental Tips for Diabetics*)
  Enfermedad periodontal en los diabéticos: Guía para los pacientes
  (*Periodontal Disease in Diabetics: Patient Guide*)

¿Recuerdan ustedes?

Answer the following questions, basing your answers on the dialogue.

1. ¿Por qué va Anita al dentista?

   _____

2. ¿Cuándo tiene Anita un dolor insoportable?

   _____

3. ¿Por qué no va a poder salvar la muela el dentista?

   _____

4. ¿Por qué le va a sacar las muelas del juicio?

   _____

5. ¿Cuántas caries tiene Anita?

   _____

6. ¿Qué problemas tiene Anita con las encías?

   _____

7. Para extraerle la muela, ¿el dentista le va a dar anestesia local o anestesia general?

   _____

8. ¿Qué debe hacer Anita si tiene mucho dolor?

   _____

9. ¿Qué debe hacer Anita si tiene la cara inflamada?

   _____

10. ¿La cartera es de Anita?

   _____

Para conversar

Interview a classmate, using the following questions. When you have finished, switch roles.

1. ¿Tiene Ud. alguna muela picada?

   _____

2. ¿Siente Ud. dolor cuando muerde o cuando come algo muy caliente?

   _____

3. ¿Tiene Ud. un absceso?

   _____

4. ¿Cuántas veces (*times*) al día se cepilla Ud. los dientes? ¿Cuándo lo hace?

   _____

5. ¿Qué pasta dentífrica usa Ud.?

   _____

6. ¿Usa Ud. hilo dental? ¿Cuántas veces a la semana?

   _____

7. ¿Cuántas veces al año le hace su higienista una limpieza (*cleaning*)?

   _____

8. ¿Tiene Ud. alguna corona?

   _____

9. ¿Qué puedo hacer si me duele mucho la muela?

   _____

10. ¿Qué causa el sarro?

   _____

Vamos a practicar

A. **Answer the questions, using the affirmative or negative commands according to the cues given.**

Modelos: ¿Debo abrir la boca ahora? (sí)
Sí, **abra** la boca ahora.

¿Puedo cerrar la boca ahora? (no)
No, no **cierre** la boca ahora.

1. ¿Puedo comer algo después de salir del consultorio? (no)

   _____

2. ¿Debemos cepillarnos los dientes después de las comidas? (sí)

   _____

3. ¿Debemos usar seda dental? (sí)

   _____

4. ¿Debo darle anestesia general, doctor? (no)

   _____

5. ¿Debo empastarla ahora mismo? (sí)

   _____

6. ¿Debo enjuagarme la boca? (sí)

   _____

7. ¿Puedo escupir ahora? (no)

   _____

8. ¿Puedo ponerme una bolsa de hielo si tengo dolor? (sí)

   _____

9. ¿Debemos tomar aspirinas? (no)

   _____

10. ¿Debemos usar una pasta de dientes para controlar el sarro? (sí)

    _____

B. Write the following dialogues in Spanish.

1. "This isn't my toothbrush. Is it yours?"
   "No, it's not mine."

   — _____

   — _____

2. "Do your gums bleed a lot when you brush your teeth?"
   "No, mine don't bleed much."

   — _____

   — _____

3. "Is this Sergio's toothpaste?"
   "No, it's mine. His is in the bathroom (**baño**)."

   — _____

   — _____

Conversaciones breves

Complete the following dialogues, using your imagination and the
vocabulary from this lesson.

A. El Sr. Paz y su dentista:

SR. PAZ   —Doctor, tengo un dolor de muelas insoportable.

DENTISTA   — _____

SR. PAZ   —Ésta es la muela que me duele: la muela del juicio.

DENTISTA   — _____

SR. PAZ   —Sí, me duele cuando tomo algo muy frío.

DENTISTA   — _____

SR. PAZ   —¿Extraerla? ¿No me la puede salvar?

DENTISTA   — _____

SR. PAZ   —¿Me va a dar anestesia general o local?

DENTISTA   — _____

B. Jorge y su dentista:

JORGE —Doctora, cada vez que me cepillo los dientes, las encías me sangran.

DENTISTA —_____

JORGE —Sí, doctora, ya sé que tengo las encías hinchadas.

DENTISTA —_____

JORGE —¿Por qué tengo sarro? ¿Es malo eso?

DENTISTA —_____

JORGE —¿Qué puedo hacer para evitar la piorrea?

DENTISTA —_____

JORGE —¿Es necesario usar el hilo dental?

DENTISTA —_____

En estas situaciones

What would you say in the following situations? What might the other person say?

1. You are a dentist. Ask your patient which tooth hurts and then tell the person to touch it. Ask your patient to open his/her mouth so you can examine the tooth.

2. You are a patient. Explain to your dentist that when you bite on something very hot or very cold the pain is unbearable and that your gums bleed when you brush your teeth.

3. You are a dentist. Explain to your patient that you have to pull out a wisdom tooth because there isn't enough room in his/her mouth for the tooth. Tell the person to make an appointment with the receptionist.

Casos

Act out the following scenarios with a partner.

1. You are a dentist and a patient comes to you with a toothache. Examine the person's teeth to find out what is causing the problem. Then inform your patient of the results of your examination and propose suitable solutions.

2. You are a dentist and a patient comes to you with a number of abscessed teeth. After examining the person's teeth, explain to him/her that he/she needs dentures.

3. You are a dentist. Explain to a patient how to take care of his/her teeth properly so that the person can avoid having dental problems in the future.

Un paso más

A. Review the *Vocabulario adicional* in this lesson and answer the following questions.

1. ¿Qué enjuague usa Ud.?

_____

2. ¿Es mejor usar un cepillo duro, blando o semiduro?

_____

3. ¿Qué ventaja (*advantage*) tiene usar una pasta de dientes con fluoruro?

_____

4. Si una persona tiene los dientes torcidos (*crooked*), ¿a qué especialista debe
    ir? ¿Qué van a ponerle?

_____

5. ¿Cuál es la especialización de ese dentista?

_____

6. Si tengo una caries muy profunda, ¿qué tiene que hacerme el dentista antes
    de ponerme una corona?

_____

B. Label the following diagrams in Spanish. For the diagram of the
mouth, you may want to refer to the diagram on page xiv.

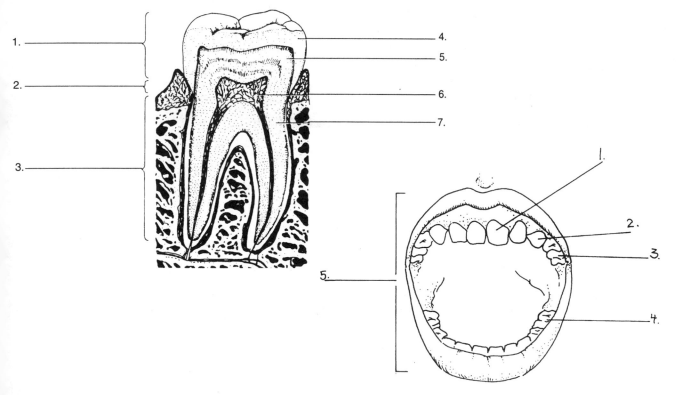

C. **Read the ad for Miami Dental Care Centers and answer the questions. Remember to guess the meaning of all cognates.**

MIAMI DENTAL CARE CENTERS

Anuncia su clínica dental cerca del aeropuerto.

GRATIS: Examen completo de su boca incluyendo radiografías.

Aproveche° esta oportunidad para cambiar esos dientes torcidos° que desde hace tanto tiempo le afean° su apariencia. Le podemos solucionar cualquier° problema dental, garantizándole su tratamiento° y utilizando materiales de alta calidad aprobados por la ADA.

Dentaduras completas	$500.00
Coronas de porcelana	$300.00
Limpieza°	$38.00
Empastes	$30.00

- Un laboratorio instalado en la misma clínica nos permite ofrecer los últimos adelantos° de la odontología moderna a precios de descuento°.
- Abierto seis días a la semana.
- Servicio de emergencia las veinticuatro horas.
- Flexibilidad de horario° para su mayor comodidad°.
- Se aceptan Visa, MasterCard y toda clase de seguros.

Permita que profesionales con largos años de experiencia le atiendan° su boca en forma amena°, con equipos° modernos.

Pedro Urbino D.D.S.   **Sylvia Madrigal D.D.S.**
José Martínez D.D.S.   **Eduardo Castellanos D.D.S.**

Llame hoy mismo para una cita
695-4301

Take advantage of / crooked
disfigure
any / treatment

Cleaning

advances / discount

hours, schedule / convenience

attend to
pleasant, agreeable /
equipment

1. ¿Qué puede Ud. recibir gratis (*free*) en la clínica dental?

_____

2. Según (*According to*) el anuncio, ¿qué puede cambiar?

_____

3. ¿Cómo son los materiales que usan en la clínica dental?

_____

4. ¿Cuánto va a pagar por una dentadura completa?

_____

5. Si Ud. necesita una limpieza y un empaste, ¿cuánto va a pagar?

   _____

6. ¿Qué material usan en la clínica dental para las coronas?

   _____

7. ¿Cuántos dentistas trabajan (*work*) en la clínica?

   _____

8. Si Ud. tiene dolor de muelas a las once de la noche (*night*), ¿puede ir a la clínica dental? ¿Por qué?

   _____

● *En la sala de emergencia*

Un accidente:

Llega una ambulancia al hospital… Traen a un herido. Llevan la camilla a la sala de emergencia.

DOCTOR	—¿Qué pasó?
PACIENTE	—¡Ay… ! Mi carro chocó con un árbol, me golpeé la cabeza y me corté la frente. Fue terrible.
DOCTOR	—¿Perdió el conocimiento?
PACIENTE	—Yo creo que sí, pero fue sólo por unos segundos.
DOCTOR	—¿Cómo se siente ahora?
PACIENTE	—Me duele mucho la cabeza.
DOCTOR	—Bueno, voy a limpiarle y desinfectarle la herida. Luego voy a tener que darle puntos y vendarle la cabeza.
PACIENTE	—¿Me va a poner una inyección antes?
DOCTOR	—Sí. Después vamos a hacerle unas radiografías para ver si hay fractura. La enfermera lo va a llevar a la sala de rayos X.

Un caso de envenenamiento:

Una madre trae a su hijo a la sala de emergencia. El niño tomó veneno.

DOCTOR	—¿Qué cantidad de veneno tomó el niño, señora?
MADRE	—No sé… aquí está el frasco… está casi vacío…
DOCTOR	—¿Vomitó o le dio Ud. algún líquido?
MADRE	—No, no vomitó ni tomó nada.
DOCTOR	—Vamos a hacerle un lavado de estómago. No se preocupe. Pronto va a estar bien. Espere afuera, por favor.

Una fractura:

La Sra. García se cayó en la escalera, y su esposo la trae a la sala de emergencia.

DOCTOR	—¿Dónde le duele, señora?
SRA. GARCÍA	—Me duele mucho el tobillo; creo que me lo torcí.
DOCTOR	—A ver… No, yo creo que es una fractura.

Los enfermeros llevan a la Sra. García a la sala de rayos X en una camilla. Después de ver las radiografías el doctor confirma su diagnóstico y le explica a la Sra. García lo que va a hacer.

DOCTOR	—Pues sí, Sra. García, Ud. se fracturó el tobillo. Vamos a tener que enyesárselo.
SRA. GARCÍA	—¿Por cuánto tiempo tengo que usar el yeso?

DOCTOR	—Por seis semanas.
SRA. GARCÍA	—¿Voy a tener que usar muletas para caminar?
DOCTOR	—Sí, señora.

Una quemadura:

Una niña se quemó y su papá la trae a la sala de emergencia.

DOCTOR	—¿Se quemó la niña con algo eléctrico o algún ácido?
EL PAPÁ	—No, se quemó con agua hirviendo.
DOCTOR	—La niña tiene una quemadura de tercer grado. Vamos a tener que ingresarla.

Vocabulario

COGNADOS

el accidente accident	**el diagnóstico** diagnosis
el ácido acid	**eléctrico(a)** electric, electrical
la ambulancia ambulance	**la fractura** fracture
el caso case	**terrible** terrible

NOMBRES

el árbol tree
la camilla gurney, stretcher
el carro, el coche, el auto, la máquina (*Cuba*) car
el envenenamiento poisoning
la escalera staircase
el frasco, la botella, el pomo (*Cuba*) bottle
la frente forehead
el (la) herido(a) injured person
la inyección shot, injection
la muleta crutch
el punto, la puntada stitch
la quemadura burn
la sala de emergencia, la sala de urgencia emergency room
la sala de rayos X (equis) X-ray room
el segundo second
el veneno poison
el yeso[1] cast

VERBOS

caer(se)[2] to fall
caminar to walk
confirmar to confirm
cortar(se) to cut (oneself)
chocar to run into, to collide
desinfectar to disinfect
enyesar[3] to put a cast on
explicar to explain
fracturarse, quebrarse (e:ie) (*Méx.*), **romperse** to fracture, to break
golpear(se) to hit (oneself)
ingresar to admit (to a hospital)
limpiar[4] to clean
llegar to arrive
pasar to happen
preocuparse (por) to worry (about)
quemar(se) to burn (oneself)
torcer(se)[5] **(o:ue)** to twist
vendar to bandage

ADJETIVOS

hirviendo boiling
tercero(a) third
vacío(a) empty

---

[1]Also **la escayola** (*España*).
[2]Irregular first person: **yo (me) caigo.**
[3]Also **escayolar** (*España*).
[4]**Lavar la herida** (*To wash the wound*) is also used.
[5]Irregular first person: **yo (me) tuerzo.**

OTRAS PALABRAS Y EXPRESIONES

afuera   outside
antes   first, before
¡ay!   oh!
casi   almost
Creo que sí.   I think so.
¿dónde?   where?
hacer un lavado de estómago   to pump the stomach
lo que   that which
luego   then
perder (e:ie) el conocimiento, desmayarse   to lose consciousness, to faint, to be unconscious
poner una inyección   to give a shot
¿Por cuánto tiempo… ?   For how long… ?
por unos segundos   for a few seconds
pronto   soon
pues   well

Vocabulario adicional

ALGUNAS EXPRESIONES RELACIONADAS CON ACCIDENTES Y EMERGENCIAS

Tenga siempre a mano el número de teléfono
Always keep at hand the telephone number
- de su **médico**
- del **centro de envenenamiento**   poison center
- de la **policía**   police
- del **hospital**
- del **departamento de bomberos**   fire department
- de la **ambulancia**
- de los **paramédicos**   paramedics

Para evitar el riesgo de envenenamiento,
To avoid the risk of poisoning,
- **lea bien las instrucciones antes de tomar una medicina.**
  read instructions carefully before taking (any) medicine.
- **nunca tome medicinas en la oscuridad.**
  never take (any) medicine in the dark.
- **guarde las medicinas fuera del alcance de los niños pequeños.**
  keep medicines out of small children's reach.
- **nunca le diga a un niño que la medicina es "caramelo (dulce)".**
  never tell a child that medicine is "candy."

Está en la sala de emergencia porque
He/She is in the emergency room because
- **le dieron (pegaron) un tiro.**   they shot him/her.
- **le dieron dos puñaladas.**   they stabbed him/her twice.
- **tiene una herida de bala.**   he/she has a gunshot wound.
- **tomó una sobredosis de cocaína (heroína).**
  he/she took an overdose of cocaine (heroin).
- **tuvo una reacción adversa a la medicina.**   he/she had an adverse reaction to the medication.
- **sufrió un efecto secundario severo.**   he/she had a severe side effect.
- **intentó suicidarse (matarse).**   he/she tried to commit suicide [kill himself (herself)].

Notas culturales

- In many Spanish-speaking countries, people are taken to special centers called **Casa de Socorro** (literally, *House of Help*) or **Casa de Primeros Auxilios** (*House of First Aid*) when they have medical emergencies. The staff at these centers treats the patient's problem and either releases the patient or sends him/her to a hospital for further treatment.
- In large urban areas in the U.S., economically disadvantaged Hispanic Americans receive a large portion of their health care services from big, public hospitals that have rotating staffs. In this type of setting, they rarely experience continuity of health care. Also, data from the HHANES study reveals that many Hispanic Americans use the emergency department as a source of primary care and that they are more likely to enter hospitals via emergency rooms rather than by other means. In a paper published in 1996, Llewellyn J. Cornelius and Zulema E. Suárez discuss the factors that account for such dependency of Hispanic Americans (and African Americans) on the outpatient care departments and the emergency room. This research was based on the National Medical Expenditure Survey. (See *Achieving Equitable Access: Studies of Health Care Issues Affecting Hispanics and African Americans*, Joint Center for Political and Economic Studies.)

¿Recuerdan ustedes?

Answer the following questions, basing your answers on the dialogues.

1. ¿Traen al herido en un carro o en una ambulancia?

   _____

2. ¿Qué le pasó al paciente cuando chocó contra un árbol?

   _____

3. ¿Por cuánto tiempo perdió el conocimiento?

   _____

4. ¿Para qué van a hacerle una radiografía al paciente?

   _____

5. ¿Por qué le van a hacer un lavado de estómago al niño?

   _____

6. ¿Dónde se cayó la Sra. García?

   _____

7. ¿Por qué van a enyesarle el tobillo?

   _____

8. ¿Por cuánto tiempo va a tener que usar el yeso y qué va a necesitar para caminar?

_____

9. ¿Con qué se quemó la niña?

_____

10. ¿Por qué van a tener que ingresar a la niña?

_____

Para conversar

Interview a classmate, using the following questions. When you have finished, switch roles.

1. ¿Chocó Ud. con un auto alguna vez (*ever*)? ¿Qué le pasó?

_____

2. ¿Se golpeó la cabeza alguna vez?

_____

3. ¿Perdió Ud. el conocimiento alguna vez?

_____

4. ¿Se quemó Ud. alguna vez? ¿Con qué?

_____

5. ¿Se torció Ud. el tobillo alguna vez?

_____

6. ¿Cómo se siente hoy?

_____

7. Yo me fracturé la pierna. ¿Qué me van a hacer?

_____

8. Yo me corté el dedo (*finger*). ¿Qué debo hacer?

_____

9. Tengo una quemadura de primer grado. ¿Tienen que ingresarme en el hospital?

_____

10. ¿Qué cree Ud. que va a hacer el médico?

_____

11. ¿Qué hacen los médicos generalmente cuando una persona toma veneno?

    _____

12. ¿Cómo llevan a un herido de la ambulancia a la sala de emergencia?

    _____

Vamos a practicar

A. Complete the following sentences, using the preterit of the verbs listed.

tomar	perder	romperse
golpearse	torcerse	quemarse
ir	desinfectar	dar
llegar	ser	enyesar

Modelo: Yo _____ a la clínica.
Yo **fui** a la clínica.

1. Mi papá _____ la cabeza.

2. La doctora me _____ la herida y me _____ cinco puntos.

3. La ambulancia _____ con un herido.

4. Yo _____ con agua hirviendo.

5. El Dr. López _____ el médico de mi esposo.

6. Mi papá _____ una pierna (*leg*) y el médico se la _____ .

7. ¿_____ tú el conocimiento?

8. ¿Qué cantidad de veneno _____ él?

9. ¿Adónde _____ Uds. después del accidente? Nosotros _____ al hospital.

10. ¿Cuándo _____ Ud. el tobillo?

B. Complete the following sentences with the Spanish equivalent of the words in parentheses.

Modelo: Las muletas son _____ . (*for my daughter*)
Las muletas son **para mi hija.**

1. ¿Cuánto pagaste _____? (*for the crutches*)

2. Lo llevaron a la sala de rayos X _____ . (*to take an X-ray*)

3. Perdió el conocimiento _____ . (*for a few seconds*)

4. Necesitamos los análisis _____ . (*by tomorrow morning*)

5. Mi esposo tiene que estar en el hospital _____. (*for three days*)

6. Estos frascos son _____. (*for Dr. Soto*)

Conversaciones breves

Complete the following dialogues, using your imagination and the vocabulary from this lesson.

A. El herido y la doctora:

DOCTORA —_____

HERIDO —Me siento mal; la herida me duele mucho. ¿Tiene que darme puntos?

DOCTORA —_____

HERIDO —¿Me va a doler?

DOCTORA —_____

HERIDO —La pierna (*leg*) también me duele mucho. ¿Cree Ud. que tengo una fractura?

DOCTORA —_____

HERIDO —¿Cuándo van a hacerme las radiografías?

DOCTORA —_____

B. La madre de un niño y el doctor:

MADRE —Mi hijo tomó veneno.

DOCTOR —_____

MADRE —Sí, aquí está el frasco. Está casi vacío.

DOCTOR —_____

MADRE —¿Un lavado de estómago? ¿Va a estar bien después?

DOCTOR —_____

MADRE —Muchas gracias, doctor.

C. El doctor y un paciente:

PACIENTE —Doctor, me quemé el brazo con ácido. Me duele mucho.

DOCTOR —_____

PATIENTE —¿Una quemadura de tercer grado?

DOCTOR — _____

PACIENTE —¿Por cuánto tiempo tengo que estar en el hospital?

DOCTOR — _____

En estas situaciones

What would you say in the following situations? What might the other person say?

1. You have been hurt in a car accident. Tell the doctor that your car ran into a bus, and you hit your head on the windshield (**el parabrisas**) and cut your face. Also tell the doctor that you were unconscious for a few moments. The doctor explains that he/she is going to wash and disinfect the wound and give you three stitches.

2. You are a doctor. A parent with a child who has taken poison comes to the emergency room. Ask the parent how much poison the child took and whether he/she has the bottle. Tell the parent you are going to pump the child's stomach.

3. You are a doctor. A parent with a child who fell out of a tree and broke his/her arm comes to the emergency room. Tell the parent you are going to have X-rays taken and then put the child's arm in a cast.

Casos

Act out the following emergency room scenes with a partner, who plays the role of the patient needing medical treatment as a result of the situations listed.

1. a car accident

2. a case of poisoning

3. a fracture

4. a burn

Un paso más

A. **Review the *Vocabulario adicional* in this lesson. Then write who you would call (the police, the fire department, etc.) and the actual number you would dial in the following situations. See your telephone book for a listing in your area.**

1. Ud. ve un accidente. _____

2. Hay un ladrón (*burglar*) en su casa. _____

3. Una mujer está lista (*ready*) para tener un bebé. _____

4. Hay un incendio (*fire*) en su casa. _____

5. Su hijo tomó veneno. _____

B. **Give the following people advice so that they can avoid the risk of poisoning.**

1. una madre que tiene niños pequeños

    _____

    _____

2. una persona que siempre toma medicinas por la noche

    _____

3. una persona que tiene varios problemas de salud (*health*)

    _____

C. **The family of a patient who is in the emergency room asks you what happened. Since they only speak Spanish, you have to give them the following news in Spanish.**

1. He took an overdose of cocaine.

    _____

2. They shot him twice.

    _____

3. Her husband stabbed her five times.

    _____

D. Read the description of the emergency medical care unit at the Hospital Edgardo Rebagliati Martins in Lima, Perú, and answer the questions. Remember to guess the meaning of all cognates.

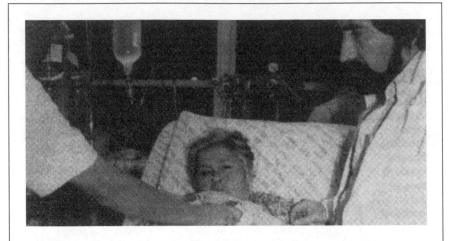

UNIDAD° DE EMERGENCIAS

Unit

■ Es una de las más modernas y equipadas del país,° donde se atienden° aproximadamente 375 pacientes diariamente.° La unidad cuenta con treinta médicos permanentes de todas las especialidades, además de tres ambulancias que operan las veinticuatro horas del día. La unidad está habilitada con una moderna sala de reanimación° y shock-trauma para atender a los pacientes en estado° de shock y una unidad de monitoreo para controlar a aquéllos en estado crítico. Los pacientes que requieren una intervención quirúrgica° de emergencia son operados en una de las dos salas de operaciones de uso exclusivo con las que cuenta esta unidad.

country
se... are tended / daily

revival
state

surgical

1. ¿Cuántos pacientes pueden atender en un día en esta unidad?

    _____

2. ¿Cuántas ambulancias tienen? ¿Cuándo puede Ud. conseguir (*obtain*) una?

    _____

3. ¿Qué hacen con los pacientes en estado de shock?

    _____

4. ¿Cuántas salas de operaciones tiene esta unidad de emergencias?

    _____

5. ¿Cómo se compara (*compare*) esta unidad de emergencias con una en los Estados Unidos?

    _____

    _____

Lectura 2

🔘 *El cáncer*

(Adapted from TEL MED, tape #1083)

El cáncer mata° a miles de personas todos los años y si esto no cambia,° cerca de° 80 millones—o una de cada tres personas que viven actualmente° en los Estados Unidos—tendrá° cáncer en algún momento de su vida.°

Hay tres cosas que se pueden hacer para protegerse° contra el cáncer:
1. Evitar fumar o exponerse° demasiado° al sol.
2. Hacerse exámenes médicos periódicamente. Los hombres de menos de cuarenta años deben hacerlo cada dos años, y una vez° al año después de los cuarenta años. Las mujeres de menos de treinta y cinco años deben hacerlo una vez cada dos años, y una vez al año después de los treinta y cinco años.
3. Aprender a reconocer° las señales° que indican la presencia de cáncer y ver al médico si alguno de estos síntomas persiste por más de dos semanas.

Hay siete señales que pueden indicar la existencia de cáncer:
1. Una pérdida de sangre° no usual.
2. Un abultamiento o endurecimiento° en el seno o cualquier° otra parte del cuerpo.
3. Una llaga° que no se cura.
4. Un cambio° en los hábitos de defecar u orinar.
5. Ronquera° o tos persistente.
6. Problemas de indigestión o dificultad para tragar.°
7. Cualquier cambio en el tamaño o color de una verruga,° lunar° o mancha° en la piel.

El cáncer puede tratarse° con algunas drogas, con radiación, con quimioterapia o con cirugía,° pero es importante ver al médico en seguida si se descubren° algunos de los síntomas indicados.

kills / if this doesn't change / about
at the present time
will have / life

protect oneself
exposing oneself / too much

once

to recognize / signs

***pérdida..** bleeding*
lump or hardening / any

sore
change
hoarseness
to swallow
wart / mole / birthmark

can be treated
surgery / are discovered

🔘 Conversaciones

—¿Qué puedo hacer para evitar el cáncer?
—No debe fumar y no debe exponerse mucho al sol.

—¿Cada cuánto tiempo debo hacerme un examen médico?
—Si tiene menos de treinta y cinco años, cada dos años.
—Yo tengo cuarenta y cinco años.
—Entonces° debe hacerlo cada año.

—Tengo dificultad para tragar.
—Eso puede ser una señal de cáncer.
—¿Qué debo hacer?
—Debe ver a su médico si el problema persiste por más de dos semanas.

¿Recuerdan ustedes?

Answer the following questions, basing your answers on the reading and the conversations.

1. ¿Qué enfermedad mata a miles de personas todos los años?

   _____

2. ¿Cuántas personas en los Estados Unidos tendrán cáncer?

   _____

3. ¿Qué debemos evitar para protegernos contra el cáncer?

   _____

4. ¿Con qué frecuencia deben hacerse chequeos los hombres de menos de cuarenta años? ¿De más de cuarenta?

   _____

5. ¿Con qué frecuencia deben hacerse exámenes las mujeres antes de los treinta y cinco años? ¿Después?

   _____

6. ¿Cuál es una señal de cáncer?

   _____

7. ¿Cuáles son otras señales que pueden indicar cáncer?

   _____

8. ¿Cómo puede tratarse el cáncer?

   _____

9. ¿Qué es importante hacer si tiene algunos de los síntomas que indican la presencia de cáncer?

   _____

Repaso

LECCIONES 6-10

PRÁCTICA DE VOCABULARIO

A. Circle the word or phrase that best completes each sentence.

1. Tiene que comer por lo menos una cosa de cada (fruta / grupo / hígado).

2. Debe comer cantidades más (pequeñas / jóvenes / peligrosas).

3. Traen al herido en una (escalera / quemadura / camilla).

4. Quiero beber (un yeso / un refresco / una cartera).

5. El dentista dice que necesito una limpieza porque tengo mucho (sarro / espacio / ritmo).

6. Tomó veneno. Por eso le van a hacer un lavado de (boca / jalea / estómago).

7. Estos alimentos tienen pocas (calorías / coronas / dificultades).

8. Abra la boca y tóquese la muela que le duele cuando (saca / salva / muerde).

9. El médico le está haciendo un examen físico. Le pregunta si tiene ardor o (comezón / control / fractura) a veces.

10. Cuando corro, tengo dificultad para (doblar / apretar / respirar).

11. No comí nada. Estoy (ronco / sano / en ayunas).

12. Para tocarme el pecho con la barbilla, debo doblar la cabeza (hondo / hacia adelante / hacia atrás).

13. ¿Tiene Ud. la presión normal, alta o (baja / general / distinta)?

14. No hay nada (lentamente / de prisa / fuera de lo común).

15. Respire hondo. Respire por (el pie / la cabeza / la boca).

16. Para evitar la obesidad, hay que (torcerse el tobillo / hacer ejercicio / parecer sano).

17. Mi carro chocó con (un árbol / una pastilla / un chequeo).

18. Doble la cabeza hacia adelante hasta tocar (la espalda / las nalgas / el pecho) con la barbilla.

19. Me caí (en la escalera / correctamente / dentro de dos semanas).

20. ¿Eso se hace así? (¡Yo creo que sí! / ¿Qué pasó? / ¡En ese caso!)

21. En la escuela él come (preguntas / papas fritas / boca).

22. Ellos piden (caries / hamburguesas / sarro).

B.   Circle the word or phrase that does not belong in each group.

1.   padezco, me duele, otra vez

2.   sin comer, más o menos, en ayunas

3.   no mucho, lo mismo, un poco

4.   entrada, examen general, análisis

5.   medir, ruido, tamaño

6.   aparato intrauterino, condón, lista

7.   chiles verdes, mantequilla de maní, melón

8.   pescado, frijoles, naranjas

9.   quemarse, pensar, fracturarse

10. probar, desinfectar, limpiar

11. vendar, variedad, herida

12. agua hirviendo, quemadura, árbol

13. tener insomnio, no poder dormir, perder el conocimiento

14. el condón, el control de la natalidad, el colesterol

15. leche, toronja, queso

16. espacio, cepillo de dientes, muela

17. adelgazar, bajar de peso, sentir

18. diabetes, azúcar, muleta

C. **Complete the following sentences with the appropriate word or phrase from column *B*.**

A	B
1. Tiene mal _____	a. encía.
2. Póngase una bolsa _____	b. preocupada.
3. Enjuáguese _____	c. posible.
4. Me sangra la _____	d. es insoportable.
5. El dolor _____	e. cuidado.
6. No coma muchos _____	f. déle yogur.
7. Estoy muy _____	g. de hielo.
8. Eso no es _____	h. más tarde.
9. Ella padece _____	i. sé.
10. Vuelva _____	j. la boca.
11. Si no quiere leche, _____	k. del corazón.
12. Hay que tener _____	l. calorías.
13. Tiene que contar las _____	m. aliento.
14. Se rompió _____	n. la pierna.
15. Ya lo _____	o. dulces.
16. Buena _____	p. con frecuencia.
17. No como dulces _____	q. las rodillas.
18. Separe _____	r. suerte.

D. Crucigrama

HORIZONTAL

3. No puedo dormir. Tengo _____.

5. Debe enjuagarse la boca y después debe _____ aquí.

6. Tiene que seguir una _____ estricta porque está muy gordo.

8. perder peso

9. Tengo problemas para seguir una dieta. Es muy _____.

13. El dentista va a empastarme el diente porque está _____.

17. Tiene diabetes. Es _____.

18. El resultado no es positivo; es _____.

20. padre

23. en seguida; muy _____

24. La pastilla _____ es un método efectivo para evitar el embarazo.

25. No tienen hijos. Están recién _____.

27. col

30. sólo

31. En México es un blanquillo.

33. opuesto de madre

34. Para limpiarse entre los dientes, use hilo _____.

36. Me cepillo los _____ con pasta dentífrica.

39. Está enfermo; no se _____ bien.

43. Tomó veneno. Es un caso de _____.

44. Aquí tiene una _____ de los alimentos que debe comer.

46. Voy a la sala de rayos _____.

47. Voy a ponerle una _____ de penicilina.

48. Le van a _____ la pierna porque tiene una fractura.

VERTICAL

1. opuesto de delgado

2. Voy al dentista porque me duele una _____.

4. Debe comer la _____ de lo que come ahora, si quiere perder peso.

7. No sé el _____ del análisis todavía.

8. El pollo, el arroz y las toronjas son _____.

10. No es incorrecto. Es _____.

11. Centro de _____ de la familia

12. Tengo piorrea. Debo ir al _____.

14. constantly, en español

15. Antes de extraerme la muela, el dentista me da _____. Es una anestesia local.

16. Quiero comer _____ fritas.

19. Debe comer una cosa de cada _____ de alimentos.

20. Su _____ es 150 libras.

21. Debe poner la crema por dentro y por _____.

22. to happen, en español

23. Puede usar leche descremada cuando _____ las comidas.

25. No esta frío. Está _____.

26. Quiero jugo de _____.

28. Tengo que sacarle la muela porque no tiene _____ espacio.

29. picadura

32. Para hacer un sándwich, necesito _____.

35. Ellos _____ al hospital a las tres.

37. El médico limpia y _____ la herida.

38. Necesita _____ para caminar porque le enyesaron la pierna.

40. Me corté el dedo (finger) y el médico dice que necesito cinco _____.

41. ¿Su hijo tomó veneno? ¿Tiene el _____ vacío?

42. diferente

45. Para el mal _____ use Scope.

PRÁCTICA ORAL

Listen to the following exercise on the audio program. The speaker will ask you some questions. Answer the questions, using the cues provided. The speaker will confirm the correct answer. Repeat the correct answer.

1. ¿Cuánto pesa Ud.? (180 libras)

2. ¿Cuánto peso necesita perder Ud.? (20 libras)

3. ¿Ud. sube y baja de peso con frecuencia? (no)

4. ¿Es difícil para Ud. seguir una dieta estricta? (sí)

5. ¿Come Ud. muchos dulces? (no)

6. ¿Qué frutas prefiere comer Ud.? (naranjas y fresas)

7. ¿Padece Ud. del corazón? (no)

8. ¿Tiene Ud. dolor de cabeza frecuentemente? (sí)

9. ¿Qué toma Ud. cuando le duele la cabeza? (aspirinas)

10. ¿Tiene Ud. ruido en los oídos? (sí, a veces)

11. ¿Tiene Ud. dificultad para respirar? (sí, cuando corro)

12. ¿Tiene Ud. dolor o ardor cuando orina? (no, nunca)

13. ¿Tiene Ud. la presión alta? (no, normal)

14. ¿Tiene Ud. el colesterol normal? (no, alto)

15. ¿Necesita Ud. hacerse algún análisis? (sí, de sangre)

16. ¿Qué pasta de dientes usa Ud.? (Colgate)

17. ¿Le sangran las encías cuando se cepilla los dientes? (a veces)

18. ¿Perdió Ud. el conocimiento alguna vez? (no, nunca)

19. ¿Se cayó Ud. ayer? (sí, en la escalera)

20. ¿Se quemó Ud. alguna vez? (sí, con agua hirviendo)

21. ¿Cuál cree Ud. que es el mejor método para evitar el embarazo? (la pastilla)

22. ¿Son peligrosos los aparatos intrauterinos? (no)

🔊 *Nace un bebé*

El Sr. Guerra llama por teléfono al médico porque su esposa comenzó a tener los dolores de parto.

DR. PEÑA	—¿Cuánto tiempo hace que tiene los dolores?
SR. GUERRA	—Hace unas dos horas. Comenzaron a las cuatro de la tarde.
DR. PEÑA	—¿Cada cuánto tiempo le vienen?
SR. GUERRA	—Cada cinco minutos.
DR. PEÑA	—¿Siente los dolores en la espalda primero y después en el vientre?
SR. GUERRA	—Sí.
DR. PEÑA	—Tráigala al hospital en seguida.

Veinte minutos más tarde, la Sra. Guerra está en el hospital. Su esposo la trajo y la mamá de la Sra. Guerra vino con ellos. Ya se le rompió la bolsa de agua.

DR. PEÑA	—Abra las piernas y doble las rodillas. Relájese. No se ponga tensa. (*Después de examinarla*) Bueno, Ud. tiene que quedarse en el hospital. ¿A qué hora movió el vientre?
SRA. GUERRA	—Esta tarde, después de comer.
DR. PEÑA	—Vamos a llevarla a la sala de parto ahora mismo.

En la sala de parto, el Sr. Guerra está con su esposa.

DR. PEÑA	—No puje si no siente los dolores. Cálmese. Respire normalmente.
SRA. GUERRA	—Déme algo para calmar el dolor... por favor... ¿Voy a necesitar una operación cesárea?
DR. PEÑA	—No. Ud. es un poco estrecha, pero todo va bien. Vamos a ponerle una inyección y Ud. no va a sentir los dolores. (*Le ponen una inyección.*) Ahora tiene Ud. una contracción. Puje. Muy bien. Voy a tener que usar fórceps para sacar al bebé. (*A la enfermera*) Dame los fórceps.
SRA. GUERRA	—¿Va a usar fórceps? ¡Eso puede lastimar al bebé!
DR. PEÑA	—No, no se preocupe. Puje... Ya está saliendo... ¡Es un varón!
SR. GUERRA	—¡Tenemos un hijo!
SRA. GUERRA	—¿Tuve un varón...?
DR. PEÑA	—Sí, y todo salió muy bien. No sintió mucho dolor, ¿verdad? Ahora tiene que salir la placenta. Puje otra vez. Así... eso es...

Más tarde:

DR. PEÑA —¿Va a darle de mamar al bebé o piensa darle biberón?

SRA. GUERRA —Pienso darle biberón.

DR. PEÑA —En ese caso, para no tener leche Ud., debe ponerse bolsas de hielo en los senos y debe tomar Tylenol si siente dolor. Ah, ¿ya eligieron un nombre para el niño?

SRA. GUERRA —Sí, se va a llamar Gustavo Adolfo.

La Sra. Guerra habla con su esposo en la habitación.

SRA. GUERRA —(*A su esposo*) Ve a ver al niño en la sala de bebés. Es muy bonito, ¿verdad? Hazme un favor, dile a la enfermera que queremos tener al bebé con nosotros un rato.

💿 Vocabulario

COGNADOS

cesárea cesarean
la contracción contraction
el favor favor
los fórceps forceps
normalmente normally
la operación operation
la placenta placenta

NOMBRES

el biberón, la mamadera, la mamila (*Méx.*)
  baby bottle
la bolsa de agua, la fuente de agua water bag
el dolor de parto labor pain
la habitación room
el parto, el alumbramiento delivery
la pierna leg
la sala de bebés nursery
la sala de parto delivery room
la tarde afternoon
el varón[1] male, boy
el vientre, la barriga abdomen

VERBOS

calmar(se) to calm down
comenzar (e:ie) to begin, to start
elegir (e:i)[2] to choose, to select
lastimar(se) to hurt (oneself)
llamarse to be named

nacer[3] to be born
pensar (e:ie) to plan
pujar to push (*in the case of labor or defecation*)
quedarse to remain, to stay
relajarse to relax (oneself)

ADJETIVOS

bonito(a) pretty
estrecho(a) narrow

OTRAS PALABRAS Y EXPRESIONES

así like that, that way
dar de mamar, dar el pecho to nurse
**mover (o:ue) el vientre, obrar, defecar,
  evacuar** (*Méx.*)[4] to have a bowel movement
ponerse tenso(a) to tense up
un rato a while
¿verdad? right?, true?
ya already, now

---

[1]Colloquialism: **la mujercita** (*Méx.*) = female, girl.
[2]First person: **yo elijo.**
[3]Irregular first person: **yo nazco.**
[4]Colloquialisms: **hacer caca, corregir (e:i)** (*Cuba*).

Vocabulario adicional

**OTROS TÉRMINOS RELACIONADOS CON EL
PARTO Y EL CUIDADO DEL BEBÉ**

el bebé prematuro   premature baby
el cordón umbilical   umbilical cord
el cuidado postnatal   postnatal care
el cuidado prenatal   prenatal care
el chupete, el chupón (*Méx.*)**, el tete** (*Cuba*)
  pacifier
dar a luz, parir   to give birth
dilatado(a)   dilated
estar de parto   to be in labor
el feto   fetus
la fórmula   formula

hacer un sonograma   to do a sonogram
la incubadora   incubator
los (las) mellizos(as), los (las) gemelos(as)[1]
  twins
el nacimiento   birth
la partera, la comadrona   midwife
el parto natural   natural childbirth
la raquídea, la anestesia espinal   spinal anesthesia
el (la) recién nacido(a)   newborn
romperse la fuente   to break water
la sala de maternidad   maternity ward

Notas culturales

- In small towns and rural regions of Latin America, midwives play an important role because there are relatively few doctors. Even in large cities, some women prefer to give birth in their homes with the help of a midwife in spite of the fact that care in large hospitals may be free of charge.
- The actual percentage of Hispanic American mothers who breast-feed for any duration varies widely among the three major ethnic groups. Generally, Mexican Americans are more likely to breast-feed than Cuban Americans or Puerto Ricans. For example, studies have shown that breast-feeding rates among Mexican American women range from 31% to 60%, whereas those among Puerto Rican women are from 10% to 11%, and the rate among Cuban American women is 12%. Two reasons for the overall low rate of breast-feeding have been proposed. The first one reflects cultural attitudes. Some Latinos with little education believe that a fat baby is healthy, and bottle-fed babies tend to be fatter than breast-fed babies. The second one involves the manner in which the obstetrician approaches the topic of breast-feeding versus bottle-feeding and the mother's compliance with the physician's recommendations.

¿Recuerdan ustedes?

Answer the following questions, basing your answers on the dialogue.

1. ¿Cuánto tiempo hace que la Sra. Guerra tiene dolores?

   _____

2. ¿Cada cuánto tiempo le vienen los dolores?

   _____

3. ¿Dónde siente los dolores?

   _____

---

[1]Colloquialisms: **los (las) cuates** (*Méx.*)**, los (las) jimaguas** (*Cuba*).

4. ¿Se le rompió la bolsa de agua?

_____

5. ¿Tiene que quedarse la Sra. Guerra en el hospital?

_____

6. ¿Adónde van a llevarla?

_____

7. ¿Va a necesitar la Sra. Guerra una operación cesárea?

_____

8. ¿Tuvo la Sra. Guerra un varón o una niña? ¿Qué nombre eligieron para el bebé?

_____

9. ¿Va a darle de mamar al bebé la Sra. Guerra?

_____

10. ¿Qué debe hacer la Sra. Guerra si siente dolor en los senos?

_____

Para conversar

Interview a classmate, using the following questions. When you have finished, switch roles.

1. ¿En qué año nació Ud.?

_____

2. Cuando Ud. nació, ¿estuvo su padre en la sala de parto?

_____

3. ¿Estuvo Ud. ingresado(a) en el hospital alguna vez? ¿Por qué?

_____

4. ¿Cuánto tiempo se quedó en el hospital?

_____

5. ¿Cuánto tiempo se queda Ud. en clase normalmente?

_____

6. ¿Trabaja Ud. (*Do you work*) en la sala de partos?

_____

7. Si una mujer tiene dolores de parto cada tres minutos, ¿qué debe hacer?

_____

8. ¿Cuántas operaciones cesáreas puede tener una mujer?

_____

9. ¿Qué es mejor para el bebé, darle de mamar o darle el biberón?

_____

10. ¿Es necesario mover el vientre todos los días?

_____

11. ¿Se pone Ud. tenso(a) a veces?

_____

12. ¿Qué hace Ud. para calmarse?

_____

Vamos a practicar

A. **Rewrite the following sentences, changing the verbs to the preterit.**

Modelo: Él no sabe qué decir.
Él no **supo** qué decir.

1. Ella viene al hospital y trae los biberones.

_____

2. Nosotros no estamos en la sala de parto.

_____

3. Ellos tienen que hablar con su vecino.

_____

4. Tú no quieres ir al hospital.

_____

5. El médico no puede calmarla.

_____

6. ¿Dónde ponen Uds. las muestras de materia fecal?

_____

7. ¿Qué dicen los médicos?

_____

8. Ella no hace nada.

_____

9. Él siente mucho dolor.

_____

10. Ellos eligen un nombre para su hijo.

_____

B. **Give instructions, using familiar (*tú*) commands and the cues provided.**

Modelo: hacer los análisis
   Haz los análisis.

1. venir a la una y traer las muestras

_____

2. ir al hospital y llevar a la señora a la sala de parto

_____

3. decirle al médico que el niño está enfermo

_____

4. relajarse; no preocuparse

_____

5. tener cuidado; no lastimarse

_____

6. no quedarse en casa

_____

7. comprar un biberón y ponerlo en el cuarto

_____

8. darle la mamadera al bebé

_____

9. ponerse una bolsa de hielo

_____

10. no caerse

_____

C.   Write the following exchange in Spanish.

"How long have you had the pain, Mrs. Cabrera?"
"I've had it for three hours."

_____

_____

Conversaciones breves

Complete the following dialogue, using your imagination and the
vocabulary from this lesson.

La paciente y el doctor:

PACIENTE   —Hola, ¿Dr. Paz? Comencé a tener dolores...

DOCTOR   —_____

PACIENTE   —Hace una hora.

DOCTOR   —_____

PACIENTE   —Cada seis minutos.

DOCTOR   —_____

PACIENTE   —Primero en la espalda y después en el vientre.

DOCTOR   —_____

PACIENTE   —Muy bien, doctor. En seguida vamos.

En la sala de parto:

PACIENTE   —¿Pujo ahora, doctor?

DOCTOR   —_____

PACIENTE   —¿Voy a necesitar una operación cesárea?

DOCTOR   —_____

PACIENTE   —¿Va a usar fórceps? ¿No va a lastimar eso al bebé?

DOCTOR   —_____

PACIENTE   —¡Estoy pujando!

DOCTOR   —_____

PACIENTE   —¡Un varón! ¿Está bien?

DOCTOR — _____

PACIENTE —Doctor. Yo quiero darle biberón al bebé. No voy a darle el pecho.

DOCTOR — _____

En estas situaciones

What would you say in the following situations? What might the other person say?

1. Tell a friend or a neighbor that you are having labor pains and to please call the doctor.

2. You are a doctor, examining a patient in labor. Tell your patient to open her legs and bend her knees. Tell her not to be tense and to relax. Ask her what time she had a bowel movement.

3. You are a doctor. Tell your patient to breathe normally and not to push if she doesn't feel a contraction. Explain to her that she is a little narrow, so you are going to take the baby out with forceps.

4. You are a nurse. Ask Mrs. Paz whether she felt a lot of pain. Ask her also how she slept last night.

Casos

Act out the following scenarios with a partner.

1. A patient calls her obstetrician to find out if it's time to go to the hospital because she thinks she is having labor pains.

2. A doctor examines a patient to see whether or not she's ready to be admitted to the hospital.

3. A patient and her obstetrician are in the birthing room; the patient is giving birth.

Un paso más

A. **Review the *Vocabulario adicional* in this lesson. Then complete the following conversations.**

1. —Ayer me hicieron un _____.

   —¿Qué te dijo el médico? ¿Qué es un varón?

   —No, que es una niña.

   —¿Cuántas semanas tiene el _____?

   —Tiene tres semanas.

2. —¿De qué les habló la partera?

   —Nos habló del cuidado prenatal y _____ de los bebés.

3. —¿El bebé nació antes de los nueve meses?

   —Sí, fue un bebé _____. Lo pusieron en la _____.

   —¿Dónde está la mamá ahora?

   —Está en la sala de _____.

   —¿A qué hora dio a _____?

   —A las cinco de la tarde.

   —¿Le dieron anestesia?

   —Sí, le pusieron _____.

4. —¿Ya le cortaron el _____ umbilical a su hijo?

   —Sí.

5. —¿La Sra. García tuvo _____?

   —Sí. ¡Son idénticos!

   —¿Fue un _____ natural?

   —No, tuvieron que hacerle cesárea.

   —¿Dónde están ahora los recién _____?

   —En su casa (home).

   —¿Ella les va a dar de mamar?

   —No, les va a dar _____.

6. —¿Por qué llora (cry) el niño?

   —Porque no tiene su _____.

B. Read these suggestions on the care of newborns and answer the following questions. Remember to guess the meaning of all cognates.

Algunas sugerencias útiles°

useful

La mayoría de los bebés al principio° comen cada tres o cuatro horas. Si el bebé duerme por más de cinco horas durante el día, debe despertarlo y darle de comer. No es necesario despertar al bebé durante la noche para darle de comer.

al... in the beginning

No es necesario calentar° la fórmula antes de usarla. Sólo tiene que colocar el biberón en agua tibia para que la leche no esté muy fría y ponerla a la temperatura ambiente.° Si el bebé no toma toda la fórmula en el biberón, no debe forzarlo. Si queda un poco de fórmula, puede refrigerarla y usarla sólo una vez° más. Una vez que haya usado° un biberón nunca le añada° más fórmula. Puede darle la fórmula usada primero, y después continúe dándole fórmula de un biberón nuevo.°

to heat up

room

una... once
haya... you have used/add

new

La fórmula con hierro tiene todas las vitaminas y minerales que el bebé necesita durante los primeros meses de vida.° Es buena idea darle al bebé fórmula fortificada con hierro durante los primeros seis meses de vida. Luego puede cambiar a leche natural.

life

Su bebé no necesita comidas sólidas, jugos de fruta ni agua adicional hasta que no tenga° por lo menos cinco o seis meses. Debe consultar con el pediatra antes de darle comidas sólidas. Antes de salir del hospital, el médico o la enfermera puede contestar cualquier° pregunta que Ud. tenga sobre el cuidado del bebé. Una vez en su casa, puede llamar al doctor, a la clínica o a la asociación de enfermeras de salud° pública si tiene alguna pregunta.

hasta... until he is

contestar... answer any

health

---

1. ¿Cuándo comen los recién nacidos?

   _____

2. ¿Debe despertar al bebé durante la noche para darle de comer?

   _____

3. ¿Qué debe hacer con la fórmula antes de dársela al bebé?

   _____

4. ¿Por qué debe darle al bebé fórmula con hierro?

   _____

5. ¿Con quién debe consultar antes de darle al bebé comidas sólidas?

   _____

6. ¿A qué edad debe darle al bebé comidas sólidas?

   _____

En el centro médico

Una mañana en el consultorio de algunos especialistas.

En el consultorio del oculista:

OCULISTA	—Voy a hacerle un examen de la vista. Mire la pared. ¿Puede leer las letras más pequeñas?
PACIENTE	—No las veo claramente.
OCULISTA	—¿Y la línea siguiente?
PACIENTE	—También está borrosa.
OCULISTA	—¿La próxima línea?
PACIENTE	—¡Esa sí! (*Lee las letras.*)
OCULISTA	—Ahora mire directamente a la luz en este aparato. Dígame ahora cuántas luces ve. ¿Están cerca o lejos?
PACIENTE	—Veo dos... están cerca...
OCULISTA	—Siga el punto rojo... Ahora lea las letras con estos lentes. ¿Qué letras ve mejor? ¿Las letras del lado rojo o las letras del lado verde?
PACIENTE	—Las letras que están en el lado verde.
OCULISTA	—Ahora voy a hacerle la prueba del glaucoma. Ponga la barbilla aquí y mire directamente a la luz.

En el consultorio del urólogo:

SR. PAZ	—Doctor, mi esposa tuvo otro bebé y nosotros no queríamos más hijos... Ella me dijo que podía ligarse los tubos o que yo podía hacerme una vasectomía...
DOCTOR	—La decisión es de Uds.
SR. PAZ	—Si yo me hago una vasectomía, ¿cuánto tiempo tengo que estar en el hospital?
DOCTOR	—Puedo operarlo aquí mismo, y sólo tiene que dejar de trabajar dos días. No es una cirugía mayor.
SR. PAZ	—¡Ah!, es una cirugía menor. Yo no sabía que era tan fácil. Voy a pensarlo.

En el consultorio del cirujano:

DOCTOR	—¿Cuándo fue la última vez que se hizo una mamografía?
SRA. MENA	—El año pasado, pero el otro día, cuando me estaba revisando los senos, encontré una bolita en el pecho izquierdo.
DOCTOR	—Vamos a ver.

Después de examinarla:

DOCTOR	—Sí, encontré algo duro en el seno.
SRA. MENA	—Puede ser cáncer, ¿verdad?

DOCTOR —Puede ser un quiste o un tumor, pero la mayoría de los tumores son benignos. Para asegurarnos de que no es maligno, vamos a hacerle una biopsia.

En el consultorio de la dermatóloga:

PACIENTE —Doctora, tengo mucho acné. Usé una crema, pero no me dio resultado.

DOCTORA —Sí, tiene muchos granos y espinillas. Es un problema frecuente en las personas jóvenes.

PACIENTE —Cuando yo era adolescente comía muchas grasas y mucho chocolate, pero ahora me cuido más.

DOCTORA —La alimentación no tiene mucha importancia en este caso, pero Ud. necesita tratamiento.

PACIENTE —¿Qué tengo que hacer?

DOCTORA —Yo voy a sacarle las espinillas y el pus de los granos. Además, Ud. debe usar un jabón medicinal y una loción.

PACIENTE —Muy bien. ¡Ah! Tengo una verruga en el cuello. Traté de cortármela pero me sangraba mucho.

DOCTORA —Eso es peligroso. Yo puedo quitársela la próxima vez.

Vocabulario

COGNADOS

el acné acne
benigno(a) benign
la biopsia biopsy
la decisión decision
el (la) dermatólogo(a) dermatologist
directamente directly, straight
el (la) especialista specialist
frecuente frequent
el glaucoma glaucoma
la importancia importance

la loción lotion
maligno(a) malignant
la mamografía mammogram
medicinal medicinal, medicated
el (la) oculista oculist, ophthalmologist
la persona person
el tumor tumor
el (la) urólogo(a) urologist
la vasectomía vasectomy

NOMBRES

el (la) adolescente teenager
la alimentación food
el aparato apparatus, instrument
la bolita[1] lump, little ball
la cirugía surgery
el (la) cirujano(a) surgeon
el cuello neck
el día day
la espinilla blackhead
el grano pimple
el jabón soap
el lado side

la letra letter
la línea line
la luz light
la mayoría majority
la pared wall
el punto dot
el quiste cyst
el tratamiento treatment
la verruga wart
la vez time (*in a series*)
la vista vision

---

[1]Colloquialism: **la masa** (*mass*).

VERBOS

asegurarse   to make sure
cuidar(se)   to take care (of oneself)
encontrar (o:ue)   to find
operar   to operate
quitar   to take out, to remove
trabajar   to work

ADJETIVOS

borroso(a)   blurry
izquierdo(a)   left
mayor   major
menor   minor
pasado(a)   last
próximo(a)   next

siguiente   following, next
último(a)   last (*in a series*)

OTRAS PALABRAS Y EXPRESIONES

aquí mismo   right here
cerca (de)   near, close
claramente   clearly
dar resultado   to work, to produce results
lejos (de)   far (away)
no tener importancia   to not matter
la última vez   the last time

Vocabulario adicional

ALGUNOS TÉRMINOS RELACIONADOS CON LA UROLOGÍA

El paciente tiene
- **cálculos (piedras) en el riñón**   kidney stones
- **infección en la vejiga**   infection in the urinary bladder
- **irritación y dolor al orinar**   irritation and pain when urinating

ALGUNOS TÉRMINOS RELACIONADOS CON LA DERMATOLOGÍA

Ud. tiene
- **el cutis**[1]   skin
  - **seco**   dry
  - **grasiento**   oily
  - **normal**   normal
- **eccema**   eczema
- **hongos**   fungus
- **una infección en el cuero cabelludo**   an infection in the scalp

ALGUNOS TÉRMINOS RELACIONADOS CON LA VISTA

Ud. tiene
- **astigmatismo**   astigmatism
- **desprendimiento de la retina**   a detached retina
- **miopía**   nearsightedness
- **daltonismo**   color blindness
- **hiperopía**   farsightedness
- **cataratas**   cataracts

Él es
- **bizco**   cross-eyed
- **ciego**   blind
- **miope, corto de vista**   nearsighted
- **présbite**   farsighted

OJO! For additional terms related to the eye, see the diagram on page xiv.

_____
[1] This term is used to refer to facial skin.

Notas culturales

- A vasectomy is the least common means of birth control used by Latino men for two cultural reasons: the concept of **machismo** and the belief that women are responsible for birth control.
- In most Spanish-speaking countries, the use of **curanderos** or folk healers has a long tradition that dates back to pre-Columbian times. **Curanderos** use their knowledge of medicinal herbs and plants to treat all types of illnesses, and they sometimes utter prayers when they administer their remedies.

  Although controversy exists among Latino health experts concerning the frequency with which **curanderos** are used in the United States, it is true that some Hispanic Americans, who have little or no formal education, may consult both a **curandero** and a physician for the same ailment. The physician's response to the use of the **curandero** can greatly influence a patient's decision regarding treatment. To establish trust, it is not necessary to give credence to folk healing; instead it is better to inquire about the use of a **curandero** (if they exist in your area) during the diagnostic process by asking, "Have you visited a **curandero** recently and, if so, what were you given?" In this manner, the doctor acknowledges the importance of this cultural practice in the patient's life. The question is also valid from a clinical standpoint since some of the herbs or medications dispensed by the **curandero** can have negative interactions with the medication prescribed by the physician.

¿Recuerdan ustedes?

Answer the following questions, basing your answers on the dialogues.

1. ¿Cómo ve el paciente del oculista las dos primeras líneas?

   _____

2. ¿Qué letras ve mejor el paciente: las del lado verde o las del lado rojo?

   _____

3. ¿Qué prueba va a hacerle el oculista al paciente?

   _____

4. ¿Qué le dijo la Sra. Paz a su esposo?

   _____

5. ¿Cuánto tiempo debe dejar de trabajar el Sr. Paz después de la vasectomía?

   _____

6. ¿Cuándo fue la última vez que le hicieron una mamografía a la Sra. Mena?

   _____

7. ¿Qué encontró la Sra. Mena cuando se estaba revisando los senos?

   _____

8. ¿Qué va a hacer el doctor para asegurarse de que el tumor no es maligno?

_____

9. ¿Qué problemas tiene el paciente de la dermatóloga?

_____

10. ¿Qué comía él cuando era adolescente?

_____

11. ¿Se cuida más ahora?

_____

12. ¿Qué no es importante en este caso?

_____

13. ¿Qué debe usar el paciente para el acné?

_____

14. ¿Qué le pasó al paciente cuando trató de cortarse la verruga?

_____

Para conversar

Interview a classmate, using the following questions. When you have finished, switch roles.

1. ¿Le hizo el oculista la prueba del glaucoma la última vez que Ud. fue a verlo?

_____

2. Si las letras son pequeñas, ¿las ve Ud. claramente?

_____

3. ¿La vasectomía es una cirugía mayor o menor?

_____

4. ¿Son malignos todos los tumores?

_____

5. ¿Qué puede hacer el cirujano para saber si un tumor es benigno o maligno?

_____

6. ¿Tuvo Ud. acné alguna vez?

_____

7. ¿Tiene Ud. espinillas? ¿Granos?

_____

8. ¿Come Ud. muchas grasas? ¿Mucho chocolate?

_____

9. ¿Está Ud. siguiendo algún tratamiento?

_____

10. ¿Qué debe hacer una persona que tiene muchas espinillas?

_____

11. ¿Tiene Ud. verrugas?

_____

12. ¿Le sangra a veces la nariz (*nose*)?

_____

13. ¿Lo (La) operaron alguna vez? ¿De qué?

_____

Vamos a practicar

A. **Write sentences telling what the following people were doing at four o'clock yesterday, using the past progressive and the elements given.**

   Modelo: él / comer / chocolate
   Él **estaba comiendo** chocolate.

1. Carlos / trabajar / y yo / dormir

_____

2. nosotros / hablar / el oculista

_____

3. los médicos / examinar / a sus pacientes

_____

4. tú / servir / café

_____

5. Uds. / pedir turno / con el dermatólogo

_____

B. Complete the following exchanges, using the preterit or the imperfect of the verbs given.

Modelo: ¿Dónde _____ (vivir) él cuando _____ (ser) niño?
¿Dónde **vivía** él cuando **era** niño?

1. —¿Qué te _____ (decir) el médico ayer?

   —Me _____ (decir) que yo _____ (tener) un tumor benigno.

2. —¿Qué hora _____ (ser) cuando tú _____ (ver) al especialista ayer?

   —_____ (Ser) las dos.

3. —¿Por qué no _____ (venir) ellos al hospital el martes pasado?

   —Porque no _____ (poder). _____ (Tener) que ir al dermatólogo.

4. —¿Tú _____ (comer) muchas grasas cuando _____ (ser) adolescente?

   —No, yo me _____ (cuidar) mucho.

5. —¿Cuántos años _____ (tener) tú cuando _____ (venir) a California?

   —Yo _____ (tener) 20 años.

6. —¿Adónde _____ (ir) Uds. cuando yo los _____ (ver)?

   —_____ (Ir) al consultorio del dermatólogo.

Conversaciones breves

Complete the following dialogues, using your imagination and the vocabulary from this lesson.

A. En el consultorio de la oculista:

OCULISTA —¿_____?

PACIENTE —No, están borrosas.

OCULISTA —¿_____?

PACIENTE —Ésas sí. P X T V L.

OCULISTA —¿_____?

PACIENTE —Veo dos luces.

OCULISTA —¿_____?

PACIENTE —Veo mejor las letras que están en el lado rojo.

B.   En el consultorio del urólogo:

PACIENTE —Doctor, mi esposa y yo no queremos tener más hijos. ¿Qué puedo hacer?

URÓLOGO — _____

PACIENTE —Pero, una vasectomía es una cirugía mayor...

URÓLOGO — _____

PACIENTE —¿Tengo que ir al hospital para hacerme la operación?

URÓLOGO — _____

PACIENTE —Muy bien, entonces voy a hablar con mi esposa.

C.   En el consultorio del cirujano:

PACIENTE —Cuando me revisé los senos, encontré una bolita.

DOCTOR — _____

PACIENTE —¿La encuentra, doctor?

DOCTOR — _____

PACIENTE —¿Puede ser un tumor maligno?

DOCTOR — _____

D.   En el consultorio del dermatólogo:

DOCTOR —Ud. tiene mucho acné.

PACIENTE — _____

DOCTOR —La alimentación no tiene importancia, pero Ud. necesita tratamiento.

PACIENTE — _____

DOCTOR —Voy a sacarle las espinillas y el pus de los granos.

PACIENTE — _____

DOCTOR —Sí, puede usar un jabón medicinal y una loción.

En estas situaciones

What would you say in the following situations? What might the other person say?

1. You are an eye doctor. Explain to your patient that you are going to do a glaucoma test. Then tell the person to place his/her chin on this instrument and look straight at the light.

2. You are a patient. Ask your doctor if he/she can perform a vasectomy in his/her office, and how long you have to take off from work.

3. You are the doctor. Ask your patient if she examines her breasts frequently and when the last time was she had a mammogram.

4. You are a patient. Ask your dermatologist if you can cut off a wart.

Casos

Act out the following scenarios with a partner.

1. An ophthalmologist examines a patient's vision.

2. A urologist and a patient discuss a vasectomy as an alternative means of birth control.

3. A doctor and a patient discuss the lump in the patient's breast and what measures should be taken.

4. A dermatologist examines a patient who has acne, and they discuss treatment for the problem.

Un paso más

A. **Review the *Vocabulario adicional* in this lesson. Then complete the following sentences.**

1. El urólogo me dijo que tenía _____ en el riñón y una infección en la _____.

2. No tengo el cutis _____ ni _____ ; mi cutis es normal.

3. No es présbite; es _____.

4. Tiene una infección en el cuero _____.

5. Tengo _____ y dolor al orinar.

6. No distingue ciertos (*distinguish certain*) colores porque tiene _____.

7. No ve nada. Es _____.

8. No lo operaron de _____. Lo operaron de un _____ de la retina.

9. No tiene astigmatismo; tiene _____.

10. Desenex es una medicina que se usa para los _____.

B. Read the following announcement and answer the questions on page 137. Remember to guess the meaning of all cognates.

pleasure

1. ¿Para quiénes es importante este anuncio?

   _____

2. Según el anuncio, ¿qué enfermedad es curable si se detecta a tiempo?

   _____

3. En Puerto Vallarta, ¿quiénes tienen el único equipo especial para hacer mamografías?

   _____

4. ¿Dónde tienen estos médicos su consultorio?

   _____

💿 *En el hospital*

La Sra. Peña tuvo una hemorragia hace dos días. La trajeron al hospital anteanoche y le hicieron una transfusión de sangre. Acaba de visitarla su médico y ahora está hablando con la enfermera.

ENFERMERA	—Buenos días, señora. Hoy se ve mucho mejor. ¿Cómo durmió anoche?
SRA. PEÑA	—Dormí mejor con las tabletas que me dio el médico.
ENFERMERA	—Sí, eran calmantes. ¿Le duele el brazo donde le pusieron la sangre?
SRA. PEÑA	—Sí. ¿Cuándo me quitan el suero? Tengo unos moretones alrededor de la vena y me duele mucho el brazo.
ENFERMERA	—Ah, no sabía que tenía problemas. Voy a quitárselo ahora mismo. Pero antes voy a tomarle el pulso y la temperatura. Póngase el termómetro debajo de la lengua, por favor.

Después de un rato:

SRA. PEÑA	—Por favor, necesito la chata.
ENFERMERA	—Aquí está. Levante las nalgas para ponerle la chata. Después voy a darle un baño de esponja aquí en la cama.
SRA. PEÑA	—Todavía me duele el brazo.
ENFERMERA	—Voy a ponerle unas compresas de agua fría.

La enfermera baña a la paciente, la ayuda a cambiarse de ropa y le da unas fricciones en la espalda.

SRA. PEÑA	—Ahora me siento mucho mejor. ¿Puede subirme un poco la cama?
ENFERMERA	—¡Cómo no! ¿Así está cómoda? En seguida le traigo el almuerzo. Pero antes voy a darle una cucharada de este líquido.
SRA. PEÑA	—¡Ay! A mí no me gusta esa medicina. ¡Ah!… estaba preocupada… Yo tenía un reloj y dos anillos cuando vine…
ENFERMERA	—No se preocupe. Las joyas se guardan en la caja de seguridad de hospital. Si necesita algo más, avíseme. Apriete este botón que está al lado de la cama.
SRA. PEÑA	—Muy amable. Gracias. ¡Ah! ¿Cuáles son las horas de visita?
ENFERMERA	—De dos a tres y de siete a nueve.
SRA. PEÑA	—¿Cuándo cree Ud. que me van a dar de alta?
ENFERMERA	—No sé. Tiene que preguntárselo a su médico. Necesitamos una orden escrita de él.
SRA. PEÑA	—¡Ay, yo no quería quedarme en el hospital por tanto tiempo…!

⚙ Vocabulario

COGNADOS

la hemorragia   hemorrhage
el pulso   pulse
la tableta   tablet
el termómetro   thermometer
la transfusión   transfusion

NOMBRES

el almuerzo[1]   lunch
el anillo   ring
el baño de esponja   sponge bath
el botón   button
la caja de seguridad, la caja fuerte   safe
la cama   bed
la compresa de agua fría   cold water compress
la cucharada   (table)spoonful
la fricción   rub, rubbing, massage
las horas de visita   visiting hours
las joyas   jewelry
la lengua   tongue
el moretón, el morado, el cardenal (*Cuba*)   bruise
el reloj   watch
la ropa   clothes, clothing
el suero   I.V. (serum)
la vena   vein

VERBOS

acabar de (+ *inf.*)   to have just (done something)
avisar   to let know
ayudar   to help
bañar   to bathe
guardar   to put away, to keep
gustar[2]   to like, to be pleasing to
levantar   to lift, to raise
preguntar   to ask (*a question*)
subir   to lift, to go up
verse   to look, to seem
visitar   to visit

ADJETIVOS

cómodo(a)   comfortable
escrito(a)   written
varios(as)   several

OTRAS PALABRAS Y EXPRESIONES

al lado de   at the side of
alrededor de   around
anoche   last night
anteanoche[3]   the night before last
cómo no   of course, sure
dar de alta   to release (*from a hospital*)
debajo de   under
muy amable   very kind (of you)

---

[1]Colloquialism: **el lonche** (*Méx.*).
[2]**Gustar** is used with indirect object pronouns. **No me gusta esa medicina.** *I don't like that medicine.*
(literally, *That medicine is not pleasing to me.*)
[3]**anteayer** the day before yesterday

140

Vocabulario adicional

EN EL HOSPITAL

¿Dónde está
{
el ascensor, el elevador?   elevator
la oficina de pagos?   business (payment) office
el cajero?   cashier
la tienda de regalos?   gift shop
la unidad de cuidados intensivos?   intensive care unit
el banco de sangre?   the blood bank
el departamento de personal?   personnel department
el estacionamiento?   parking
}

Busco el departamento de
{
archivo clínico[1]   medical records
radiología   radiology
ortopedia   orthopedics
enfermedades mentales y siquiatría   mental health and psychiatry
anestesiología   anesthesiology
pediatría   pediatrics
neurología   neurology
}

Busco la sala de
{
cardiología   cardiology
cirugía (operaciones)   surgery, operating room
recuperación   recovery room
terapia física   physical therapy
}

Notas culturales

- Relatively few hospitals in the U.S. have well-established professionally staffed interpreting services, and as a result, the family (including children), friends, and other patients may serve as a Spanish-speaking patient's interpreter. This practice of employing non-professionals as interpreters can create problems because these people do not have the necessary health care background to communicate medical terminology, and they may misinterpret what the patient or physician says. Furthermore, Latinos living in the U.S. speak many different dialects of Spanish. Parts of the body, physiological functions, symptoms of illness, and many names of foods are just a few areas in which dialects differ. For example, **constipación** may mean a *cold, nasal congestion,* or *intestinal congestion;* and the word *peas* can be translated as **guisantes, arvejas,** or **chícharos.**

- Several national health organizations provide a wealth of information on-line to assist health professionals and their Spanish-speaking clients. The National Institutes of Health (NIH) offer on-line information about Spanish publications on topics such as alcohol, allergies, blood conditions, cardiovascular conditions, diet and nutrition, geriatrics, infections, mental health, neurology, pediatrics, etc. The Center for Disease Control National Prevention Information Network (CDCNPIN) Web site offers publications, resources by topic, as well as an on-line search of their databases. The Office of Minority Health (OMH) also offers on-line access to the catalog of their publications as well as to a service for searching literature on minority health.

---

[1]**el expediente médico** patient's medical record

¿Recuerdan ustedes?

Answer the following questions, basing your answers on the dialogue.

1. ¿Por qué trajeron a la Sra. Peña al hospital? ¿Cuánto tiempo hace que la trajeron?

   _____

2. ¿Quién acaba de visitarla y con quién está hablando ahora?

   _____

3. ¿Por qué durmió mejor la Sra. Peña?

   _____

4. ¿Dónde tiene la señora unos moretones? ¿Qué le duele mucho?

   _____

5. ¿Qué va a hacer la enfermera antes de quitarle el suero?

   _____

6. ¿Dónde debe ponerse el termómetro la Sra. Peña?

   _____

7. ¿Qué hace la enfermera después de bañar a la paciente?

   _____

8. ¿Qué le da antes de traerle el almuerzo?

   _____

9. ¿Por qué estaba preocupada la Sra. Peña?

   _____

10. ¿Dónde se guardan las joyas en el hospital?

    _____

11. ¿Qué debe hacer la señora si necesita algo?

    _____

12. ¿Cuáles son las horas de visita?

    _____

13. ¿Sabe la enfermera cuándo van a dar de alta a la Sra. Peña?

    _____

14. ¿Qué no quería hacer la Sra. Peña?

    _____

Para conversar

Interview a classmate, using the following questions. When you have finished, switch roles.

1. ¿Cómo durmió Ud. anoche?

    _____

2. ¿Está cómodo(a)?

    _____

3. ¿Qué calmante toma Ud. cuando le duele la cabeza?

    _____

4. ¿Tuvo Ud. una hemorragia alguna vez?

    _____

5. ¿Le hicieron a Ud. una tranfusión de sangre alguna vez? ¿Por qué?

    _____

6. ¿Les da Ud. baños de esponja a sus pacientes?

    _____

7. ¿Les da Ud. fricciones a sus pacientes? ¿Cuándo?

    _____

8. ¿Los ayuda a cambiarse de ropa?

    _____

9. ¿Hay una caja de seguridad en el hospital donde Ud. trabaja?

    _____

10. ¿Cuáles son las horas de visita en el hospital donde Ud. trabaja?

    _____

Vamos a practicar

A. Complete the following exchanges, using the preterit or the imperfect of *conocer*, *saber*, or *querer*.

Modelo: —Yo _____ al Dr. Mena ayer.

   —Yo **conocí** al Dr. Mena ayer.

1. —¿Tú _____ que el hospital tenía caja de seguridad?

    —No, lo _____ ayer, cuando me lo dijo la enfermera.

2. —¿Oscar no _____ venir hoy?

    —No, prefirió quedarse en casa.

3. —¿Tú _____ al Dr. Basulto?

—No, lo _____ ayer, en la clínica.

4. —Ellos no _____ venir hoy.

—No, pero tuvieron que venir para terminar el trabajo.

B.   Write the following dialogues in Spanish.

1. "What time does the hospital cafeteria open?"

   "It opens at seven and it closes at nine."

   — _____

   — _____

2. "How long ago did Mrs. Torres have the hemorrhage?"

   "Three days ago."

   — _____

   — _____

3. "What is the doctor's phone number?"

   "I don't know."

   — _____

   — _____

Conversaciones breves

Complete the following dialogues, using your imagination and the vocabulary from this lesson.

A.   La Sra. Orta y la enfermera:

ENFERMERA   — _____

SRA. ORTA   —Dormí mucho mejor, gracias.

ENFERMERA   — _____

SRA. ORTA   —Sí, me duele mucho y tengo unos morados.

ENFERMERA   — _____

SRA. ORTA   —Sí, en el brazo, alrededor de la vena.

B. **La enfermera y la Srta. Rojas:**

ENFERMERA —Voy a darle un baño de esponja.

SRTA. ROJAS —_____

ENFERMERA —Sí, aquí en la cama.

SRTA. ROJAS —_____

ENFERMERA —No, no puedo subirle la cama ahora.

SRTA. ROJAS —_____

ENFERMERA —Le traigo el almuerzo después, pero antes debe tomar este líquido.

SRTA. ROJAS —_____

ENFERMERA —No, sólo tiene que tomar una cucharada.

SRTA. ROJAS —_____

ENFERMERA —Las horas de visita son de doce a dos y de siete a nueve.

En estas situaciones

What would you say in the following situations? What might the other person say?

1. You are a patient. Tell the nurse that you did not sleep very well last night and that you want some pain killers. Ask the nurse when he/she is going to take out the I.V.

2. You are a nurse and a patient asks for a bedpan. Tell the person to lift his/her buttocks so you can place the bedpan. Then inform the patient that you are going to give him/her a sponge bath later.

3. You are a nurse. Tell your patient that you are going to take his/her pulse and temperature. Tell the patient to place the thermometer under his/her tongue. Explain to the patient that he/she has to take two spoonfuls of his/her medication before lunch.

4. You are a nurse. Tell your patient that you are going to help him/her change clothes and then you are going to give him/her a back rub. Before you leave the room, tell your patient to press the button if he/she needs you.

5. You are a doctor. Tell your patient that he/she is much better and that you are going to release him/her from the hospital tomorrow.

6. You are a nurse. Tell a patient that visiting hours are from seven to nine.

Casos

Act out the following scenarios with a partner.

1. A nurse and a patient discuss visiting hours, the safekeeping of items, and the patient's release from the hospital.

2. A nurse is monitoring a patient who had a blood transfusion and is now feeling some discomfort.

Un paso más

A. **Review the *Vocabulario adicional* in this lesson. Then write what hospital service or facility the following people need according to each situation.**

1. Ana necesita ir a la habitación número 528.

   _____

2. Sergio tiene cáncer del estómago y está muy grave.

   _____

3. Raúl necesita ver al siquiatra.

   _____

4. Teresa va a donar (*to donate*) sangre.

   _____

5. Jorge tiene problemas con el corazón (*heart*).

   _____

6. Daniel quiere comprar un regalo.

   _____

7. María tiene que pagar la cuenta del hospital.

   _____

8. Raquel acaba de tener una operación y necesita recuperarse (*recover*) de la anestesia.

   _____

9. Alina no camina bien después del accidente.

   _____

10. El bebé de Julia necesita un examen.

_____

11. La Sra. Torres tiene una fractura.

_____

12. Luis quiere trabajar en el hospital.

_____

13. La recepcionista busca la hoja clínica de un paciente.

_____

14. Margarita tiene esquizofrenia (*schizophrenia*).

_____

15. Están operando al Sr. Montenegro.

_____

B. Read the following announcement of services offered by the Hospital Nacional Edgardo Rebagliati Martins and then list five points of comparison between this hospital and one in your city or town. Remember to guess the meaning of all cognates.

Capacidad de atención hospitalaria

El Hospital Rebagliati pertenece a la Categoría-Nivel IV por su alta especialización. Brinda° atención a aquellos pacientes transferidos por los policlínicos de Lima y provincias, que requieren alta cirugía o tratamientos rigurosos.

It offers

ESPECIALIDADES MÉDICAS
- Medicina interna
- Cardiología
- Dermatología y Alergia
- Nefrología
- Neumología
- Neurología
- Endocrinología
- Psiquiatría
- Genética
- Gastroenterología
- Oncología
- Hematología

ESPECIALIDADES QUIRÚRGICAS
- Cirugía general
- Neurocirugía
- Ortopedias
- Traumatología
- Cirugía cardiovascular
- Urología
- Otorrino
- Oftalmología
- Cirugía de cabeza y cuello

OTROS SERVICIOS
- Obstetricia
- Pediatría
- Cuidados intensivos
- Emergencia

APOYO AL DIAGNÓSTICO Y TRATAMIENTO
- Laboratorio
- Imágenes (Rayos X, Resonancia Magnética, Ecografía y otros)
- Rehabilitación
- Cobaltoterapia
- Diálisis

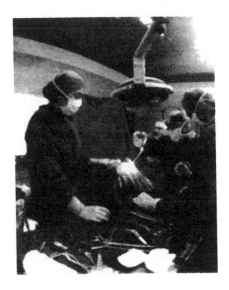

Generalidades (Datos aproximados)
- Intervenciones quirúrgicas: 68 diarias°
- Staff de médicos permanentes: 600
- Total de médicos: 900
- Número de enfermeras: 800
- Número de camas: 1,300
- Promedio° de hospitalización: 13 días
- Consultas externas: 1,500 diarias
- Lavado de prendas y sábanas:° 4,000 kg. diarios
- Trasplantes renales por año: 50
- Unidad de emergencia: 375 pacientes diarios
- Presupuesto° del hospital: 100 millones de nuevos soles°

daily

Average

Lavado *… Washing clothing and sheets*

Budget
monetary unit of Peru

1. _____

2. _____

3. _____

4. _____

5. _____

🌑 *En el laboratorio y en la sala de rayos X*

La Sra. Pérez ha venido hoy al laboratorio porque hace tres días que su médico le ordenó unos análisis.

Un análisis de sangre:

TÉCNICA	—¿Cuánto tiempo hace que comió?
SRA. PÉREZ	—Estoy en ayunas. No he comido nada desde anoche.
TÉCNICA	—Muy bien. Voy a sacarle una muestra de sangre para el análisis de tiroides y para el conteo.
SRA. PÉREZ	—¿Me va a sacar sangre de la vena?
TÉCNICA	—Sí, súbase la manga. Extienda el brazo y abra y cierre la mano. Ahora, déjela cerrada.
SRA. PÉREZ	—¿Así?
TÉCNICA	—Sí, voy a ponerle una ligadura. Va a apretarle un poco.
SRA. PÉREZ	—¿Me va a doler?
TÉCNICA	—No, abra la mano poco a poco. Ya está. Ahora voy a ponerle una curita.

Un análisis de orina:

TÉCNICA	—Necesito una muestra de orina. Vaya al baño y orine en este vasito.
SRA. PÉREZ	—¿Dónde está el baño?
TÉCNICA	—Es el segundo cuarto a la derecha. Límpiese bien los genitales con esto.
SRA. PÉREZ	—¿Necesita toda la orina?
TÉCNICA	—No. Comience a orinar en el inodoro, y después de unos segundos, termine de orinar en el vasito. Luego, tape bien el vasito.
SRA. PÉREZ	—Está bien. ¿Dónde debo dejar la muestra de heces fecales?
TÉCNICA	—Llévela al cuarto que está al final del pasillo, a la izquierda.
SRA. PÉREZ	—¿Cuándo van a estar listos los análisis?
TÉCNICA	—Su doctor le va a avisar.

Una radiografía del pecho:

El Sr. Franco fue a la sala de rayos X porque su doctor le había ordenado una radiografía del pecho.

TÉCNICO	—Quítese la ropa y póngase esta bata.

Pocos minutos después.

TÉCNICO	—Párese aquí y ponga los brazos a los costados.
SR. FRANCO	—¿Así?
TÉCNICO	—No, acérquese un poco más. No se mueva… Respire hondo… aguante la respiración… no respire ahora… respire…
SR. FRANCO	—¿Ya puedo irme?
TÉCNICO	—No, espere un momento.
SR. FRANCO	—Creía que ya habíamos terminado.
TÉCNICO	—Tengo que ver si la radiografía ha salido bien.

Una radiografía del colon:

El Sr. Barrios necesita hacerse una radiografía del colon.

TÉCNICO	—Acuéstese en la mesa. Vamos a insertarle este tubo en el recto.
SR. BARRIOS	—¿Eso me va a doler?
TÉCNICO	—No, no le va a doler. Relájese. No se ponga tenso. Respire por la boca.
SR. BARRIOS	—¿Esto es como un enema?
TÉCNICO	—Algo similar. Vuélvase sobre el lado derecho… ahora sobre el lado izquierdo. Ya está.

Una fluoroscopia del estómago:

La Sra. Sosa va al laboratorio a hacerse una fluoroscopia del estómago.

TÉCNICO	—Por favor, párese aquí y tome este líquido.
SRA. SOSA	—¿Lo tomo todo ahora?
TÉCNICO	—No, yo le voy a avisar cuándo puede tomarlo.
SRA. SOSA	—Muy bien.
TÉCNICO	—Tome un poco… trague ahora…
SRA. SOSA	—Esto es muy malo. No me gusta…
TÉCNICO	—Tome un poco más, por favor… trague ahora… no trague…
SRA. SOSA	—¿Ya hemos terminado?
TÉCNICO	—Sí, puede irse.

💿 Vocabulario

COGNADOS

el colon   colon
el enema[1]   enema
la fluoroscopia   fluoroscopy
los genitales, las partes privadas   genitals, private parts
el recto   rectum
   similar   similar
el tiroides   thyroid
el tubo   tube

---

[1]Also: **la lavativa, el lavado intestinal.**

NOMBRES

el baño, el excusado, el servicio   bathroom
la bata   robe
el conteo   blood count, count
el costado   side
la curita   adhesive bandage
el inodoro   toilet
la ligadura, el torniquete   tourniquet
la manga   sleeve
la mano   hand
la mesa   table
el pasillo   hallway
el (la) técnico(a)   technician
el vasito   little glass, cup

VERBOS

acercarse   to get close, to approach
acostarse (o:ue)   to lie down, to go to bed
apretar (e:ie)   to be tight
dejar   to leave (behind)
extender (e:ie)   to stretch, to extend
irse   to leave, to go away
moverse (o:ue)   to move
ordenar   to order
pararse   to stand
tapar   to cover
terminar   to finish, to be done
tragar   to swallow
volverse (o:ue), darse vuelta, voltearse (*Méx.*)
   to turn over

Vocabulario adicional

LA ROPA

el abrigo   coat
la blusa   blouse
los calcetines   socks
la camisa   shirt
el camisón   nightgown
la chaqueta   jacket
la falda   skirt
las medias   stockings, hose
los pantalones   pants
las pantimedias   pantyhose
el pijama   pyjamas
la ropa interior   underwear
el vestido   dress
las zapatillas, las babuchas   slippers
los zapatos   shoes

ADJETIVOS

cerrado(a)   closed
derecho(a)   right
listo(a)   ready
segundo(a)   second

OTRAS PALABRAS Y EXPRESIONES

a los costados, a los lados   to (at) the sides
aguantar la respiración   to hold one's breath
al final   at the end of
¿Cúanto tiempo hace...?   How long ago...?
poco a poco   little by little
quitarse la ropa   to take off one's clothes
salir bien   to turn out okay
subirse la manga, remangarse   to roll up one's
   sleeve
Ya está.   That's it.
¿Ya terminamos?   Are we finished already?

OTROS TIPOS DE PRUEBAS DIAGNÓSTICAS

Voy a hacerle
{
una broncoscopia   bronchoscopy
una colonoscopia   colonoscopy, coloscopy
un electrocardiograma   electrocardiogram (EKG)
un electroencefalograma   electroencephalogram (EEG)
una endoscopia   endoscopy
un escanograma   CAT scan
una laparoscopia   laparoscopy
un ultrasonido (una ultrasonografía)   ultrasound

Notas culturales

The following table indicates the percentage of use of certain screening tests by the Hispanic American population. With the exception of the Pap smear, the persons surveyed were age 40 and over. In many instances, the percentage of Latinos who had had the procedure is somewhat lower than that of other ethnic groups.

	NEVER HAD PROCEDURE (%)		HAD PROCEDURE (%)		
Test	Never heard of	Heard of but never had	For health problem	For screening purposes less than 1 year ago	1–3 years ago
Digital rectal exam (males)	29.3	28.5	10.5	8.4	7.2
Digital rectal exam (females)	31.5	28.5	5.3	15.1	6.9
Mammography	31.6	42.2	3.1	12.9	3.1
Clinical breast exam	13.4	14.7	4.0	45.0	11.7
Pap smear (Age 18–39)	13.8	10.4	8.8	50.2	11.8
Pap smear (Age 40 or over)	17.1	8.5	5.3	36.8	14.5

Source: The American Cancer Society

¿Recuerdan ustedes?

Answer the following questions, basing your answers on the dialogues.

1. ¿Cuánto tiempo hace que el doctor le ordenó unos análisis a la Sra. Pérez?

---

2. ¿Ha comido hoy algo la Sra. Pérez?

_____

3. ¿Para qué le van a sacar sangre de la vena?

_____

4. ¿Qué debe hacer la Sra. Pérez antes de orinar en el vasito?

_____

5. ¿Dónde debe dejar la señora la muestra de materia fecal?

_____

6. ¿Qué le había ordenado el doctor al Sr. Franco?

_____

7. ¿Qué le van a hacer al Sr. Barrios para la radiografía del colon?

_____

8. ¿Qué le han hecho a la Sra. Sosa?

_____

Para conversar

Interview a classmate, using the following questions. When you have finished, switch roles.

1. ¿Dónde está el baño?

_____

2. ¿Cuánto tiempo hace que Ud. comió?

_____

3. ¿Le han hecho alguna vez (*ever*) un análisis de tiroides?

_____

4. ¿Le han hecho alguna vez una radiografía del colon?

_____

5. ¿Le han hecho un conteo? ¿Cuándo?

_____

6. Si me van a sacar sangre de la vena, ¿qué debo hacer?

_____

7. ¿Cuándo fue la última vez que le hicieron un análisis de orina?

_____

8. Para hacerme una radiografía del pecho, ¿debo quitarme toda la ropa? ¿Qué me pongo?

   _____

9. Para la radiografía del colon, ¿tengo que acostarme?

   _____

10. ¿Ya terminamos? ¿Puedo irme?

    _____

VAMOS A PRACTICAR

A. Rewrite the following sentences, first in the present perfect and then in the pluperfect.

Modelo: Ellos hablan con él.

Ellos **han hablado** con él.

Ellos **habían hablado** con él.

1. Tengo problemas de tiroides.

   _____

   _____

2. Se limpia los genitales.

   _____

   _____

3. Usan el excusado.

   _____

   _____

4. ¿Le pones una ligadura en el brazo?

   _____

   _____

5. El doctor ordena una radiografía.

   _____

   _____

6. Nosotros no hacemos nada.

   _____

   _____

B. Complete the following sentences with the Spanish equivalent of the words in parentheses.

Modelo: Los niños están _____ (*bathed*).

Los niños están _____ **bañados** _____.

1. Tiene las manos _____ (*closed*).

2. La puerta (*door*) del baño estaba _____ (*open*).

3. Ellos están _____ (*standing*) en el pasillo.

4. El doctor no me dio ninguna orden _____ (*written*).

5. El análisis está _____ (*done*).

Conversaciones breves

Complete the following dialogues, using your imagination and the vocabulary from this lesson.

A. Un análisis de sangre:

TÉCNICO —¿Cuánto tiempo hace que comió?

PACIENTE — _____

TÉCNICO —Muy bien. Voy a sacarle sangre de la vena.

PACIENTE — _____

TÉCNICO —Sí, es para el análisis de tiroides.

PACIENTE — _____

TÉCNICO —Sí, súbase la manga, por favor. Extienda el brazo y abra y cierre la mano.

PACIENTE — _____

TÉCNICO —Sí, así está bien.

B.   Un análisis de orina:

TÉCNICO   —_____

PACIENTE   —¿Dónde está el baño?

TÉCNICO   —_____

PACIENTE   —¿Orino en este vasito?

TÉCNICO   —_____

PACIENTE   —¿Necesita toda la orina?

TÉCNICO   —_____

PACIENTE   —¿Cuándo va estar listo el análisis?

TÉCNICO   —_____

C.   Una fluoroscopia de estómago:

PACIENTE   —¿Tengo que quitarme la ropa?

TÉCNICO   —_____

PACIENTE   —¿Dónde me paro?

TÉCNICO   —_____

PACIENTE   —¿Tengo que tomarlo todo?

TÉCNICO   —_____

PACIENTE   —Muy bien.

TÉCNICO   —_____

PACIENTE   —¡No me gusta este líquido! ¡Es horrible!

TÉCNICO   —_____

PACIENTE   —¿Ya terminamos?

TÉCNICO   —_____

En estas situaciones

What would you say in the following situations? What might the other person say?

1. You are a lab technician. Tell your patient that you are going to draw blood from the vein in order to check the blood count.

2. You are a lab technician. Inform your patient that you are going to take an X-ray of the spinal column (**columna vertebral**). Tell your patient where to stand and then tell the person not to move, to take a deep breath, and to hold it. Then tell the person to wait outside.

3. You are a lab technician, doing an X-ray of the colon. Tell your patient to lie down on the table and then explain that you are going to insert a tube in the rectum. Tell the person not to tense up; the procedure is similar to an enema. Then ask the person to turn over on his/her left side.

Casos

Act out the following scenarios with a partner.

1. A medical technician performs a blood test to check how a patient's thyroid gland is functioning.

2. A medical technician gives a patient a chest X-ray.

3. A nurse asks a patient to take a urine test.

4. A medical technician performs a stomach fluoroscopy on a patient.

Un paso más

A. **Review the *Vocabulario adicional* in this lesson. Then complete the following sentences.**

1. Van a hacerle una _____ antes de la operación.

2. Quítese la _____ y póngase la bata.

3. No van a hacerle un ultrasonido; van a hacerle una _____ .

B.   Write the corresponding word for each numbered item.

1. _____

2. _____

3. _____

4. _____

5. _____

6. _____

7. _____

8. _____

9. _____

10. _____

11. _____

12. _____

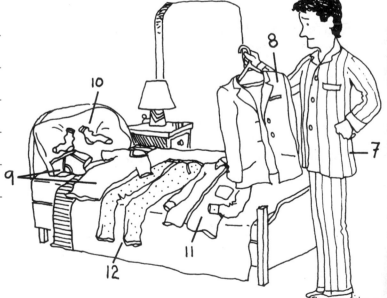

🎵 *Enfermedades venéreas*

La Srta. Ramos sospecha que tiene una enfermedad venérea. Por fin hoy va al Departamento de Salud Pública y ahora está hablando de sus problemas con una enfermera.

SRTA. RAMOS —Me gustaría hablar con un médico porque creo que tengo una enfermedad venérea.

SRA. MÉNDEZ —¿Qué síntomas tiene? ¿Tiene alguna llaga o lesión?

SRTA. RAMOS —No, pero cuando orino me arde mucho la vagina, y además me sale un líquido…

SRA. MÉNDEZ —¿Tiene el líquido un color amarillento o verdoso?

SRTA. RAMOS —Sí, es verdoso y tiene mal olor.

SRA. MÉNDEZ —¿Cuándo empezó todo esto?

SRTA. RAMOS —Empecé a tener mucho ardor hace dos semanas.

SRA. MÉNDEZ —¿Sabe Ud. si el hombre con quien Ud. ha tenido relaciones sexuales tiene también esos síntomas?

SRTA. RAMOS —Bueno… no sé… Creo que uno de ellos tiene sífilis o gonorrea… o herpes.

SRA. MÉNDEZ —Srta. Ramos, Ud. tendrá que ir a la Clínica de Enfermedades Venéreas. Allí le dirán si necesita tratamiento.

Al día siguiente la Srta. Ramos va a la Clínica de Enfermedades Venéreas. Uno de los médicos la revisa y ve que tiene varios síntomas que indican gonorrea. Una prueba confirma el diagnóstico y el médico le da un antibiótico. Momentos después, la Srta. Ramos llega a la oficina de la Sra. Alba, investigadora de enfermedades venéreas.

SRA. ALBA —¿Cuánto tiempo hace que tiene estos síntomas, Srta. Ramos?

SRTA. RAMOS —Unas dos semanas…

SRA. ALBA —¿Cuándo fue la última vez que tuvo relaciones sexuales?

SRTA. RAMOS —Hace una semana.

SRA. ALBA —Necesitamos saber el nombre y la dirección del hombre con quien tuvo relaciones sexuales, Srta. Ramos.

SRTA. RAMOS —¿Para qué?

SRA. ALBA —Si él tiene gonorrea, necesitará tratamiento, y cuanto antes mejor.

SRTA. RAMOS —Pues… yo me había acostado con otros hombres antes.

SRA. ALBA —Necesitamos el nombre y la dirección de todos ellos. Es muy importante. La gonorrea es muy contagiosa.

SRTA. RAMOS —Bueno, yo creo que podré conseguirlos.

SRA. ALBA —No tome ninguna bebida alcohólica, ni se acueste con nadie hasta estar completamente curada. Evite los ejercicios físicos.

SRTA. RAMOS —Bueno. ¿Tendré que volver la semana que viene?

SRA. ALBA —Sí. ¿Podría venir el lunes a las tres de la tarde?

SRTA. RAMOS —Sí, vendré el lunes, sin falta.

Vocabulario

COGNADOS

completamente completely
contagioso(a) contagious
el departamento department
la gonorrea gonorrhea
el herpes herpes
el (la) investigador(a) investigator

la lesión lesion
el momento moment
público(a) public
la sífilis syphilis
venéreo(a) venereal

NOMBRES

el ejercicio exercise
el hombre man
la llaga sore, wound
el olor odor
la salud health

VERBOS

arder to burn
conseguir (e:i) to obtain, to get
empezar (e:ie) to begin, to start
indicar to indicate
sospechar to suspect

ADJETIVOS

amarillento(a) yellowish
curado(a) cured
verdoso(a) greenish

OTRAS PALABRAS Y EXPRESIONES

al día siguiente on the following day
allí there
cuanto antes mejor the sooner, the better
momentos después moments later
nadie no one, nobody
por fin, finalmente finally
salirle un líquido a uno, tener un flujo to have a discharge
sin falta without fail
tener mal olor, tener peste, apestar to have a bad odor

Vocabulario adicional

EFECTOS DE LA SÍFILIS

La sífilis puede causar
- **daño permanente al corazón** permanent heart damage
- **parálisis** paralysis
- **locura** insanity
- **ceguera** blindness
- **sordera** deafness
- **muerte** death

SÍNTOMAS DE LA SÍFILIS

Primarios (Primary)
- **chancro sifilítico (en los genitales o en la boca)** syphilis chancre
- **secreción** secretion

Secundarios (Secondary)
- **erupciones de la piel** skin rashes
- **lesiones en las mucosas** lesions in the mucous membranes
- **el pelo se cae en mechones** hair falls out in patches
- **malestar general** general malaise
- **dolor de garganta y de cabeza** sore throat and headache
- **fiebre** fever
- **inflamación de los ganglios linfáticos** swelling of the lymph glands

OTRAS ENFERMEDADES TRANSMITIDAS A TRAVÉS DEL CONTACTO
SEXUAL *(Other sexually transmitted diseases)*

la clamidia   chlamydia
la enfermedad inflamatoria de la pelvis   pelvic
 inflammatory disease
la hepatitis B   hepatitis B
la prostatitis   prostatitis
el SIDA   AIDS
la vaginitis   vaginitis
el virus de inmunodeficiencia humana (VIH)
 human immunodeficiency virus (HIV)
el virus de papiloma   papilloma virus

OTROS TÉRMINOS IMPORTANTES

el examen Papanicolau   Papanicolaou test, Pap smear
el período de incubación   incubation period

¡OJO! For additional terms related to the reproductive organs, see the diagrams
 on page xiii.

Notas culturales
- Hispanic Americans constitute about 10.3% of the population in the U.S. yet the
  1998 Center for Disease Control and Prevention HIV/AIDS Surveillance Report
  shows that Hispanic Americans account for 18% of reported AIDS cases in the U.S.,
  20% of AIDS cases among women, and 23% of all pediatric AIDS cases. The 1998
  Kaiser Family Foundation National Survey of Latinos on HIV/AIDS includes information on the impact of religion, health beliefs, language, income status, and education on HIV and AIDS in the Latino community.
- There have been several conferences focusing on the impact of AIDS in the Spanish-
  speaking community. In April 1998, the Comisión Latina sobre el SIDA of New
  York organized a conference in Philadelphia that discussed strategies for preventing
  the spread of AIDS through the Latino community. In May 1998, the AIDS Institute
  of the Harvard School of Public Health held a Latino AIDS leadership meeting.
- Two major sources of information on AIDS and the Spanish-speaking community
  are the American Red Cross Hispanic HIV/AIDS Education Program, and the U.S.-
  Mexico Border Health Association. Both organizations provide bilingual health
  resources.

¿Recuerdan ustedes?

Answer the following questions, basing your answers on the dialogue.

1. ¿Qué sospecha la Srta. Ramos? ¿Con quién habla de sus problemas?

 _____

2. ¿Qué síntomas tiene la Srta. Ramos?

 _____

3. ¿Cómo es el líquido que le sale de la vagina?

_____

4. ¿Cuánto tiempo hace que comenzaron los síntomas?

_____

5. ¿Qué hace la Srta. Ramos al día siguiente?

_____

6. ¿Qué hace uno de los médicos?

_____

7. ¿Con quién habla después la Srta. Ramos?

_____

8. ¿Cuándo fue la última vez que la Srta. Ramos tuvo relaciones sexuales?

_____

9. ¿Qué dice la Sra. Alba que necesitan? ¿Por qué?

_____

10. ¿Se había acostado la Srta. Ramos con otros hombres antes?

_____

11. ¿Qué debe evitar la Srta. Ramos hasta estar completamente curada?

_____

12. ¿Cuándo tendrá que volver a la clínica?

_____

Para conversar

Interview a classmate, using the following questions. When you have finished, switch roles.

1. ¿Cuál es la dirección del Departamento de Salud Pública?

_____

2. ¿Le gustaría trabajar en una clínica de enfermedades venéreas? ¿Por qué o por qué no?

_____

3. De las enfermedades venéreas, ¿cuál es la más peligrosa?

_____

4. ¿Qué síntomas tiene una persona que tiene herpes?

_____

5. ¿Cómo se puede diagnosticar (*diagnose*) un caso de sífilis?

_____

6. ¿Qué tratamiento necesita una persona que tiene sífilis?

_____

7. ¿Por qué debe evitar tener relaciones sexuales una persona que tiene una enfermedad venérea?

_____

8. ¿Se puede curar (*cure*) el herpes? ¿Y la sífilis?

_____

Vamos a practicar

A. **Rewrite the following sentences, first in the future and then in the conditional.**

Modelo: Ella sale el lunes.

Ella **saldrá** el lunes.

Ella **saldría** el lunes.

1. Dice que está curado.

_____

_____

2. El médico confirma el diagnóstico.

_____

_____

3. Los hombres vienen mañana.

_____

_____

4. Hablamos con la investigadora.

_____

_____

5. Tú debes evitar los ejercicios físicos.

    _____

    _____

6. Yo puedo conseguir los nombres.

    _____

    _____

B. **Complete the following sentences with the prepositions, *a*, *de*, or *en*.**

   Modelo: ¿A qué hora empiezas _____ trabajar?

   ¿A qué hora empiezas **a** trabajar?

1. La radiografía estará lista _____ la una _____ la tarde.

2. Empezaré _____ hacer el análisis ahora mismo.

3. Dejaré los resultados _____ los análisis _____ la mesa.

4. Este señor tiene llagas _____ el pene; creo que tiene herpes. Él necesita ir _____ la Clínica de Enfermedades Venéreas.

5. El Dr. Sosa es el mejor urólogo _____ la clínica. ¿_____ dónde es?

C. **Write the following dialogues in Spanish.**

1. "When is the investigator going to begin calling the men?"
    "This afternoon."

    _____

    _____

    _____

2. "What did the doctor say about the sore?"
    "He said that it was a symptom of gonorrhea."

    _____

    _____

3. "Call the doctor tomorrow, Miss Peña. He will confirm the diagnosis."
    "Will he be at the hospital?"
    "Yes, he arrives at the hospital at seven in the morning."

    _____

    _____

    _____

Conversaciones breves

Complete the following dialogues, using your imagination and the vocabulary from this lesson.

A. En el Departamento de Salud Pública:

ENFERMERA — _____

PACIENTE —Sí, señorita. Tengo una llaga y me arde mucho cuando orino.

ENFERMERA — _____

PACIENTE —Sí, me sale un líquido amarillento.

ENFERMERA — _____

PACIENTE —Sí, tiene mal olor.

ENFERMERA — _____

PACIENTE —No sé si él también tiene estos síntomas. Él no me ha dicho nada.

ENFERMERA — _____

PACIENTE —¿Tiene Ud. la dirección de la clínica?

ENFERMERA — _____

B. En la Clínica de Enfermedades Venéreas:

INVESTIGADOR — _____

PACIENTE —No sé la dirección, pero le puedo dar el nombre. ¿Para qué quiere saberlo?

INVESTIGADOR — _____

PACIENTE —Yo creía que solamente la sífilis era contagiosa. ¿Hasta cuándo debo esperar para tener relaciones sexuales?

INVESTIGADOR — _____

En estas situaciones

What would you say in the following situations? What might the other person say?

1. You are the patient. Tell the nurse that you have a sore on your genitals. Then explain that it burns when you urinate, and you have a discharge—a greenish liquid with a bad odor.

2. You are the doctor. Tell the patient that the symptoms indicate gonorrhea and explain that he/she needs treatment, because gonorrhea is a very contagious disease. Say that you are going to administer treatment and then tell the person to make an appointment for next week.

Casos

Act out the following scenarios with a partner.

1. A public health nurse interviews a patient who thinks he/she has a venereal disease.

2. A V.D. investigator gives instructions to a patient who has gonorrhea, regarding what he/she must and must not do.

Un paso más

A. **Review the *Vocabulario adicional* in this lesson. Then write the names of the different parts of the body that can be affected by syphilis.**

1. _____   5. _____

2. _____   6. _____

3. _____   7. _____

4. _____   8. _____

B. **Complete the following sentences.**

1. El _____ y la _____ son enfermedades transmitidas a través del contacto sexual.

2. Las mujeres deben hacerse un _____ todos los años.

3. ¿Cuál es el período de _____ de la hepatitis B?

4. El _____ sifilítico es un síntoma _____ de la sífilis.

5. La sífilis afecta el cerebro (*brain*) y puede causar la _____ y la muerte.

C. How much do you know about AIDS? Complete the following questionnaire published by the U.S. Department of Health and Human Services. Remember to guess the meaning of all cognates.

¿Sabe usted lo suficiente como para hablar del SIDA? Tome este test.

Es importante para cada uno de nosotros compartir° nuestros conocimientos acerca del° SIDA con los miembros de nuestra familia y con otros seres queridos.°

El conocimiento y la comprensión son las mejores armas que tenemos contra la enfermedad. Señale° su respuesta marcando el cuadro° que corresponde.

1. Usted debe preocuparse por el SIDA, aun° cuando usted no esté dentro del grupo de alto riesgo.°

   ❏ Cierto   ❏ Falso

2. El virus del SIDA no se propaga por

   ❏ A. picaduras° de insecto.
   ❏ B. contacto casual.
   ❏ C. compartir agujas° para inyectarse drogas.
   ❏ D. relaciones sexuales.

3. Los condones son una forma eficaz,° pero no absolutamente segura, para prevenir la transmisión del virus del SIDA.

   ❏ Cierto   ❏ Falso

4. Usted no puede decir a simple vista que alguien tiene el virus del SIDA.

   ❏ Cierto   ❏ Falso

5. Si usted piensa que ha estado expuesto al virus del SIDA, usted debería hacerse una prueba de SIDA.

   ❏ Cierto   ❏ Falso

6. La gente° que proporciona° ayuda a alguien que tiene SIDA no se está arriesgando° a contraer la enfermedad.

   ❏ Cierto   ❏ Falso

to share/**conocimientos**… *knowledge about*

seres… *loved ones*

Indicate
box

even
risk

bites

needles

effective

people/provide
risking

With a partner, discuss your answers and then write two questions you
think should be included on the questionnaire on page 169.

_____

_____

_____

_____

Lectura 3

🔘 *El SIDA*

(Adapted from TEL MED, tape #571)

La enfermedad llamada° *AIDS* en inglés, se conoce en español con el nombre de SIDA (Síndrome de Inmunodeficiencia Adquirida). Las primeras personas que padecieron de esta enfermedad en los Estados Unidos fueron hombres homosexuales y drogadictos. Hoy se sabe que es un virus el que transmite la enfermedad.

El contacto físico íntimo (el contacto sexual vaginal, anal y también oral), las transfusiones de sangre, las agujas y jeringas° que usan los drogadictos para inyectarse las drogas y probablemente la leche de los senos de la madre, son las formas en que el virus puede propagarse. Este virus destruye° las defensas del cuerpo y cuando esto sucede° se desarrollan° infecciones y cánceres que de otra forma serían destruidos.

La lista de personas que pueden ser infectadas por el SIDA ha aumentado.° Este aumento incluye a los hemofílicos que requieren frecuentes transfusiones de sangre, a las prostitutas, a las compañeras sexuales° de hombres homosexuales o bisexuales y a los bebés de madres infectadas. También ahora el SIDA se ha extendido a los heterosexuales; definitivamente la enfermedad ya no es "un problema de los homosexuales".

La mayoría de la gente° infectada con el virus tendrá una reacción positiva al análisis de sangre para el VIH (virus de inmunodeficiencia humana) a los tres o seis meses de exponerse,° pero los síntomas del SIDA no se manifestarán° por muchos años. Los síntomas de esta enfermedad al principio° son muy similares a los de la influenza común, y entre ellos están la fiebre, la inflamación de los ganglios linfáticos, la pérdida° de peso sin explicación, diarrea, pérdida del apetito, cansancio° por más de un par° de días y tos crónica.

En este momento no existe ninguna vacuna o cura y la mejor manera de evitar la enfermedad es la prevención o no exponerse al virus. Evite tener múltiples compañeros sexuales y no use drogas por vía intravenosa. El uso de condones hechos de "latex" con un lubricante es altamente recomendado.

called

agujas... needles and syringes
destroys
happens/se... develop

increased

compañeras... sexual partners

people
exposing themselves
no... will not manifest
al... at the beginning

loss
fatigue/couple

🔘 Conversaciones

—¿Cómo puede transmitirse el SIDA?
—Por contacto sexual o por transfusiones de sangre.
—¿Quiénes fueron las primeras personas que padecieron de esta enfermedad?
—Los hombres homosexuales y los drogadictos.

—¿Es el SIDA una enfermedad exclusiva de los homosexuales?
—No, se ha extendido a los hemofílicos y a los heterosexuales.

—¿Cuáles son algunos de los síntomas del SIDA?
—La pérdida de peso, diarrea y cansancio prolongado.
—¿Existe alguna vacuna contra el SIDA?
—No, la mejor forma de evitar la enfermedad es la prevención.

¿Recuerdan ustedes?

Answer the following questions, basing your answers on the reading and the conversations.

1. ¿Cómo se llama en español el AIDS?

   _____

2. ¿Quiénes fueron las primeras personas que tuvieron el SIDA?

   _____

3. ¿Cómo se transmite la enfermedad?

   _____

4. ¿Cuáles son tres formas en las que se puede propagar?

   _____

5. ¿Qué sucede cuando el virus del SIDA destruye las defensas del cuerpo?

   _____

6. Además de los hombres homosexuales, ¿qué otras personas pueden ser infectadas por el SIDA?

   _____

7. ¿Cuándo tendrá una persona una reacción positiva a una prueba de VIH?

   _____

8. ¿Cuáles son algunos de los síntomas del SIDA?

   _____

9. ¿Existe cura para el SIDA?

   _____

10. ¿De qué forma puede evitarse el SIDA?

    _____

Repaso

LECCIONES 11–15

PRÁCTICA DE VOCABULARIO

A. Circle the word or phrase that best completes each sentence.

1. No veo las letras claramente. Están (cansadas / borrosas / verdosas).

2. Hoy no. Vamos a hacerle los análisis (anoche / aquí mismo / la próxima vez).

3. Usé una loción para el acné, pero no me (miró / dio resultado / dio de alta).

4. Un doctor que opera es un (cirujano / hombre / calmante).

5. El paciente se ve (muy bien / peligroso / siguiente).

6. Tome una (llaga / luz / cucharada) de jarabe para la tos.

7. Si necesita algo, apriete este (botón / moretón / reloj).

8. Cuando me estaba examinando los senos, encontré (un enema / una bolita / una curita). Estoy muy preocupada.

9. Mire el punto que está en (la pared / el pasillo / el vasito).

10. Tengo una (vez / barbilla / verruga) en el cuello.

11. Voy a darle un baño de (biberón / esponja / tratamiento).

12. ¿Puede ayudarme a (cambiarme / avisarme / indicarme) de ropa?

13. Tiene acné, pero la dieta (es muy importante / no tiene importancia, es difícil) en este caso.

14. No puede irse todavía. Tengo que ver si la radiografía (está enferma, salió bien / es verdosa).

15. Por fin hoy ella fue al (herpes / urólogo / acné).

16. El baño está (en la pared / en la esponja / al final del pasillo).

17. Debe (dejar / terminar / extender) el brazo.

18. Aguante (la vasectomía / la respiración / el momento).

19. Esto es (amarillento / tenso / similar) a un enema.

20. Cuando orino, me arde mucho (el recto / el colon / la vagina).

B. Circle the word or phrase that does not belong in each group.

1. biopsia, mamografía, vasectomía

2. mayor, menor, siguiente

3. grasa, quiste, chocolate

4. caca, vena, heces fecales

5. moverse, darse vuelta, tragar

6. a los hombres, a los costados, a los lados

7. muy bueno, muy amable, muy cómodo

8. subir, bajar, ayudar

9. cómo no, no, sí

10. amarillento, cerrado, verdoso

11. obrar, hacer caca, lastimarse

12. ponerse tenso, calmarse, relajarse

13. tableta, pastilla, líquido

14. desayuno, glaucoma, almuerzo

15. vasectomía, fluoroscopia, radiografía

16. dar el pecho, dar la medicina, dar de mamar

17. mañana, ayer, anteanoche

18. niño, adolescente, joyas

C. Complete the following sentences with the appropriate word or phrase in column *B*.

A	B
1. Me sale un _____.	a. físicos
2. Volvió momentos _____.	b. de la vena
3. Ésta es la última _____.	c. tiene sífilis
4. Venga dentro de _____.	d. debajo de la lengua
5. Ellos no están _____.	e. tratamiento
6. El doctor confirma _____.	f. en el pene
7. Evite los ejercicios _____.	g. una fricción
8. No tiene gonorrea; _____.	h. investigadora
9. Tiene una lesión _____.	i. líquido verdoso
10. Todo esto indica _____.	j. unos días
11. Ya estoy completamente _____.	k. en la vena
12. Ella es la _____.	l. vez
13. Necesita _____.	m. una enfermedad venérea
14. Le ponen una inyección _____.	n. el diagnóstico
15. Le voy a dar _____.	o. después
16. ¿Hay un botón al lado _____?	p. el suero
17. ¿Cuáles son las horas _____?	q. curada
18. ¿Tiene moretones alrededor _____?	r. de visita
19. Póngase el termómetro _____.	s. allí
20. ¿Cuándo me van a quitar _____?	t. de la cama

D. *¿Verdadero o falso?* Read each statement and decide if it is true (V) or false (F).

_____ 1. Primero sale el bebé y después la placenta.

_____ 2. Cuando la mujer es estrecha, a veces el doctor tiene que sacar al bebé con fórceps.

_____ 3. Cuando una mujer tiene los dolores de parto y las contracciones vienen cada cinco minutos, debe ir al hospital.

_____ 4. Para tomarle el pulso, necesito un termómetro.

_____ 5. Si una persona tiene una hemorragia, puede necesitar una transfusión de sangre.

_____ 6. Le van a poner una inyección de penicilina.

_____ 7. Una operación cesárea es un parto normal.

_____ 8. Me van a poner una inyección en la nalga. Tengo que subirme la manga.

_____ 9. Debo limpiarme los genitales antes de orinar en el vasito.

_____10. Voy a llevar a mi hijo al médico porque tiene problemas de salud.

_____11. Tiene cinco años. Nació ayer.

_____12. Necesito la cuña porque quiero defecar.

_____13. Ya eligieron un nombre para la niña. Se va a llamar Ana María.

_____14. Tiene que quedarse en el hospital por un minuto, pero ella no
            quiere quedarse por tanto tiempo.

_____15. Voy a guardar la llaga en la caja de seguridad del hospital.

_____16. La niña está muy enferma. Su mamá tiene que llevarla al médico
            sin falta.

E.   Crucigrama

HORIZONTAL

2. La _____ de los tumores son benignos.

3. *greenish*, en español

7. El doctor la examinó. Ya se le rompió la
    _____ de agua.

9. Es un bebé recién _____.

12. *chocolate*, en español

15. cirugía

16. *pimple*, en español

18. parte del cuarto de baño

20. No se va. Tiene que _____.

24. No quiere más hijos. Se va a hacer una
    _____.

25. No es una mujer. Es un _____.

26. Para hacerle la radiografía voy a insertarle
    este _____ en el recto.

29. *exercise*, en español

31. Relájese. No se ponga _____.

32. Es enfermera del Departamento de Salud
    _____ .

33. *cured*, en español

35. Para el acné, puede usar _____ medicinal.

36. *line*, en español

37. los genitales o las _____ privadas

40. *mouth*, en español

42. Quítese la ropa y póngase esta _____.

43. No es a la derecha; es a la _____.

44. costado

46. *the next day*; al día _____.

47. Voy a tomarle el _____ y la temperatura.

48. Ayer el médico _____ varios análisis y
    radiografías.

49. *ready*, en español

VERTICAL

1. Su _____ está en la caja de seguridad.

4. Tomó veneno. Necesita un lavado de _____.

5. Va a tener un bebé. Está en la sala de _____.

6. enfermedad venérea

7. mamila

8. El cáncer es un tumor _____.

10. No está cerca. Está _____.

11. Tengo una _____ en el seno izquierdo.

13. barriga

14. niño

17. *It is better:* Es _____

19. *rectum*, en español

21. *to stretch*, en español

22. No le voy a dar biberón. Le voy a dar de
    _____.

23. *he suspects*, en español

27. opuesto de primero

28. *blackhead*, en español

30. *odor*, en español

32. *wall*, en español

34. *to get close*, en español

35. Tiene sólo diecisiete años. Es muy _____.

37. *hallway*, en español

38. *thyroid*, en español

39. Necesito una muestra de sangre para el
    _____.

40. excusado

41. excremento

45. *that way*, en español

47. Va a sentirse mejor poco a _____.

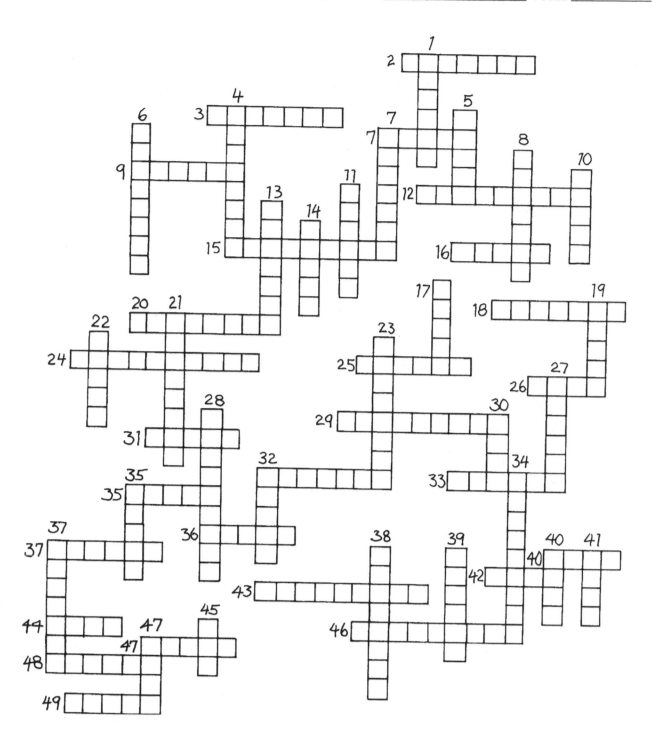

🔘 PRÁCTICA ORAL

Listen to the following exercise on the audio program. The speaker will ask you some questions. Answer the questions, using the cues provided. The speaker will confirm the correct answer. Repeat the correct answer.

1. ¿Lo operaron recientemente? (sí)

2. ¿Tuvo Ud. que quedarse en el hospital? (sí, por cinco días)

3. Cuando estuvo en el hospital, ¿le dieron baños en la cama? (sí, de esponja)

4. ¿Tiene Ud. dolores en el vientre? (sí, a veces)

5. ¿Movió Ud. el vientre hoy? (sí, por la tarde)

6. ¿Le han hecho una radiografía del colon? (no, nunca)

7. ¿Cuándo fue la última vez que le hicieron un conteo? (el año pasado)

8. ¿Le hicieron un análisis de orina recientemente? (sí, la semana pasada)

9. ¿Tuvo Ud. una hemorragia alguna vez? (no, nunca)

10. ¿Le hicieron una transfusión alguna vez? (sí, una vez)

11. ¿Tuvo moretones alrededor de la vena? (sí)

12. ¿Qué se puso? (compresas frías)

13. ¿Tiene Ud. problemas de tiroides? (no)

14. ¿Tuvo Ud. acné cuando era joven? (sí)

15. ¿Qué usó para el acné? (un jabón medicinal)

16. ¿Usó Ud. alguna loción para los granos? (sí)

17. ¿Tiene Ud. alguna verruga? (sí, en el cuello)

18. ¿Fue Ud. al oculista? (sí, la semana pasada)

19. ¿Le hicieron la prueba del glaucoma? (sí)

20. ¿Ve Ud. bien las letras pequeñas? (sí)

21. ¿Trabaja Ud. en la sala de parto? (no, de bebés)

22. ¿Le gustaría trabajar en una clínica de enfermedades venéreas? (no)

23. ¿Son malignos todos los tumores del seno? (no)

24. ¿Qué cree Ud. que es mejor para el bebé: darle biberón o darle de mamar? (darle de mamar)

25. ¿Tiene Ud. hijos? (sí, dos varones)

🔵 *Problemas de la hipertensión*

*El Sr. Castro está en el consultorio del Dr. Rivas. La enfermera le toma la presión y
ve que es altísima. Tiene 200 sobre 98.*

DR. RIVAS	—Sr. Castro, Ud. tiene la presión muy alta.
SR. CASTRO	—Yo sólo tengo treinta años, doctor. ¿No es ése un problema de los viejos?
DR. RIVAS	—No, puede ocurrir a cualquier edad.
SR. CASTRO	—Mi padre tiene la presión alta también.
DR. RIVAS	—Sí, a veces el problema es hereditario.
SR. CASTRO	—Pero yo me siento bien. No estoy nervioso. No tengo palpitaciones…
DR. RIVAS	—Bueno, porque el problema está apenas comenzando… Pero es importantísimo tratarlo ahora. Yo le aconsejo que no espere porque esto puede afectarle el corazón.
SR. CASTRO	—¿Podría causarme otros problemas?
DR. RIVAS	—Sí, podría causarle un derrame.
SR. CASTRO	—¡Pero eso me puede dejar paralítico!
DR. RIVAS	—Sí, un derrame puede causar parálisis total o parcial.
SR. CASTRO	—Mi padre ha tenido muchos problemas con los riñones.
DR. RIVAS	—Pues Ud. podrá evitar todo esto si sigue un tratamiento para controlar la presión.
SR. CASTRO	—Eso es lo que me gustaría hacer, por supuesto. ¿Qué me sugiere Ud. que haga?
DR. RIVAS	—Le aconsejo que elimine o por lo menos disminuya la cantidad de sal que Ud. usa en la comida.
SR. CASTRO	—Será difícil, pero trataré de hacerlo. ¿Qué más me recomienda que haga?
DR. RIVAS	—Quiero que evite el alcohol y el tabaco. También es necesario bajar de peso y hacer ejercicio por lo menos tres veces por semana.
SR. CASTRO	—¿Me va a recetar alguna medicina?
DR. RIVAS	—Sí, le voy a dar unas pastillas. Si se siente peor después de tomarlas, disminuya la dosis; tome media pastilla.
SR. CASTRO	—¿Por cuánto tiempo quiere que tome la medicina?
DR. RIVAS	—Depende; muchas veces el problema se puede resolver con el cambio en la dieta y el ejercicio.
SR. CASTRO	—Muy bien. Quiero empezar el tratamiento lo más pronto posible.

Vocabulario

COGNADOS

el alcohol alcohol	**la parálisis** paralysis
la dosis dosage	**parcial** partial
hereditario(a) hereditary	**probablemente** probably
la hipertensión hypertension, high	**el resto** rest, remainder
blood pressure	**el tabaco** tobacco
la palpitación palpitation	**total** total

NOMBRES

el cambio change
la comida food
el corazón heart
el derrame, la hemorragia cerebral stroke
el riñón kidney
la vida life
el (la) viejo(a) elderly man, elderly woman

VERBOS

aconsejar to advise
afectar to affect
depender to depend
disminuir[1] to cut down, to diminish
eliminar to eliminate
ocurrir to happen, to occur
recomendar (e:ie) to recommend
resolver (o:ue) to solve
sugerir (e:ie) to suggest
tratar to treat, to try

ADJETIVOS

cualquier(a) any
medio(a) half
nervioso(a) nervous
paralítico(a) paralyzed
peor worse, worst

OTRAS PALABRAS Y EXPRESIONES

apenas barely
lo más pronto posible as soon as possible
muchas veces many times
por supuesto, claro of course
¿Qué más? What else?
tomar la presión, tomar la tensión to take the
blood pressure

Vocabulario adicional

Ud. debe evitar
- **la cafeína** caffeine
- **las medicinas que contienen...** medicines that contain...
- **los ejercicios violentos** strenuous exercises
- **el estrés** stress

Ud. debe
- **aumentar la dosis** increase the dosage
- **mantener la misma dosis** maintain the same dosage

---

[1]Present tense: disminuyo, disminuyes
disminuye, disminuimos
disminuyen

Notas culturales

- In general, there is a high incidence of hypertension among the Latino population. Also, Latinos who are economically disadvantaged exhibit a higher risk for unrecognized and untreated hypertension. Data from the Hispanic Health and Nutrition Examination Survey indicate that almost half of the Puerto Ricans surveyed with hypertension did not know they had it.
- Diet and nutrition may have a negative impact on hypertension. The following table illustrates the median intake frequency for selected foods by Hispanic Americans. An asterisk (*) indicates a higher level of consumption than that of other ethnic groups.

MEDIAN INTAKE FREQUENCY PER WEEK FOR SELECTED FOODS

Food	Male	Female
High-fiber bread or cereal	1.0	1.0
All fruit	3.4	4.2
Fruit and juice*	9.1	10.2
Dried legumes, chili*	2.0	1.0
Garden vegetables*	6.2	7.0
Potatoes	3.2	3.0
Salad	2.0	3.0
Hamburger, beef, pork*	4.0	3.2
Chicken and fish	2.3	2.0
Bacon, sausage, hot dogs, lunch meats	3.4	2.2
Beer, wine, liquors	2.6	0.1

Source: The American Cancer Society

¿Recuerdan ustedes?

Answer the following questions, basing your answers on the dialogue.

1. ¿Qué problema tiene el Sr. Castro?

_____

2. ¿Por qué cree el Sr. Castro que él no debería tener la presión alta?

_____

3. ¿A qué edad dice el médico que puede ocurrir ese problema?

_____

4. ¿Qué dice el Dr. Rivas que es importantísimo hacer?

_____

5. ¿Qué problemas puede causar la presión alta?

   _____

6. ¿Cómo podrá evitar el Sr. Castro estos problemas?

   _____

7. ¿Qué quiere el Dr. Rivas que elimine o disminuya el paciente?

   _____

8. ¿Qué más le sugiere que haga?

   _____

9. ¿Qué debe hacer el Sr. Castro si se siente peor después de tomar las pastillas?

   _____

10. Muchas veces, ¿cómo se puede resolver el problema de la hipertensión?

    _____

11. ¿Cuándo quiere empezar el tratamiento el Sr. Castro?

    _____

Para conversar

Interview a classmate, using the following questions. When you have finished, switch roles.

1. ¿Usa Ud. mucha sal en la comida?

   _____

2. ¿Tiene Ud. palpitaciones?

   _____

3. ¿Ha tenido Ud. problemas con los riñones? ¿Cuándo?

   _____

4. ¿Tiene Ud. la presión alta, baja (*low*) o normal?

   _____

5. ¿Les toma Ud. la presión a sus pacientes?

   _____

6. ¿Puede la presión alta afectar el corazón?

   _____

7. ¿Podría la presión alta causar un derrame?

   _____

8. ¿Podría un derrame causar parálisis total o parcial?

_____

9. ¿Es hereditaria la hipertensión? ¿Y la diabetes?

_____

10. Si una persona tiene la presión altísima, ¿qué le aconseja Ud. que haga?

_____

Vamos a practicar

A. Complete the following sentences, using the infinitive or the present subjunctive of the verbs given.

> *Modelo:* Yo le aconsejo que _____ (comer) menos.
>
> Yo le aconsejo que **coma** menos.

1. Yo deseo _____ (hablar) sobre los problemas que trae el alcohol.

2. Nosotros no queremos que nuestros hijos _____ (fumar).

3. Les aconsejo que _____ (ir) al hospital en seguida.

4. Ud. necesita _____ (disminuir) la cantidad de sal que usa en las comidas.

5. Quiero que la enfermera me _____ (tomar) la presión.

6. Es importante _____ (seguir) una dieta baja en colesterol.

7. Te sugiero que _____ (hacer) ejercicio todos los días.

8. Es necesario _____ (evitar) el alcohol y el tabaco.

9. El médico quiere que yo le _____ (dar) esta medicina a mi padre lo más pronto posible.

10. Es necesario que Uds. _____ (estar) en el hospital a las ocho de la mañana.

B. Write the following dialogues in Spanish.

1. "What does the doctor want you to do, Mr. Vega?"
   "He wants me to come back tomorrow, but I prefer to come this afternoon."

_____

_____

2. "I advise you to eliminate salt from your diet, Mrs. Vargas."
   "It's not going to be easy . . ."
   "It's extremely important that you do it."

   _____

   _____

   _____

Conversaciones breves

Complete the following dialogue, using your imagination and the vocabulary from this lesson.

Un paciente y una doctora:

DOCTORA —_____

PACIENTE —¿Tengo la presión alta? ¡Pero yo me siento bien… !

DOCTORA —_____

PACIENTE —Sí, debe estar apenas comenzando, porque yo no tengo ningún síntoma.

DOCTORA —_____

PACIENTE —Además de afectar el corazón, ¿qué otros problemas podría causar la presión alta?

DOCTORA —_____

PACIENTE —¡Un derrame! ¿A mi edad?

DOCTORA —_____

PACIENTE —Pues yo ya he tenido problemas con los riñones.

DOCTORA —_____

PACIENTE —Sí, uso mucha sal.

DOCTORA —_____

PACIENTE —Puedo disminuir la cantidad, pero no puedo eliminarla completamente de mi dieta.

DOCTORA —_____

PACIENTE —Pues yo no tomo ni fumo. ¿Me va a recetar algo?

DOCTORA —_____

PACIENTE —¿Por cuánto tiempo tendré que tomar la medicina?

DOCTORA —_____

En estas situaciones

What would you say in the following situations? What might the other person say?

1. You are a nurse. Tell your patient that you're going to take his/her blood pressure.

2. You are a patient. Tell your doctor that you are very nervous, that you have palpitations, and that you don't sleep very well.

3. You are the doctor. Tell your patient that high blood pressure can happen at any age and that it is important to treat it now. If he/she waits, it can affect his/her heart and a stroke could leave a person paralyzed.

4. You are the doctor, and your patient says he/she is feeling worse after taking his/her medication for high blood pressure. Tell your patient to diminish the dosage and to take only half a pill.

5. You are the doctor. Tell your patient that you suggest he/she start treatment as soon as possible.

Casos

Act out the following scenarios with a partner.

1. A doctor explains to a patient the problems high blood pressure can cause.

2. A doctor and a patient discuss how the patient can control high blood pressure.

Un paso más

A. Review the *Vocabulario adicional* in this lesson and then give advice to the following people.

1. Olga tiene palpitaciones y está muy nerviosa.

   _____

2. Rafael está tomando una pastilla al día y tiene que tomar tres.

   _____

3. Oscar tiene la presión arterial muy alta.

   _____

4. Teresa es alérgica a la codeína (*codeine*).

   _____

5. Graciela tiene problemas con el corazón.

   _____

6. Cuando Roberto toma café, se pone (*becomes*) muy nervioso.

_____

7. Magaly tiene que seguir tomando cuatro pastillas al día.

_____

B. **Read the following announcement and answer the questions.**
Remember to guess the meaning of all cognates.

Receta para una larga vida

- Mantenga un peso apropiado.
- Use una dieta variada en su alimentación.
- Incluya una variedad de legumbres° y frutas en su dieta diaria.   *vegetables*
- Coma una mayor cantidad de alimentos con alto contenido de fibra.
- Reduzca el consumo total de grasas (30% o menos de las calorías totales).
- Tome bebidas alcohólicas con moderación.
- Coma menos cantidad de alimentos curados con sal o ahumados,° o   *smoked* preservados con nitritos.

Para mayor información:
ÁREA METROPOLITANA
764-2295

SOCIEDAD AMERICANA DEL CANCER®

1. ¿A quiénes está dirigido (*directed*) este anuncio?

   _____

2. ¿Qué organización publicó (*published*) esta información?

   _____

3. Según el anuncio, ¿qué tipo de alimentos debemos incluir en la dieta diaria?

   _____

4. ¿Qué por ciento (*percent*) de las calorías que consumimos debe ser de grasas?

   _____

5. ¿Qué sugiere el anuncio con respecto a las bebidas alcohólicas?

   _____

6. De los consejos (*advice*) que dan en el anuncio, ¿cuáles sigue Ud.?

   _____

7. ¿Qué otras sugerencias (*suggestions*) le gustaría a Ud. incluir en esta lista?

   _____

🔊 *En el consultorio del Dr. Gómez, clínico*

El Dr. Gómez habla con tres de sus pacientes.

Con el Sr. Nova, que tiene diabetes:

SR. NOVA —He estado sintiendo mucho cansancio y debilidad últimamente, doctor, y me he desmayado dos o tres veces.

DR. GÓMEZ —Por los análisis veo que tiene muy alta el azúcar.

SR. NOVA —¿Entonces tengo diabetes, doctor?

DR. GÓMEZ —Sí, y es importante que Ud. siga fielmente las instrucciones
que voy a darle.

SR. NOVA —¿Voy a tener que seguir una dieta especial?

DR. GÓMEZ —Sí, y quiero que pierda peso. Además, tiene que inyectarse
insulina diariamente.

Con la Sra. Ordaz, que tiene una úlcera:

SRA. ORDAZ —Yo creo que tengo una úlcera, doctor. Tengo mucha acidez,
y generalmente, cuando tengo el estómago vacío, me duele.
Se me alivia cuando como.

DR. GÓMEZ —¿Toma algún antiácido o leche?

SRA. ORDAZ —Sí, tomo un vaso de leche y el dolor se me pasa. A veces
vomito.

DR. GÓMEZ —¿Ha notado alguna vez sangre en el vómito o la materia
fecal negra?

SRA. ORDAZ —No, nunca.

DR. GÓMEZ —Vamos a hacerle una radiografía porque temo que tenga una
úlcera.

SRA. ORDAZ —¿Puedo comer cualquier cosa?

DR. GÓMEZ —No, es necesario que evite los alimentos muy condimenta-
dos y las bebidas con cafeína. No tome bebidas alcohólicas y
no fume.

SRA. ORDAZ —¿Va a recetarme alguna medicina?

DR. GÓMEZ —Sí, voy a recetarle una medicina que cura las úlceras.

SRA. ORDAZ —Un amigo mío toma *Tagamet.* ¿Es bueno?

DR. GÓMEZ —Sí, ése es el nombre comercial de *Cimetidine*, que es una de
las medicinas usadas para el tratamiento de las úlceras. Voy a
recetársela.

Con el Sr. Rosas, anciano de ochenta y dos años:

SR. ROSAS	—Doctor, tengo muchos problemas con las hemorroides. Estoy muy estreñido. ¿Debo tomar un laxante o un purgante?
DR. GÓMEZ	—Puede tomar un laxante de vez en cuando, pero no regularmente.
SR. ROSAS	—También me duele mucho el estómago.
DR. GÓMEZ	—Vamos a hacerle un ultrasonido para ver si tiene piedras en la vesícula biliar, pero antes voy a examinarlo. Abra la boca y saque la lengua. Diga "Ah".
SR. ROSAS	—Doctor, no lo oigo bien. Creo que me estoy quedando sordo.
DR. GÓMEZ	—Ud. necesita usar un audífono.
SR. ROSAS	—Está bien. Ojalá que mi hijo me compre uno. Ah, doctor, me duelen mucho las piernas. ¿No podría recetarme algo para las várices?
DR. GÓMEZ	—Compre un par de medias elásticas. Espero que eso lo ayude.

Vocabulario

COGNADOS

el **antiácido**   antacid (medicine)
la **cafeína**   caffeine
   comercial   commercial
   elástico(a)   elastic
la **hemorroide, la almorrana**   hemorrhoid

la **instrucción**   instruction
la **insulina**   insulin
el **laxante**   laxative
   regularmente   regularly
la **úlcera**   ulcer
el **ultrasonido**   ultrasound

NOMBRES

la **acidez**   acidity, heartburn
el (la) **anciano(a)**   elderly man, elderly woman
el **audífono**   hearing aid
el **azúcar**   sugar
la **bebida**   drink, beverage
el **cansancio**   tiredness, exhaustion
el **clínico, el (la) internista**   general practitioner, internist
la **debilidad**   weakness
las **medias**   stockings, hose
   las **medias elásticas**   support stockings
el **par**   pair
la **piedra, el cálculo**   stone
el **purgante**   purgative, cathartic
las **várices, las venas varicosas**   varicose veins
el **vaso**   glass
la **vesícula biliar**   gallbladder

VERBOS

aliviarse   to feel better, to diminish (a pain)
curar   to cure
esperar   to hope
inyectar(se)   to inject (oneself)
notar   to notice
oír[1]   to hear
pasársele a uno   to pass
temer   to be afraid, to fear

ADJETIVOS

condimentado(a)   spiced, spicy
negro(a)   black
sordo(a)   deaf

---

[1]Irregular verb: **oigo, oyes, oye, oímos, oís, oyen.**

190

OTRAS PALABRAS Y EXPRESIONES

alguna vez   ever
de vez en cuando   from time to time
diariamente   daily
el dolor se me pasa   the pain goes away
fielmente   faithfully
ojalá   I hope, if only . . .
quedarse sordo(a)   to go deaf
sacar la lengua   to stick out one's tongue
últimamente   lately

Vocabulario adicional

¿Ud. ha tenido alguna vez

trastornos nerviosos?   nervous disorders
depresión?   depression
sicosis?   psychosis
ansiedad o angustia?   anxiety
ronquera?   hoarseness
problemas de los riñones?   kidney problems
las piernas inflamadas?   swollen legs
retención de líquido?   liquid retention
insomnio?   insomnia
convulsiones?   convulsions
una embolia?   embolism, clot
entumecimiento en los brazos (las piernas)?   numbness in your arms (legs)
una infección de hongo vaginal?   vaginal infection

Notas culturales

- Gastrointestinal problems are very common among Latinos as a result of their diet and their lifestyle. The high incidence rate of gallstones is a health issue of major concern for the Latino population.
- Some Spanish-speaking patients with little or no formal education may describe their illnesses according to their cultural understanding. For example, they may confuse neurological problems with nervous problems and use the term **problemas de los nervios** (*nervous problems*) to refer to mental health. Other mental illnesses and conditions may be described as a **susto** (*fright*) or **mal de ojo** (*evil eye*). Some Mexican Americans use the term **ataques** (*attacks*) to refer to seizures or epilepsy. Often these cases have biological bases and need careful and sensitive exploration by the attending physician in order to diagnose the illness accurately.

¿Recuerdan ustedes?

Answer the following questions, basing your answers on the dialogues.

1. ¿Qué problemas ha tenido últimamente el Sr. Nova?

_____

2. ¿Qué debe seguir fielmente el Sr. Nova?

_____

3. ¿Qué debe inyectarse diariamente el Sr. Nova y por qué?

_____

4. ¿Por qué cree la Sra. Ordaz que tiene una úlcera?

_____

5. ¿Cuándo se le pasa el dolor a la Sra. Ordaz?

_____

6. ¿Qué teme el doctor que tenga la Sra. Ordaz?

_____

7. ¿Qué es necesario que evite comer la señora?

_____

8. ¿Debe el Sr. Rosas tomar un laxante regularmente?

_____

9. ¿Por qué quiere el doctor hacerle un ultrasonido al Sr. Rosas?

_____

10. ¿Qué debe usar él para poder oír mejor? ¿Qué espera que haga su hijo?

_____

11. ¿Qué le recomienda el doctor que use para las várices?

_____

Para conversar

Interview a classmate, using the following questions. When you have finished, switch roles.

1. ¿Se ha desmayado Ud. alguna vez?

_____

2. ¿Le han hecho un ultrasonido alguna vez? ¿Por qué?

_____

3. ¿Tiene Ud. azúcar en la sangre? ¿En la orina?

_____

4. ¿Ha sentido Ud. mucho cansancio o debilidad últimamente?

_____

5. ¿Tiene Ud. acidez?

_____

6. ¿Consume Ud. (*Do you consume*) mucha cafeína? ¿Cuántas tazas de café toma al día?

   _____

7. ¿Cuáles son algunos de los alimentos que Ud. no debe comer?

   _____

8. ¿Sigue Ud. fielmente las instrucciones de su doctor?

   _____

9. Si Ud. tiene dolor de cabeza, ¿se le pasa el dolor cuando toma aspirinas?

   _____

10. Tengo mucha acidez. ¿Qué debo tomar?

    _____

11. ¿Es malo que yo tome purgante regularmente?

    _____

12. Una amiga mía tiene várices. ¿Qué le recomienda Ud. que haga?

    _____

Vamos a practicar

A. **Complete the following sentences, using the subjunctive, the indicative, or the infinitive of the verbs given.**

Modelo: Temo que él no _____ (poder) venir hoy.

Temo que él no **pueda** venir hoy.

1. Temo que ella _____ (tener) diabetes.

2. Es mejor que Ud. _____ (seguir) una dieta especial.

3. Temo no _____ (poder) comprarte un audífono.

4. Es necesario _____ (inyectarse) insulina diariamente.

5. Ojalá que ellos no _____ (desmayarse).

6. Es importante que nosotros no _____ (comer) nada condimentado.

7. El doctor teme que yo _____ (tener) cálculos en la vesícula biliar.

8. Es difícil _____ (evitar) eso.

9. No es necesario que Ud. _____ (tomar) purgante diariamente.

10. Es seguro que ellos _____ (necesitar) medias elásticas.

11. Es importante que tú _____ (seguir) un tratamiento.

12. Ojalá que se le _____ (pasar) el dolor.

B. Change the following adjectives to adverbs.

   Modelo: raro (*rare*)

   raramente

1. fácil _____   6. total _____

2. necesario _____   7. regular _____

3. general _____   8. completo _____

4. especial _____   9. normal _____

5. frecuente _____   10. directo _____

C. Use the adverbs you wrote in Exercise B to complete the following sentences.

   Modelo: Ella _____ me visita.

   Ella **raramente** me visita.

1. Ella puede hacer eso _____.

2. _____ tomo la medicina después de las comidas.

3. A veces me duele el estómago, _____ cuando tengo hambre.

4. El señor es _____ sordo.

5. Tiene que hablar _____ con el médico. No hable con la recepcionista.

6. Ella habla con el especialista _____. Habla dos o tres veces por semana.

7. El cuarto está _____ vacío.

8. Tienes que ir al hospital, pero no _____ los lunes.

Conversaciones breves

Complete the following dialogues, using your imagination and the vocabulary from this lesson.

A. Una doctora y un paciente que tiene diabetes:

DOCTORA —_____

PACIENTE —Sí, últimamente he sentido mucho cansancio.

DOCTORA —_____

194

PACIENTE —¿Una dieta especial? ¿Es para perder peso?

DOCTORA —_____

B. Un médico y una paciente que cree tener úlceras:

DOCTOR —_____

PACIENTE —Sí, tengo mucha acidez y dolor de estómago.

DOCTOR —_____

PACIENTE —Tomo un antiácido o un vaso de leche, y el dolor se me pasa.

DOCTOR —_____

PACIENTE —No, nunca vomito.

DOCTOR —_____

PACIENTE —Sí, ayer noté un poco de sangre en las heces fecales.

En estas situaciones

What would you say in the following situations? What might the other person say?

1. You are the doctor. Tell your patient to stick out his/her tongue and say "ah."

2. You are a patient. Tell your doctor your left side hurts sometimes. Ask the doctor if the pain could be caused by gallstones because your mother had them.

3. You are the doctor. Tell your patient that you think he/she has a gallbladder problem and you're going to do an ultrasound. Explain to the person that he/she should avoid spicy food and that it is better not to drink alcoholic beverages.

4. You are a patient. Tell your doctor that you don't hear people well when they speak. Ask him/her if you are going deaf.

Casos

Act out the following scenarios with a partner.

1. A doctor examines a patient who might be diabetic.

2. A doctor examines and prescribes treatment for a patient who has an ulcer.

Un paso más

A. **Review the *Vocabulario adicional* in this lesson and then write what medical conditions the following people have.**

1. Rosa no puede dormir por la noche.

   _____

2. El niño tiene epilepsia (*epilepsy*).

   _____

3. A Celita le recetaron calmantes.

   _____

4. Carmen tiene que sentarse con las piernas en alto (*up*).

   _____

5. A Luis le duele la garganta (*throat*) y tiene dificultad para hablar.

   _____

6. El médico le recetó un diurético (*diuretic*) a Gloria.

   _____

7. Guillermo tiene problemas cuando orina.

   _____

8. A Carlos muchas veces se le duermen los pies.

   _____

9. El médico le recetó *Monistat* a Marta.

   _____

B. Read these descriptions of services offered at the Hospital Edgardo Rebagliati Martins and answer the questions on page 198. Remember to guess the meaning of all cognates.

Unidad de hemorragia digestiva

Es una unidad operativa de cuidados inter-medios para aquellos pacientes que ingresan al hospital con hemorragias digestivas pro-vocadas por úlcera duodenal, gastritis hemo-rrágica y úlcera gástrica. En esta unidad, con capacidad para seis pacientes, se atienden° 600 casos de hemorragia digestiva al año. La unidad cuenta con una sala especial para llevar a cabo° laparoscopia diagnóstica y tera-péutica. Asimismo,° cuenta con un ambiente° altamente técnico para realizar endoscopia digestiva diagnóstica (por ejemplo: biopsias) y terapéutica (por ejemplo: extracción de pe-queños tumores en el estómago). El equipo° de endoscopia computarizado es uno de los más modernos del país.°

se... are attended

llevar.... to carry out
Also / atmosphere

equipment

country

Servicio de sonografía

Este servicio médico cuenta con seis ecó-grafos de tiempo real: equipos muy sofis-ticados y entre los más completos del medio. El ecógrafo se emplea° para diagnosticar diversas patologías mediante la técnica del ultrasonido. Permite descubrir° tumores, lesiones inflamatorias y detectar a tiempo° un cáncer del ovario o de la próstata. También tiene aplicación en el área ginecológica y obstétrica, y sirve como guía° para realizar biopsias de tumores y drenajes° de abscesos. El servicio está considerado entre los más modernos de América Latina y atiende a cien pacientes diariamente.

se... is employed

to discover
a.... on time

guide
drainage

1. ¿Qué problemas médicos pueden causar una hemorragia digestiva?

   _____

2. ¿Qué tipo de cirugía pueden hacer en la sala especial?

   _____

3. ¿Para qué usan el equipo de endoscopia?

   _____

4. ¿Cuántos ecógrafos tiene este hospital? ¿Y cuántos tiene su hospital?

   _____

5. ¿Qué problemas se pueden detectar con el ultrasonido?

   _____

6. ¿Se usa mucho el servicio de sonografía? ¿Cómo lo sabe?

   _____

💿 *En la clínica de drogadictos*

La Srta. Muñoz, coordinadora del Programa Antidrogas, está hablando con Mario Acosta, un muchachito de quince años.

SRTA. MUÑOZ	—Dime, ¿cuánto tiempo hace que tomas drogas, Mario?
MARIO	—No sé… unos dos años.
SRTA. MUÑOZ	—¿Alguna vez tuviste hepatitis o alguna otra enfermedad del hígado?
MARIO	—No sé, pero creo que no.
SRTA. MUÑOZ	—¿Cuándo fue la última vez que fuiste al médico?
MARIO	—Hace como cuatro o cinco años.
SRTA. MUÑOZ	—¿Tomas bebidas alcohólicas?
MARIO	—Sí, cerveza o vino… a veces, pero no creo que eso me haga daño…
SRTA. MUÑOZ	—¿Tomas anfetaminas?
MARIO	—Sí.
SRTA. MUÑOZ	—¿Cuándo empezaste a tomar drogas diariamente?
MARIO	—Cuando tenía trece años.
SRTA. MUÑOZ	—¿Cuántas veces por día?
MARIO	—Tres veces.
SRTA. MUÑOZ	—¿Cuál es la dosis? ¿Cuántos globos compras?
MARIO	—Seis… a veces ocho o nueve…
SRTA. MUÑOZ	—Dime, ¿te inyectas la droga en la vena o la fumas?
MARIO	—La fumo… a veces también me la inyecto.
SRTA. MUÑOZ	—¿Te han hecho la prueba del SIDA?
MARIO	—No.
SRTA. MUÑOZ	—¿Cuándo fue la última vez que trataste de dejar las drogas?
MARIO	—La semana pasada.
SRTA. MUÑOZ	—¿Y cuánto tiempo pudiste estar sin tomar drogas?
MARIO	—Un día y medio… Dudo que pueda aguantar más tiempo. ¿Hay algo que me puedan dar para ayudarme?
SRTA. MUÑOZ	—Estoy segura de que aquí podremos ayudarte. Ven conmigo.
MARIO	—No hay nadie que pueda hacer nada por mí.
SRTA. MUÑOZ	—No digas eso. Llena esta planilla y el médico te verá en seguida.
MARIO	—Mi hermanita, que tiene 12 años, empezó a fumar mariguana… ¿Puedo traerla?
SRTA. MUÑOZ	—Sí, tráela cuanto antes.

PLANILLA

Favor de contestar las siguientes preguntas:

1. ¿Está siguiendo tratamiento médico? .... *Sí* ....
   ....

2. ¿Tiene Ud. algunas limitaciones o incapacidades físicas? .... *No* ....

3. ¿Está recibiendo actualmente algún tratamiento por problemas mentales? .... *No* ....

4. ¿Estuvo Ud. alguna vez en algún hospital para enfermos mentales o bajo tratamiento psiquiátrico por

   otros problemas? .... *No* ....

5. PARA MUJERES: Fecha de su última visita al ginecólogo. .... *2/13/99* ....

HISTORIA CLÍNICA

	SÍ	NO	Fecha y lugar del tratamiento
Hepatitis		X	
Ataques al corazón		X	
Epilepsia		X	
Tuberculosis		X	
Diabetes		X	24/3/99
Úlcera	X		Hospital General
Abortos		X	
Aborto natural	X		12/5/94
Problemas de alcoholismo		X	
Abscesos		X	
Enfermedades venéreas		X	25/8/95
Problemas dentales	X		Clínica Dental Fabio
Alergias		X	

Resumen: ....
....
....
....
....

Vocabulario

COGNADOS

la alergia allergy	**el (la) drogadicto(a)** drug addict
la anfetamina amphetamine	**la epilepsia** epilepsy
antidroga antidrug	**la hepatitis** hepatitis
el (la) coordinador(a) coordinator	**la limitación** limitation
dental dental	**la mariguana, marihuana**[1] marijuana
la droga drug	**mental** mental
	el programa program

NOMBRES

el ataque al corazón, el infarto heart attack
la cerveza beer
el (la) enfermo(a) sick person
la fecha date
el globo balloon (drug dosage)
el (la) hermano(a) brother; sister
la incapacidad disability
el lugar place
el (la) muchacho(a) boy, young man; girl, young
 woman
el resumen summary
el SIDA[2] AIDS
el vino wine

VERBOS

aguantar to stand, to tolerate, to bear
decidir to decide
dudar to doubt
recibir to receive

OTRAS PALABRAS Y EXPRESIONES

actualmente currently, at the present time
bajo tratamiento psiquiátrico under psychiatric
 treatment
favor de please
hace como (cinco años) about (five years) ago
hacer daño to hurt
por mí for me, on my behalf
¿Te (Le) han hecho la prueba de… ? Have you
 been tested for… ?

Vocabulario adicional

TIPOS DE DROGAS

el ácido LSD
la cocaína, la coca[3] cocaine
el crac[4] crack
los esteroides anabólicos anabolic steroids
el éxtasis ecstasy
el hachich, el hachís hashish
la heroína[5] heroin
el leño, la cucaracha, el porro joint
la metadona methadone
la morfina morphine
el opio opium
el PCP, el polvo de ángel angel dust
el porro mortal killer joint

adicto(a) addicted
las alucinaciones hallucinations
el delírium tremens DT's
la desintoxicación detoxification
endrogarse[6] to take drugs, to become addicted to
 drugs
la jeringuilla, la jeringa hipodérmica
 hypodermic syringe
pullar to shoot up (*Caribe*)
la sobredosis overdose

---

[1]Colloquialisms: **la yerba, el pito, el pasto**
[2]**Síndrome de Inmunodeficiencia Adquirida**
[3]Colloquialisms: **el perico, el polvo**
[4]Colloquialisms: **la piedra, la roca, la coca cocinada**
[5]Colloquialism: **la manteca** (*Caribe*)
[6]Colloquialism: **dar un viaje, tripear**

Notas culturales

- Alcoholism and cirrhosis are important health issues that affect the Hispanic American population; the incidence rate is particularly high among Mexican Americans and Puerto Ricans. In addition, Hispanic Americans have a disproportionate number of deaths due to narcotic addictions. In the Hispanic Health and Nutrition Survey, 21.5% of Puerto Ricans reported having used cocaine, while the figure was 11.1% for Mexican Americans and 9.2% for Cuban Americans.
- In Spanish, the word **droga** does not mean *medicine* as in English. Latinos use this term to refer to narcotics and other illegal drugs. Similarly, a **droguero(a)** is a person who uses or sells illicit drugs.

¿Recuerdan ustedes?

Answer the following questions, basing your answers on the dialogue.

1. ¿Cuánto tiempo hace que Mario toma drogas?

_____

2. ¿Ha tenido Mario hepatitis o alguna otra enfermedad del hígado?

_____

3. ¿Qué bebidas alcohólicas toma Mario?

_____

4. ¿Cuándo empezó Mario a tomar drogas diariamente?

_____

5. ¿Cuántos globos compra Mario?

_____

6. ¿Mario se inyecta la droga en la vena o la fuma?

_____

7. ¿Cuándo fue la última vez que Mario trató de dejar las drogas?

_____

8. ¿Cuánto tiempo pudo estar sin tomar drogas?

_____

9. ¿Hay alguien en la clínica que pueda ayudar a Mario?

_____

10. ¿Qué debe llenar Mario?

_____

11. ¿Qué problema tiene la hermanita de Mario? ¿Cuántos años tiene?

_____

12. ¿Qué le dice la Srta. Muñoz a Mario que haga?

_____

Para conversar

Interview a classmate, using the following questions. When you have finished, switch roles.

1. ¿Toma Ud. bebidas alcohólicas? ¿Cuáles?

_____

2. ¿Ha tenido Ud. alguna vez una enfermedad del hígado? ¿Cuál?

_____

3. ¿Conoce Ud. a alguien que use drogas?

_____

4. ¿Es peligroso tomar bebidas alcohólicas y drogas al mismo tiempo? ¿Por qué?

_____

5. ¿Qué drogas hacen más daño: las que se fuman o las que se inyectan?

_____

6. ¿Cuál cree Ud. que es la droga más peligrosa? ¿Por qué?

_____

7. ¿Cree Ud. que es fácil dejar de usar drogas? ¿Por qué?

_____

8. ¿Conoce Ud. algún programa especial para ayudar a los drogadictos? ¿Cómo se llama?

_____

Vamos a practicar

A. **Complete the following sentences, using the present subjunctive or the present indicative of the verbs given.**

Modelo: Yo no creo que él _____ (saber) mi dirección.

Yo no creo que él **sepa** mi dirección.

1. Yo creo que él _____ (tomar) anfetaminas, pero dudo que _____ (ser) drogadicto.

2. Estoy seguro de que ella _____ (estar) bajo tratamiento psiquiátrico.

3. El médico duda que estas medicinas te _____ (hacer) daño.

4. Es verdad que ella _____ (ser) la coordinadora del programa, pero no es verdad que _____ (venir) a la clínica todos los días.

5. No creo que Ud. _____ (tener) hepatitis.

6. Yo no dudo que él _____ (comprar) ocho o nueve globos.

7. ¿Hay alguien que _____ (poder) ayudar a ese muchachito?

8. Conozco a alguien que _____ (saber) tratar las incapacidades físicas.

9. Aquí hay muchas personas que _____ (beber) cerveza, pero no hay nadie que _____ (beber) vino.

10. No hay ninguna enfermera que _____ (querer) trabajar con ese médico.

B. Write the following dialogues in Spanish.

1. "Is there anyone in your family who has epilepsy?"
"I don't know, but I don't think so."

_____

_____

2. "I need the girl's address and phone number."
"The receptionist has her phone number, but there's nobody who knows her address."

_____

_____

_____

3. "Have they been tested for AIDS?"
"I don't think they have AIDS."

_____

_____

4. "It's true that I drink a little, but it isn't true that I can't live without alcohol."
"It's better not to drink."

_____

_____

_____

Conversaciones breves

Complete the following dialogue, using your imagination and the vocabulary from this lesson.

Una drogadicta y la coordinadora del programa:

COORDINADORA —_____

PACIENTE —Hace unos tres años que tomo drogas.

COORDINADORA —_____

PACIENTE —Sí, tuve hepatitis.

COORDINADORA —_____

PACIENTE —La última vez que fui al médico fue hace dos años.

COORDINADORA —_____

PACIENTE —Empecé a tomar drogas cuando tenía catorce años.

COORDINADORA —_____

PACIENTE —No, nunca traté de dejar las drogas.

COORDINADORA —_____

PACIENTE —No creo que nadie pueda ayudarme.

En estas situaciones

What would you say in the following situations? What might the other person say?

1. You work in a drug abuse clinic. Ask your patient how long he/she has been on drugs and what drugs he/she is taking. Then find out if the person has tried to quit taking drugs.

2. You are interpreting for a drug addict. Tell the doctor that the patient takes amphetamines daily and drinks beer often.

3. You are a doctor. Ask your patient if he/she has been tested for AIDS and if he/she has ever had hepatitis.

Casos

Act out the following scenarios with a partner.

1. A coordinator in a drug abuse clinic interviews a drug addict about his/her addiction.

2. A coordinator takes the clinical history of a drug addict. Use the form on page 206 as a basis for your conversation.

PLANILLA

Favor de contestar las siguientes preguntas:

1. ¿Está siguiendo tratamiento médico?...

     ....

2. ¿Tiene Ud. algunas limitaciones o incapacidades físicas?..

     ....

3. ¿Está recibiendo actualmente algún tratamiento por problemas mentales?..

     ....

4. ¿Estuvo Ud. alguna vez en algún hospital para enfermos mentales o bajo tratamiento psiquiátrico por

     otros problemas?...

     ....

5. PARA MUJERES: Fecha de su última visita al ginecólogo. ....

HISTORIA CLÍNICA

	SÍ	NO	Fecha y lugar del tratamiento
Hepatitis			
Ataques al corazón			
Epilepsia			
Tuberculosis			
Diabetes			
Úlcera			
Abortos			
Aborto natural			
Problemas alcohólicos			
Abscesos			
Enfermedades venéreas			
Problemas dentales			
Alergias			

Resumen: ....

....

....

....

....

Un paso más

A. Review the *Vocabulario adicional* in this lesson and then complete the sentences.

1. El _____ y el _____ son drogas que se fuman.

2. El médico me inyectó _____ para el dolor.

3. Tiene alucinaciones porque usó _____ .

4. Murió (*He died*) de una _____ de heroína.

5. Carmen es _____ a la cocaína.

6. El _____ es una droga barata (*cheap*).

7. Para inyectarme necesito una _____ .

8. Está en un programa de _____ . Le están dando metadona.

B. Read the following information about drugs published by the Department of Health and Human Services and then answer the questions. Remember to guess the meaning of all cognates.

¿Cuáles son los peligros físicos de las drogas que contienen opio?

Los peligros físicos dependen del tipo de droga que se consuma, de su fuente°, de la dosis y de la forma en que se consuma. La mayoría de los peligros son ocasionados por consumir una cantidad excesiva de una droga, por utilizar agujas no esterilizadas, por contaminación de la propia° droga o por combinar la droga con otras substancias. A la larga,° las personas que consumen estas drogas pueden contraer infecciones de los tejidos° que revisten el corazón y las válvulas, abscesos de la piel y congestión pulmonar. Las infecciones ocasionadas por soluciones, jeringas y agujas no esterilizadas pueden producir enfermedades tales como el tétano, la hepatitis serosa y el SIDA.

source

itself

A.... In the long run

tissues

1. Cuando se consumen drogas que contienen opio, ¿de qué dependen los peligros físicos?

   _____

2. ¿Es peligroso combinar las drogas con otras substancias?

   _____

3. ¿Cómo afectan estas drogas el corazón?

   _____

4. ¿Qué pueden producir en los pulmones (*lungs*)?

   _____

5. ¿Qué enfermedad del hígado pueden causar?

   _____

6. ¿Qué producen en la piel?

   _____

🔊 *Consejos útiles*

Una madre joven habla con el pediatra de su bebé.

MADRE	—Quería hacerle algunas preguntas, doctor.
PEDIATRA	—Muy bien.
MADRE	—Todavía tengo miedo de dejar al bebé solo en la cuna…
PEDIATRA	—En la cuna está seguro, si no hay en ella objetos peligrosos como alfileres, monedas, botones, bolsas de plástico, etcétera.
MADRE	—¿Puede usar su almohadita?
PEDIATRA	—No use almohadas; pueden sofocar al niño.
MADRE	—El otro día, tomando el biberón, el bebé se atragantó; y no sé por qué… Me asusté mucho.
PEDIATRA	—Quizás el agujero del biberón es demasiado grande.
MADRE	—Voy a revisarlo, pero no creo que haya sido eso… Cuando empiece a gatear y a pararse voy a tener más problemas.
PEDIATRA	—En cuanto empiece a andar por la casa, tiene que tener mucho más cuidado porque el bebé puede envenenarse con muchas de las cosas que hay en la casa, como lejía, tintes, insecticidas, pinturas, detergentes, maquillajes, etcétera. En este folleto encontrará Ud. otras instrucciones útiles.

Instrucciones

1. El niño no debe estar cerca del horno, de la estufa, de la plancha, de los fósforos, de los líquidos calientes ni de los objetos eléctricos.
2. Si el niño se quema, trate la quemadura con agua, no con hielo. Nunca ponga yodo ni mantequilla en la quemadura. Si ésta es grave, lleve al niño al médico.
3. Ponga enchufes de seguridad sobre los tomacorrientes que no use y tape con muebles los que están en uso.
4. En caso de cortaduras y rasguños, limpie la herida con agua y jabón y cúbrala con un vendaje. Si la herida es profunda, llame al médico. Si sangra mucho, aplique presión sobre la herida y llévelo al médico.
5. No deje al niño al sol por mucho tiempo, y póngale un gorro. Para un niño pequeño, dos minutos por día es suficiente.
6. No deje al niño solo en la casa, ni en la bañadera ni en la piscina, ni en el coche.
7. Haga vacunar a sus niños antes de que empiecen a ir a la escuela.
8. En su casa y en el carro tenga simpre un botiquín o un estuche de primeros auxilios con lo siguiente:

cinta adhesiva	agua oxigenada
curitas	crema antibacteriana
gasa	antihistamínico (líquido de *Benadryl*)
pinzas	ungüento para quemaduras menores
tijeras	ipecacuana
termómetro	*Tylenol*
alcohol	

Tenga también los números de teléfono del centro de envenenamiento, de los paramédicos, del hospital y de su médico.

🔊 Vocabulario

COGNADOS

el antihistamínico   antihistamine
el detergente   detergent
el insecticida   insecticide
el objeto   object
el (la) paramédico(a)   paramedic
el plástico   plastic

NOMBRES

el agua oxigenada   hydrogen peroxide
el agujero, el hueco   hole
el alfiler   pin
la bañadera, la bañera   bathtub
el botiquín   medicine chest, medicine cabinet
la casa   house
el centro de envenenamiento   poison center
la cinta adhesiva   adhesive tape
el consejo   advice
la cortadura   cut
la cuna   crib, cradle
el enchufe de seguridad   electrical plug cover
el estuche (de primeros auxilios), el botiquín de primeros auxilios   first-aid kit
la estufa, la cocina   stove
el fósforo, la cerilla   match
el gorro   bonnet, cap
el horno   oven
la ipecacuana   ipecac
la lejía   bleach
el maquillaje   makeup
la moneda   coin
el mueble   piece of furniture
la pintura   paint
las pinzas   tweezers
la piscina, la alberca (*Méx.*)   swimming pool
la plancha   iron
los primeros auxilios   first aid
el rasguño   scratch
el sol   sun
el teléfono   telephone
las tijeras   scissors
el tinte   dye
el tomacorrientes   electrical outlet, socket
el vendaje, la venda   bandage
el yodo   iodine

VERBOS

andar   to walk
aplicar   to apply
asustarse   to be scared, to be frightened
atragantarse   to choke
envenenar(se)   to poison (oneself)
gatear, andar a gatas   to crawl
sofocar(se)   to suffocate (oneself)

ADJETIVOS

profundo(a), hondo(a)   deep
seguro(a)   safe
solo(a)   alone
útil   useful

OTRAS PALABRAS Y EXPRESIONES

en cuanto, tan pronto como   as soon as
demasiado   too much
hacer preguntas   to ask questions
tener miedo   to be afraid

Vocabulario adicional

EL CUIDADO DE LOS BEBÉS

el babero bib
cambiar el pañal to change the diaper
el cochecito baby carriage
la comidita de bebé baby food
la loción para bebé baby lotion

el pañal diaper
 el pañal desechable disposable diaper
los pañuelos de papel tissues
la sillita alta high chair
el talco para bebé baby powder
la toallita washcloth

ponerse {
rojo(a) to turn red
azul to turn blue
blanco(a) to turn white
pálido(a) to turn pale

Notas culturales

- Hispanic cultural traditions stress the importance of family as a social unit. Within this unit, Latino families exhibit interdependence, affiliation, and cooperation. For example, grandmothers are often involved in the daily care and raising of their grandchildren.
- When communicating with a Latino patient, health care providers should remember that they are often, either directly or indirectly, speaking with the patient's family. Frequently, important decisions are made by entire families, not individuals, and patients may discuss a physician's diagnosis and recommendations for treatment with their families before deciding to follow them. In many families, it is the mother, and sometimes the grandmother, who makes the decisions regarding health and illness.

¿Recuerdan ustedes?

Answer the following questions, basing your answers on the dialogue.

1. ¿Por qué quiere hablar la madre con el pediatra de su bebé?

   _____

2. ¿De qué tiene miedo la madre todavía?

   _____

3. ¿Qué objetos no debe ella dejar en la cuna del bebé?

   _____

4. ¿Por qué no debe usar almohada el bebé?

   _____

5. ¿Por qué debe tener más cuidado la madre cuando el bebé comience a andar?

   _____

6. ¿Con qué cosas de la casa puede envenenarse el bebé?

   _____

7. ¿Qué le da el pediatra a la madre?

   _____

8. ¿Qué dice el folleto que es necesario hacer cuando una herida sangra mucho?

   _____

9. ¿Qué debe ponerse sobre los tomacorrientes que no se están usando?

   _____

10. ¿Qué deben hacer los padres antes de que sus hijos empiecen a ir a la escuela?

    _____

Para conversar

Interview a classmate, using the following questions. When you have finished, switch roles.

1. ¿Se atragantó Ud. alguna vez? ¿Con qué?

   _____

2. ¿Tiene Ud. un botiquín de primeros auxilios en su casa? ¿Qué cosas tiene en él?

   _____

3. ¿Qué cosas tiene Ud. en su casa que deben estar fuera del alcance (*out of reach*) de los niños?

   _____

4. Mi bebé tiene tres meses. ¿Cuánto tiempo puedo dejarlo al sol?

   _____

5. Mi hijo se quemó la mano. ¿Qué debo hacer?

   _____

6. ¿Cómo debe ser el agujero del biberón para darle leche a mi bebé?

   _____

7. Tengo un rasguño en el brazo. ¿Qué debo hacer?

   _____

8. ¿Por qué son peligrosas las bolsas de plástico para los niños pequeños?

   _____

9. ¿Con qué pueden quemarse los niños?

_____

10. ¿Qué cosas que hay en la casa son generalmente peligrosas para un niño?

_____

Vamos a practicar

A. **Complete the following sentences, using the present perfect subjunctive or the present perfect indicative of the verbs given.**

> *Modelo:*   No hay nadie que _____ (estar) enfermo.
>
>   No hay nadie que **haya estado** enfermo.

1. Creo que el niño _____ (envenenarse).

2. Temo que ellos _____ (dejar) al bebé en el sol.

3. Dudan que nosotros _____ (aplicar) presión sobre la herida.

4. No es verdad que tú _____ (poner) yodo en la quemadura.

5. Ojalá que el bebé no _____ (sofocarse).

6. Es verdad que él _____ (tapar) todos los tomacorrientes.

B. **You are needed as an interpreter. Give the Spanish equivalent of the following.**

1. When the child starts to crawl, I will have to be more careful.

_____

2. When the baby started choking, I called the paramedics immediately.

_____

3. The nurse is going to call me as soon as they know something.

_____

4. I will have to treat the burn before we can take her to the hospital.

_____

5. As soon as I wash the wound, I will put a bandage on it.

_____

6. You will have to wait until the doctor finishes his examination, Mrs. Vega.

_____

Conversaciones breves

Complete the following dialogue, using your imagination and the vocabulary from this lesson.

La pediatra y una madre:

MADRE —Buenos días, doctora.

PEDIATRA —_____

MADRE —Sí, tengo varias preguntas. La primera es, ¿necesita el bebé una almohadita?

PEDIATRA —_____

MADRE —¿Es peligroso dejar al bebé solo en la cuna?

PEDIATRA —_____

MADRE —A veces el bebé se atraganta cuando toma el biberón. ¿Por qué es eso?

PEDIATRA —_____

MADRE —Voy a revisar bien el biberón. ¡Ah! El otro día mi hijo Antonio se quemó la mano y no sabía qué ponerle. ¿Qué es bueno para una quemadura?

PEDIATRA —_____

MADRE —Creo que el bebé necesita estar en el sol… ¿Cuánto tiempo puedo dejarlo al sol?

PEDIATRA —_____

MADRE —Bueno… no tengo más preguntas hoy. Gracias por todo.

En estas situaciones

What would you say in the following situations? What might the other person say?

1. You are a nurse. Advise a parent to keep his/her child away from the oven, stove, iron, matches, hot liquids, and electrical appliances (objects) so that the child doesn't burn himself/herself.

2. You are a parent. Tell the babysitter not to leave your daughter alone in the house or the bathtub. Remind him/her to feed the child at 6:00.

3. You are a nurse. Ask a parent if his/her children have been vaccinated. Then tell him/her they should be immunized before they start school.

4. You are a nurse. Explain to a parent with small children what items he/she should keep in the medicine cabinet.

Casos

Act out the following scenarios with a partner.

1. A nurse and a young mother/father with a toddler discuss common household dangers.

2. A pediatrician and a mother/father discuss child care.

Un paso más

A. **Review the *Vocabulario adicional* in this lesson and then write what you would do in the following situations.**

1. Después de bañar al bebé:

   _____

2. Cuando el bebé tiene hambre:

   _____

   _____

   _____

3. Cuando el bebé orina:

   _____

4. Cuando el bebé tiene la piel seca (*dry*):

   _____

5. Para limpiarle las manos y la cara al bebé:

   _____

6. Para limpiarle la nariz (*nose*) al bebé:

   _____

7. Cuando yo quiero ir a caminar y llevar al bebé:

   _____

B. **Complete the following sentences.**

1. El bebé no podía respirar y se puso _____.

2. El bebé lloró (*cried*) mucho y se puso _____.

3. El bebé orinó y le tuve que _____ el pañal.

4. No me gustan los pañales de tela (*cloth*); prefiero los pañales _____.

5. El bebé se asustó y se puso _____.

Lección

20

🔘 *En el consultorio del cardiólogo*

Con el Sr. Calles:

El Sr. Calles tiene algunos problemas que podrían indicar que sufre del corazón, y su médico le dijo que viera al cardiólogo.

DOCTOR —¿Le ha dicho su médico que Ud. tiene problemas con el corazón?

SR. CALLES —No, pero tengo algunos síntomas que podrían indicar un problema, y mi médico me dijo que viniera a verlo a Ud.

DOCTOR —¿Ha tenido alguna vez fiebre reumática o temblores en las extremidades?

SR. CALLES —No, nunca.

DOCTOR —¿Le duele el pecho o siente alguna opresión cuando hace ejercicio?

SR. CALLES —Sí, a veces tengo dolor y me falta el aire… cuando subo una escalera, por ejemplo…

DOCTOR —¿Es un dolor sordo o agudo?

SR. CALLES —Es un dolor agudo.

DOCTOR —¿Le late el corazón muy rápidamente a veces?

SR. CALLES —Sí, cuando corro.

DOCTOR —¿Tiene a veces sudor frío después de un ejercicio violento?

SR. CALLES —No.

DOCTOR —¿Algún pariente cercano suyo ha tenido alguna vez un ataque al corazón antes de los sesenta años?

SR. CALLES —Bueno, un tío, el hermano de mi mamá, murió de un ataque al corazón a los cincuenta años.

DOCTOR —Ajá… ¿Tiene calambres en las piernas cuando camina varias cuadras?

SR. CALLES —Bueno, si yo caminara, tal vez tendría calambres, pero casi nunca camino.

DOCTOR —¿Le han encontrado el ácido úrico elevado en la sangre alguna vez?

SR. CALLES —No.

DOCTOR —Bueno, antes de comenzar ningún tratamiento, vamos a hacerle un electrocardiograma.

Con el Sr. Luna:

El cardiólogo habla con el Sr. Luna sobre el marcapasos que el paciente necesita.

DOCTOR —Le voy a colocar en el pecho, debajo de la piel, una caja pequeña que contiene baterías.

SR. LUNA —¿Eso me va a mejorar?

DOCTOR	—Sí, con el marcapasos, su corazón va a latir mejor.
SR. LUNA	—¿Voy a estar despierto cuando me lo haga?
DOCTOR	—No, va a estar dormido.
SR. LUNA	—El otro médico me dijo que le preguntara si tendría ciertas limitaciones.
DOCTOR	—Bueno, llámeme si le dicen que Ud. necesita una radiografía. Tiene que avisarles que Ud. tiene un marcapasos.
SR. LUNA	—¿Qué otras precauciones debo tomar?
DOCTOR	—Si va al dentista, dígale que tiene un marcapasos.
SR. LUNA	—¿Cuánto tiempo me van a durar las baterías del marcapasos?
DOCTOR	—Le van a durar entre diez y quince años.

 **Vocabulario**

COGNADOS

la batería battery
el (la) cardiólogo(a) cardiologist
el electrocardiograma electrocardiogram
elevado(a) elevated
rápidamente rapidly
úrico(a) uric
violento(a) violent

NOMBRES

la caja box
el calambre cramp
la cuadra block
las extremidades limbs
la fiebre reumática rheumatic fever
el marcapasos pacemaker
la opresión tightness
el (la) pariente relative
  (el (la) pariente cercano(a) close relative
el sudor sweat
el temblor tremor, shaking
el (la) tío(a) uncle, aunt

VERBOS

contener[1] to contain
durar to last
latir to beat
mejorar to make better, to improve
morir (o:ue) to die

ADJETIVOS

agudo(a), punzante sharp, stabbing
cercano(a) near
cierto(a) certain
despierto(a) awake
dormido(a) asleep
sordo(a) dull (pain)

OTRAS PALABRAS Y EXPRESIONES

casi nunca hardly ever
entre between
faltarle algo a uno to be lacking something
faltarle el aire a uno to have shortness of breath
por ejemplo for example
tal vez perhaps

---

[1]**Contener** is conjugated like **tener**.
[2]Irregular first person: **yo padezco**.

Vocabulario adicional

El (La) paciente
{
tiene un coágulo   has a coagulum
tiene un soplo cardíaco   has a (heart) murmur
tiene taquicardia   has tachycardia
tiene la urea alta (uremia)   has uremia
tiene las arterias obstruidas   has clogged arteries
necesita ser monitorizado(a)   needs to be monitored
necesita una operación de corazón abierto   needs open-heart surgery
necesita nitroglicerina   needs nitroglycerin
necesita un anticoagulante   needs an anticoagulant
necesita una angioplastía   needs an angioplasty
necesita un trasplante de corazón   needs a heart transplant
necesita un puente coronario   needs a bypass
}

LOS PARIENTES[1]

---

[1]The words in the family tree are not recorded on the audio program.

el (la) **hermanastro(a)**   stepbrother, stepsister
el (la) **hijastro(a)**   stepchild
la **madrastra**   stepmother
el **padrastro**   stepfather

Notas culturales

Although the number of cardiovascular deaths is declining in the U.S., smoking-related cancer deaths continue to rise. Of particular concern for health care professionals are the statistics revealing an increase in tobacco use among teenagers. The first-ever report on tobacco use by ethnic and racial minorities was made public by the U.S. Surgeon General in 1998 (Atlanta: U.S. Department of Health and Human Services, Office on Smoking and Health). A study carried out by the Office on Smoking and Health and by the Division of Adolescent and School Health show that the prevalence of current cigarette smoking among high school students increased 32% from 1991 to 1997, whereas it increased 34% among Latino students. The 1995 Youth Risk Behavior Survey shows that 10% of Hispanic American students are more likely to smoke frequently, whereas 5% of African American students and 20% of white students are more likely to be frequent smokers.

¿Recuerdan ustedes?

Answer the following questions, basing your answers on the dialogues.

1. ¿Por qué le dijo el médico al Sr. Calles que viera al cardiólogo?

    _____

2. ¿Qué problemas tiene el Sr. Calles cuando sube la escalera?

    _____

3. ¿El Sr. Calles siente un dolor agudo o un dolor sordo?

    _____

4. ¿El señor tiene a veces sudor frío después de un ejercicio violento?

    _____

5. ¿De qué murió un tío del Sr. Calles?

    _____

6. ¿Por qué dice el Sr. Calles que no tiene calambres cuando camina?

    _____

7. ¿Qué va a hacer el doctor antes de comenzar ningún tratamiento?

    _____

8. ¿Qué le van a colocar al Sr. Luna en el pecho?

_____

9. ¿Cómo va a ayudar el marcapasos al Sr. Luna?

_____

10. ¿Qué le dijo el otro médico que le preguntara al cardiólogo?

_____

11. ¿Qué otras precauciones debe tomar?

_____

12. ¿Cuánto tiempo le van a durar las baterías?

_____

Para conversar

Interview a classmate, using the following questions. When you have finished, switch roles.

1. ¿Le dijo a Ud. su médico que consultara a un especialista?

_____

2. Si Ud. sufriera del corazón, ¿a qué especialista iría?

_____

3. ¿Ha tenido alguna vez fiebre reumática?

_____

4. ¿Tiene Ud. temblores en las extremidades? ¿Cuándo?

_____

5. ¿Le duele el pecho o siente alguna opresión cuando hace ejercicios?

_____

6. ¿Le falta el aire cuando sube una escalera?

_____

7. ¿Le late el corazón muy rápidamente a veces? ¿Cuándo?

_____

8. ¿Algún pariente cercano suyo murió de un ataque al corazón? ¿Quién?

_____

9. ¿Tiene calambres en las piernas cuando camina mucho?

    _____

10. ¿Le han encontrado el ácido úrico elevado en la sangre alguna vez?
    ¿Cuándo?

    _____

11. ¿Le han hecho alguna vez un electrocardiograma? ¿Cuándo?

    _____

12. ¿Qué es un marcapasos? ¿Para qué sirve? ¿Cuánto tiempo duran las baterías
    generalmente?

    _____

Vamos a practicar

A. Change the following sentences from direct to indirect speech.

Modelo: El médico dijo: —Vaya al laboratorio.

El médico dijo **que fuera** al laboratorio.

1. La médica me dijo: —Consulte al cardiólogo.

    _____

2. El cardiólogo dijo: —Respire hondo.

    _____

3. Él me dijo: —Dígame si el dolor es sordo o agudo.

    _____

4. Él me aconsejó: —Hágase un electrocardiograma.

    _____

5. El técnico me dijo: —Póngase esta bata.

    _____

6. La enfermera me aconsejó: —Tome precauciones.

    _____

7. Mi hermano me dijo: —No fumes tanto.

    _____

8. Ellos me aconsejaron: —No corra todas las mañanas.

    _____

B. Complete the following sentences with the Spanish equivalent of the words in parentheses.

1. Si _____ (*you go*) al dentista, dígale que Ud. tiene un marcapasos.

2. Si su mamá _____ (*has*) calambres, déle esta medicina.

3. Ella no podría hacer eso si _____ (*had*) fiebre reumática.

4. Si tú _____ (*feel*) una opresión en el pecho, llama a tu médico.

5. Si _____ (*you ran*) como yo, el corazón te latiría muy rápido también.

6. Si mi tío no _____ (*suffered*) del corazón, podría ir a Miami conmigo.

7. Si ella _____ (*is sleeping*), no la despierte.

8. Si _____ (*you took*) la medicina, Ud. mejoraría en seguida, Sr. Rojas.

Conversaciones breves

Complete the following dialogue, using your imagination and the vocabulary from this lesson.

El cardiólogo y un paciente:

PACIENTE   —¿Qué me va a colocar en el pecho?

DOCTOR   —_____

PACIENTE   —¿Cómo me va a ayudar el marcapasos?

DOCTOR   —_____

PACIENTE   —¿Voy a estar despierto o dormido cuando me coloquen el marcapasos?

DOCTOR   —_____

PACIENTE   —¿Qué precauciones debo tomar?

DOCTOR   —_____

PACIENTE   —¿El marcapasos me va a durar por el resto de mi vida?

DOCTOR   —_____

En estas situaciones

What would you say in the following situations? What might the other person say?

1. You are a patient. Tell your doctor that you have a sharp pain in your chest and shortness of breath when you exercise. Then tell him/her that you have tightness in your chest when you climb stairs rapidly.

2. You are the doctor. Ask your patient if he/she has ever had elevated uric acid in his/her blood. Then find out if he/she has leg cramps when running or walking several blocks.

3. You are the doctor. Explain to your patient that his/her electrocardiogram is not normal and that he/she needs treatment.

Casos

Act out the following scenarios with a partner.

1. A doctor examines a patient who might have a cardiac condition.

2. A cardiologist explains the insertion and use of a pacemaker to a patient.

Un paso más

A. Review the *Vocabulario adicional* in this lesson and then complete the following sentences.

1. El paciente tiene las _____ obstruidas. Vamos a hacerle un _____.

2. La paciente tiene la _____ muy alta.

3. El médico me dijo que mi esposo necesitaba una operación de _____ abierto.

4. Le van a hacer un _____ de corazón. Están buscando un donante (*donor*).

5. El paciente necesita un _____ coronario.

B. Write the Spanish term that describes each of the following relationships.

1. La hija de mi tía es mi _____.

2. El hijo de mi hermano es mi _____.

3. La mamá de mi esposo(a) es mi _____.

4. El hermano de mi esposo(a) es mi _____.

5. El papá de mi primo es mi _____.

6. El esposo de mi hija es mi _____.

7. La esposa de mi hijo es mi _____.

8. La hija de mi hijo es mi _____.

9. La hija de mi hermana es mi _____.

10. La mamá de mi padre es mi _____.

C. **Read the following lists of the top ten causes of death in Puerto Rico. Note that they are ranked in order of importance. Remember to guess the meaning of the cognates.**

CAUSAS DE MUERTE EN PUERTO RICO	
1991	1995
corazón	corazón
cáncer	cáncer
diabetes	diabetes
accidentes	SIDA
cerebrovasculares	cerebrovasculares
SIDA	accidentes
neumonía e influenza	neumonía e influenza
enfermedades pulmonares	enfermedades hipertensivas
enfermedades hipertensivas	enfermedades pulmonares
enfermedades del hígado y cirrosis	enfermedades del hígado y cirrosis

Fuente *(Source):* Departamento de Salud, San Juan, Puerto Rico.

With a partner, discuss what conclusions you can draw from the information and write them in Spanish below.

_____

_____

_____

_____

_____

_____

Lectura 4

🔴 *Síntomas de un ataque al corazón*

(Adapted from TEL MED, tape #63)

Un dolor en el pecho, especialmente si baja al brazo izquierdo, puede ser una señal° de un ataque al corazón; el paciente que sufre fuertes° dolores en el pecho deberá ver a su médico inmediatamente.

    El dolor típico causado por problemas relacionados con un ataque al corazón se concentra en el medio° del pecho. Se siente una gran opresión, dolor y una punzada.° El dolor puede durar desde unos pocos minutos hasta horas y puede aliviarse y volver después. Frecuentemente estos primeros síntomas de un ataque al corazón van acompañados de debilidad, fatiga, sudor, dificultad para respirar, náuseas o indigestión, aunque a veces sólo se presenta el dolor.

    Las personas que tienen mayor probabilidad de sufrir un ataque al corazón son las personas que:

1. tienen familiares que han sufrido ataques al corazón antes de los sesenta años.
2. fuman un paquete de cigarrillos o más al día.
3. tienen exceso de peso.°
4. tienen el colesterol alto.
5. tienen la presión alta.
6. tienen diabetes.
7. no hacen ejercicios o tienen demasiada tensión emocional.

    La mitad de las personas que sufren ataques al corazón no han tenido antes ningún síntoma, pero si una persona siente alguno de los síntomas señalados°, debe ver a su médico inmediatamente o llamar a la sala de emergencia del hospital más cercano a su casa y debe seguir exactamente las instrucciones que le den.

    Si una persona cree que tiene un ataque al corazón debe mantenerse quieto.° Si le falta la respiración° se sentirá más cómodo sentado.° Tampoco debe comer ni beber nada excepto líquido tomado con algún medicamento.

Glosas del margen:
- *señal / sign / strong*
- *en... in the middle*
- *a sharp pain*
- *tienen... are overweight*
- *indicated*
- *mantenerse... keep still*
- *Si... If he/she can't breathe / sitting*

🔴 Conversaciones

—Carlos, tengo un fuerte dolor en el pecho.
—Eso puede indicar un ataque al corazón.
—¿Qué debo hacer?
—Debes ver a tu médico en seguida.

—Doctor, mi padre murió de un ataque al corazón.
—Entonces Ud. tiene más probabilidad de sufrir un ataque al corazón.
—¿Qué puedo hacer para evitarlo?
—No fume, haga ejercicio y no aumente de peso.

—Mi esposo fuma más de dos paquetes de cigarrillos al día.
—Esto aumenta la probabilidad de tener cáncer o problemas del corazón.

—Doctor, ¿quiénes tienen más probabilidad de tener problemas del corazón, las personas delgadas o las personas gordas?
—Las personas que tienen exceso de peso tienen más probabilidad.

¿Recuerdan ustedes?

Answer the following questions, basing your answers on the reading and the conversations.

1. ¿Qué puede indicar un dolor en el pecho que baja por el brazo?

   _____

2. ¿Qué debe hacer una persona que sufre fuertes dolores en el pecho?

   _____

3. ¿Dónde se concentra el dolor causado por un ataque al corazón?

   _____

4. ¿Cuáles son otros de los síntomas de un ataque al corazón?

   _____

5. ¿Cuánto puede durar el dolor?

   _____

6. ¿De qué van acompañados muchas veces los primeros síntomas de un ataque al corazón?

   _____

7. Si Ud. fuma un paquete de cigarrillos o más al día y si tiene exceso de peso, ¿tiene más o menos probabilidad de sufrir un ataque al corazón?

   _____

8. ¿Qué otras cosas pueden hacer más probable un ataque al corazón?

   _____

9. ¿Qué debe hacer una persona que siente uno de los síntomas de un ataque al corazón?

   _____

10. ¿Cómo debe mantenerse la persona?

    _____

11. ¿Cómo se sentirá más cómodo el paciente si tiene dificultad para respirar?

    _____

12. ¿Qué cosas debe evitar?

    _____

Repaso

LECCIONES 16–20

PRÁCTICA DE VOCABULARIO

A.   Circle the word or phrase that best completes each sentence.

1.   Ud. tiene la presión muy (media / alta / nerviosa).

2.   Eso puede ocurrir a (apenas / peor / cualquier) edad.

3.   Si sufre del corazón, debe consultar al (dermatólogo / urólogo / cardiólogo).

4.   Un (derrame / riñón / viejo) puede causar parálisis total o parcial.

5.   Le (aconsejo / disminuyo / afecto) que vaya a un especialista.

6.   Debe (tratar / ocurrir / sugerir) de hacerlo.

7.   Tiene temblores en las (extremidades / cerillas / cuadras).

8.   Es el hermano de mi padre. Es un pariente (agudo / sordo / cercano).

9.   Me preguntó si era un dolor sordo o (despierto / dormido / agudo).

10. Debe seguir (generalmente / fielmente / lentamente) las instrucciones del médico.

11. ¿Está (bajo / entre / sobre) tratamiento psiquiátrico?

12. El médico le (resuelve / espera / recomienda) un cambio en la dieta.

13. Mi mamá sacó el pan del (tomacorrientes / horno / enchufe de seguridad).

14. Ponga al bebé en la (lejía / plancha / cuna).

15. Aquí le dejo estos (folletos / maquillajes / muebles) que puede leer.

16. La hepatitis afecta (la cabeza / el corazón / el hígado).

17. Cuando como, se me alivia el (agujero / dolor / sudor).

18. No recuerdo (la edad / la dosis / la comida) de Ana. ¿Cuántos años tiene?

19. Debe empezar el tratamiento (muchas veces / lo más pronto posible / ayer).

20. No oigo bien. Necesito (un audífono / una media / un purgante).

21. Es (una anciana / una debilidad / un cálculo). Tiene noventa años.

22. Yo hablo con ellos de vez en (cuando / donde / como).

23. Un ataque al corazón es (una cerveza / un lugar / un infarto).

24. No puedo (aguantar / decidir / dudar) el dolor.

25. Ellos no tienen (cortaduras / piscina / rasguños) en su casa.

B.   Circle the word or phrase that does not belong in each group.

1. en caso de, si, por suerte

2. primeros auxilios, botiquín, resumen

3. problemas del hígado, hepatitis, cortaduras

4. tapar, notar, cubrir

5. laxante, purgante, cuna

6. tres veces por semana, regularmente, casi nunca

7. curita, vendaje, plancha

8. en cuanto, más tarde, tan pronto como

9. tener miedo, asustarse, dudar

10. sugerir, aconsejar, ocurrir

11. claro, apenas, por supuesto

12. hemorroide, audífono, almorrana

13. debilidad, cansancio, media

14. cálculo, piedra, horno

15. sentirse mejor, oír, aliviarse

16. abrir la boca, notar, sacar la lengua

17. cerveza, vino, fecha

18. duele, recibe, hace daño

19. hueco, alfiler, agujero

20. fósforo, cerilla, mueble

C. **Complete the following questions with the appropriate word or phrase in column B.**

A	B
1. ¿Cuánto tiempo hace _____?	a. conmigo
2. ¿Cuántos globos _____?	b. natural
3. ¿Puedes aguantar un mes _____?	c. problema físico
4. ¿Quieres venir _____?	d. esa muchacha
5. ¿Tiene limitaciones o _____?	e. coordinador
6. ¿Tiene algún _____?	f. sin tomar anfetaminas
7. ¿Fue un aborto _____?	g. actualmente
8. ¿Cuándo fue la _____?	h. de epilepsia
9. ¿Conoce Ud. a _____?	i. horno
10. ¿Tuvo otro ataque _____?	j. que tomas drogas
11. ¿Habló Ud. con el _____?	k. desmayó
12. ¿Podrán hacer algo _____?	l. última vez
13. ¿Está tomando drogas _____?	m. incapacidades físicas
14. ¿El pan está en el _____?	n. por mí
15. ¿Se _____?	o. compras
16. ¿Siente _____?	p. presión
17. ¿Debo aplicar _____?	q. debilidad
18. ¿Qué _____?	r. más
19. ¿Murió de un _____?	s. daño
20. ¿Eso puede hacerme _____?	t. derrame

D. Crucigrama.

HORIZONTAL

1. opuesto de dormido
3. bañera
5. lo que hace el corazón
6. estufa
7. recomienda
11. piedra
12. que pasa de un padre a un hijo (fem.)
19. vino, por ejemplo
20. *summary*, en español
21. andar a gatas
22. Lo usamos para oír mejor.
23. alberca
24. *cramp*, en español

VERTICAL

1. todos los días
2. sufrir
4. hondo
8. órgano principal
9. muy viejo
10. opuesto de mejor
13. clínico
14. tener miedo
15. Las usamos para cortar.
16. fósforo
17. No oye; es _____.
18. venda
23. agudo
25. *to die*, en español

💿 Práctica oral

Listen to the following exercise on the audio program. The speaker will ask you some questions. Answer the questions, using the cues provided. The speaker will confirm the correct answer. Repeat the correct answer.

1. ¿Qué edad tiene Ud.? (treinta años)

2. ¿Tiene Ud. la presión alta, baja o normal? (normal)

3. ¿Tiene Ud. alguna enfermedad hereditaria? (no, ninguna)

4. ¿Ha tenido Ud. un derrame alguna vez? (no, nunca)

5. ¿Ha disminuido Ud. la cantidad de sal que usa en la comida? (no)

6. ¿Ha estado sintiendo Ud. cansancio últimamente? (sí, mucho)

7. ¿Tiene Ud. acidez a veces? (sí, a veces)

8. ¿Ha notado Ud. alguna vez la materia fecal negra? (no, nunca)

9. ¿Qué le dijo su médico que debía evitar? (la cafeína)

10. ¿Le han hecho a Ud. un ultrasonido últimamente? (no)

11. ¿Ha tenido Ud. alguna enfermedad del hígado? (no)

12. ¿Cuándo fue la última vez que Ud. fue al médico? (el mes pasado)

13. ¿Es verdad que Ud. ha tomado anfetaminas? (no)

14. ¿Se atragantó Ud. alguna vez cuando comía? (sí, muchas veces)

15. ¿Se quemó Ud. alguna vez? (sí, muchas veces)

16. ¿Pone Ud. yodo o mantequilla en una quemadura? (no)

17. ¿Tiene Ud. un botiquín de primeros auxilios en su carro? (sí)

18. ¿A quién consultaría Ud. si sufriera del corazón? (a un cardiólogo)

19. ¿Es verdad que Ud. ha tenido fiebre reumática? (no)

20. ¿Le falta el aire a veces cuando hace ejercicio? (sí, a veces)

21. ¿Le late el corazón muy rápidamente a veces? (sí, cuando corro)

22. ¿Le han encontrado el ácido úrico elevado en la sangre alguna vez? (no, nunca)

23. ¿Tiene Ud. calambres a veces? (sí, en las piernas)

24. ¿Tiene Ud. algún pariente cercano que haya muerto del corazón? (no)

25. ¿Siente Ud. a veces opresión en el pecho? (no, nunca)

Appendix A

Introduction to Spanish Sounds and the Alphabet

Sections marked with a CD icon are recorded on the *Introduction to Spanish Sounds* section of the Audio Program.

You will hear a series of words related to a particular sound. Repeat each word after the speaker, imitating the pronunciation as closely as you can.

The Vowels

1. The Spanish *a* has a sound similar to the English *a* in the word *father.* Repeat:

       Ana   casa   banana   mala   dama   mata

2. The Spanish **e** is pronounced like the English *e* in the word *eight.* Repeat:

       este   René   teme   deme   entre   bebe

3. The Spanish **i** is pronounced like the English *ee* in the word *see.* Repeat:

       sí   difícil   Mimí   ir   dividir   Fifí

4. The Spanish **o** is similar to the English *o* in the word *no,* but without the glide. Repeat:

       solo   poco   como   toco   con   monólogo

5. The Spanish **u** is similar to the English *ue* sound in the word *Sue.* Repeat:

       Lulú   un   su   universo   murciélago

The Consonants

1. The Spanish **p** is pronounced like the English *p* in the word *spot.* Repeat:

       pan   papá   Pepe   pila   poco   pude

2. The Spanish **c** in front of **a, o, u, l,** or **r** sounds similar to the English *k.* Repeat:

       casa   como   cuna   clima   crimen   cromo

3. The Spanish **q** is only used in the combinations **que** and **qui** in which the **u** is silent, and also has a sound similar to the English *k.* Repeat:

       que   queso   Quique   quinto   quema   quiso

4. The Spanish **t** is pronounced like the English *t* in the word *stop.* Repeat:

       toma   mata   tela   tipo   atún   Tito

5. The Spanish **d** at the beginning of an utterance or after **n** or **l** sounds somewhat similar to the English *d* in the word *David.* Repeat:

       día   dedo   duelo   anda   Aldo

   In all other positions, the **d** has a sound similar to the English *th* in the word *they.* Repeat:

       medida   todo   nada   Ana dice   Eva duda

6. The Spanish **g** also has two sounds. At the beginning of an utterance and in all other positions, except before **e** or **i**, the Spanish **g** sounds similar to the English *g* in the word *sugar*. Repeat:

goma   gato   tengo   lago   algo   aguja

In the combinations **gue** and **gui,** the **u** is silent. Repeat:

Águeda   guineo   guiso   ligue   la guía

7. The Spanish **j,** and **g** before **e** or **i,** sounds similar to the English *h* in the word *home*. Repeat:

jamás   juego   jota   Julio   gente   Genaro   gime

8. The Spanish **b** and the **v** have no difference in sound. Both are pronounced alike. At the beginning of the utterance or after **m** or **n,** they sound similar to the English *b* in the word *obey*. Repeat:

Beto   vaga   bote   vela   también   un vaso

Between vowels, they are pronounced with the lips barely closed. Repeat:

sábado   yo voy   sabe   Ávalos   eso vale

9. In most Spanish-speaking countries, the **y** and the **ll** are similar to the English *y* in the word *yet*. Repeat:

yo   llama   yema   lleno   ya   lluvia   llega

10. The Spanish **r (ere)** is pronounced like the English *tt* in the word *gutter*. Repeat:

cara   pero   arena   carie   Laredo   Aruba

The Spanish **r** in an initial position and after **l, n,** or **s,** and **rr (erre)** in the middle of a word are pronounced with a strong trill. Repeat:

Rita   Rosa   torre   ruina   Enrique   Israel
perro   parra   rubio   alrededor   derrama

11. The Spanish **s** sound is represented in most of the Spanish-speaking world by the letters **s, z,** and **c** before **e** or **i.** The sound is very similar to the English sibilant *s* in the word *sink*. Repeat:

sale   sitio   solo   seda   suelo
zapato   cerveza   ciudad   cena

In most of Spain, the **z,** and **c** before **e** or **i,** is pronounced like the English *th* in the word *think*. Repeat:

zarzuela   cielo   docena

12. The letter **h** is silent in Spanish. Repeat:

hilo   Hugo   ahora   Hilda   almohada   hermano

13. The Spanish **ch** is pronounced like the English *ch* in the word *chief*. Repeat:

muchacho   chico   coche   chueco   chaparro

14. The Spanish **f** is identical in sound to the English *f*. Repeat:

famoso   feo   difícil   fuego   foto

15. The Spanish **l** is pronounced like the English *l* in the word *lean*. Repeat:

   dolor   ángel   fácil   sueldo   salgo   chaval

16. The Spanish **m** is pronounced like the English *m* in the word *mother*. Repeat:

   mamá   moda   multa   médico   mima

17. In most cases, the Spanish **n** has a sound similar to the English *n*. Repeat:

   nada   norte   nunca   entra   nene

   The sound of the Spanish **n** is often affected by the sounds that occur around it. When it appears before **b, v,** or **p,** it is pronounced like the English *m*. Repeat:

   invierno   tan bueno   un vaso   un bebé   un perro

18. The Spanish **ñ (eñe)** has a sound similar to the English *ny* in the word *canyon*. Repeat:

   muñeca   leña   año   señorita   piña   señor

19. The Spanish **x** has two pronunciations, depending on its position. Between vowels, the sound is similar to the English *ks*. Repeat:

   examen   boxeo   exigente   éxito

   Before a consonant, the Spanish **x** sounds like the English *s*. Repeat:

   expreso   excusa   exquisito   extraño

Linking

In spoken Spanish, the various words in a phrase or sentence are not pronounced as isolated elements, but are combined. This is called *linking*.

1. The final consonant of a word is pronounced together with the initial vowel of the following word. Repeat:

   Carlos anda   un ángel   el otoño   unos estudiantes

2. The final vowel of a word is pronounced together with the initial vowel of the following word. Repeat:

   su esposo   la hermana   ardua empresa   la invita

3. When the final vowel of a word and the initial vowel of the following word are identical, they are pronounced slightly longer than one vowel. Repeat:

   Ana alcanza   me espera   mi hijo   lo olvida

   The same rule applies when two identical vowels appear within a word. Repeat:

   cooperación   crees   leemos   coordinación

4. When the final consonant of a word and the initial consonant of the following word are the same, they are pronounced as one consonant with slightly longer-than-normal duration. Repeat:

   el lado   un novio   Carlos salta   tienes sed   al leer

Rhythm

Rhythm is the variation of sound intensity that we usually associate with music. Spanish and English each regulate these variations in speech differently, because they have different patterns of syllable length. In Spanish the length of the stressed and unstressed syllables remains almost the same, while in English stressed syllables are considerably longer than unstressed ones. Pronounce the following Spanish words, enunciating each syllable clearly.

es-tu-dian-te	bue-no	Úr-su-la
com-po-si-ción	di-fí-cil	ki-ló-me-tro
po-li-cí-a	Pa-ra-guay	

Because the length of the Spanish syllables remains constant, the greater the number of syllables in a given word or phrase, the longer the phrase will be.

Intonation

Intonation is the rise and fall of pitch in the delivery of a phrase or a sentence. In general, Spanish pitch tends to change less than English, giving the impression that the language is less emphatic.

As a rule, the intonation for normal statements in Spanish starts in a low tone, raises to a higher one on the first stressed syllable, maintains that tone until the last stressed syllable, and then goes back to the initial low tone, with still another drop at the very end.

Tu amigo viene mañana.	José come pan.
Ada está en casa.	Carlos toma café.

Syllable Formation in Spanish

General rules for dividing words into syllables are as follows.

Vowels

1. A vowel or a vowel combination can constitute a syllable.

    a-lum-no   a-bue-la   Eu-ro-pa

2. Diphthongs and triphthongs are considered single vowels and cannot be divided.

    bai-le   puen-te   Dia-na   es-tu-diáis   an-ti-guo

3. Two strong vowels (**a, e, o**) do not form a diphthong and are separated into two syllables.

    em-ple-ar   vol-te-ar   lo-a

4. A written accent on a weak vowel (**i** or **u**) breaks the diphthong, thus the vowels are separated into two syllables.

    trí-o   dú-o   Ma-rí-a

Consonants

1. A single consonant forms a syllable with the vowel that follows it.

    po-der   ma-no   mi-nu-to

    NOTE: **rr** is considered a single consonant: **pe-rro.**

2. When two consonants appear between two vowels, they are separated into two syllables.

   al-fa-be-to   cam-pe-ón   me-ter-se   mo-les-tia

   EXCEPTION: When a consonant cluster composed of **b, c, d, f, g, p,** or **t** with **l** or **r** appears between two vowels, the cluster joins the following vowel: **so-bre, o-tros, ca-ble, te-lé-gra-fo.**

3. When three consonants appear between two vowels, only the last one goes with the following vowel.

   ins-pec-tor   trans-por-te   trans-for-mar

   EXCEPTION: When there is a cluster of three consonants in the combinations described in rule 2, the first consonant joins the preceding vowel and the cluster joins the following vowel: **es-cri-bir, ex-tran-je-ro, im-plo-rar, es-tre-cho.**

Accentuation

In Spanish, all words are stressed according to specific rules. Words that do not follow the rules must have a written accent to indicate the change of stress. The basic rules for accentuation are as follows.

1. Words ending in a vowel, **n,** or **s** are stressed on the next-to-the-last syllable.

   hi-jo   **ca**-lle   **me**-sa   fa-**mo**-sos
   flo-**re**-cen   **pla**-ya   **ve**-ces

2. Words ending in a consonant, except **n** or **s,** are stressed on the last syllable.

   ma-**yor**   a-**mor**   tro-pi-**cal**   na-**riz**   re-**loj**   co-rre-**dor**

3. All words that do not follow these rules must have the written accent.

   ca-**fé**   **lá**-piz   **mú**-si-ca   sa-**lón**
   án-gel   **lí**-qui-do   fran-**cés**   **Víc**-tor
   sim-**pá**-ti-co **rin**-**cón** a-**zú**-car   **dár**-se-lo
   sa-**lió**   **dé**-bil   e-**xá**-me-nes   **dí**-me-lo

4. Pronouns and adverbs of interrogation and exclamation have a written accent to distinguish them from relative pronouns.

   —¿**Qué** comes?   "*What are you eating?*"
   —La pera que él no comió.   "*The pear that he did not eat.*"

   —¿**Quién** está ahí?   "*Who is there?*"
   —El hombre a quien tú llamaste. "*The man whom you called.*"

   —¿**Dónde** está?   "*Where is he?*"
   —En el lugar donde trabaja.   "*At the place where he works.*"

5. Words that have the same spelling but different meanings take a written accent to differentiate one from the other.

el	*the*	él	*he, him*	te	*you*	té	*tea*
mi	*my*	mí	*me*	si	*if*	sí	*yes*
tu	*your*	tú	*you*	mas	*but*	más	*more*

The Alphabet

Letter	Name	Letter	Name	Letter	Name	Letter	Name
a	a	h	hache	ñ	eñe	t	te
b	be	i	i	o	o	u	u
c	ce	j	jota	p	pe	v	ve
d	de	k	ka	q	cu	w	doble ve
e	e	l	ele	r	ere	x	equis
f	efe	m	eme	rr	erre	y	i griega
g	ge	n	ene	s	ese	z	zeta

Appendix B

Verbs

Regular Verbs

Model -ar, -er, ir verbs

INFINITIVE		
amar *(to love)*	**comer** *(to eat)*	**vivir** *(to live)*

PRESENT PARTICIPLE		
amando *(loving)*	**comiendo** *(eating)*	**viviendo** *(living)*

PAST PARTICIPLE		
amado *(loved)*	**comido** *(eaten)*	**vivido** *(lived)*

Simple Tenses

Indicative Mood

PRESENT		
(I love)	*(I eat)*	*(I live)*
am**o**	com**o**	viv**o**
am**as**	com**es**	viv**es**
am**a**	com**e**	viv**e**
am**amos**	com**emos**	viv**imos**
am**áis**[1]	com**éis**	viv**ís**
am**an**	com**en**	viv**en**

IMPERFECT		
(I used to love)	*(I used to eat)*	*(I used to live)*
am**aba**	com**ía**	viv**ía**
am**abas**	com**ías**	viv**ías**
am**aba**	com**ía**	viv**ía**
am**ábamos**	com**íamos**	viv**íamos**
am**abais**	com**íais**	viv**íais**
am**aban**	com**ían**	viv**ían**

PRETERIT		
(I loved)	*(I ate)*	*(I lived)*
am**é**	com**í**	viv**í**
am**aste**	com**iste**	viv**iste**
am**ó**	com**ió**	viv**ió**
am**amos**	com**imos**	viv**imos**
am**asteis**	com**isteis**	viv**isteis**
am**aron**	com**ieron**	viv**ieron**

---

[1]**Vosotros amáis:** The **vosotros** form of the verb is used primarily in Spain. This form has not been used in this text.

(I will love)	(I will eat)	(I will live)
amaré	comeré	viviré
amarás	comerás	vivirás
amará	comerá	vivirá
amaremos	comeremos	viviremos
amaréis	comeréis	viviréis
amarán	comerán	vivirán

CONDITIONAL

(I would love)	(I would eat)	(I would live)
amaría	comería	viviría
amarías	comerías	vivirías
amaría	comería	viviría
amaríamos	comeríamos	viviríamos
amaríais	comeríais	viviríais
amarían	comerían	vivirían

Subjunctive Mood

PRESENT

([that] I [may] love)	([that] I [may] eat)	([that I [may] live)
ame	coma	viva
ames	comas	vivas
ame	coma	viva
amemos	comamos	vivamos
améis	comáis	viváis
amen	coman	vivan

IMPERFECT (two forms: -ra, -se)

([that] I [might] love)	([that] I [might] eat)	([that] I [might] live)
amara(-ase)	comiera(-iese)	viviera(-iese)
amaras(-ases)	comieras(-ieses)	vivieras(-ieses)
amara(-ase)	comiera(-iese)	viviera(-iese)
amáramos (-ásemos)	comiéramos (-iésemos)	viviéramos (-iésemos)
amarais(-aseis)	comierais(-ieseis)	vivierais(-ieseis)
amaran(-asen)	comieran(-iesen)	vivieran(-iesen)

Imperative Mood (Command Forms)

(love)	(eat)	(live)
ama (tú)	come (tú)	vive (tú)
ame (Ud.)	coma (Ud.)	viva (Ud.)
amemos (nosotros)	comamos (nosotros)	vivamos (nosotros)
amad (vosotros)	comed (vosotros)	vivid (vosotros)
amen (Uds.)	coman (Uds.)	vivan (Uds.)

Compound Tenses

haber amado	**haber comido**	**haber vivido**

PERFECT PARTICIPLE

habiendo amado	**habiendo comido**	**habiendo vivido**

Indicative Mood

PRESENT PERFECT

(I have loved)	*(I have eaten)*	*(I have lived)*
he amado	he comido	he vivido
has amado	has comido	has vivido
ha amado	ha comido	ha vivido
hemos amado	hemos comido	hemos vivido
habéis amado	habéis comido	habéis vivido
han amado	han comido	han vivido

PLUPERFECT

(I had loved)	*(I had eaten)*	*(I had lived)*
había amado	había comido	había vivido
habías amado	habías comido	habías vivido
había amado	había comido	había vivido
habíamos amado	habíamos comido	habíamos vivido
habíais amado	habíais comido	habíais vivido
habían amado	habían comido	habían vivido

FUTURE PERFECT

(I will have loved)	*(I will have eaten)*	*(I will have lived)*
habré amado	habré comido	habré vivido
habrás amado	habrás comido	habrás vivido
habrá amado	habrá comido	habrá vivido
habremos amado	habremos comido	habremos vivido
habréis amado	habréis comido	habréis vivido
habrán amado	habrán comido	habrán vivido

CONDITIONAL PERFECT

(I would have loved)	*(I would have eaten)*	*(I would have lived)*
habría amado	habría comido	habría vivido
habrías amado	habrías comido	habrías vivido
habría amado	habría comido	habría vivido
habríamos amado	habríamos comido	habríamos vivido
habríais amado	habríais comido	habríais vivido
habrían amado	habrían comido	habrían vivido

Subjunctive Mood

([that] I [may] have loved)	([that] I [may] have eaten)	([that] I [may] have lived)
haya amado	haya comido	haya vivido
hayas amado	hayas comido	hayas vivido
haya amado	haya comido	haya vivido
hayamos amado	hayamos comido	hayamos vivido
hayáis amado	hayáis comido	hayáis vivido
hayan amado	hayan comido	hayan vivido

PLUPERFECT

(two forms: **-ra, -se**)

([that] I [might] have loved)	([that] I [might] have eaten)	([that] I [might] have lived)
hubiera(-iese) amado	hubiera(-iese) comido	hubiera(-iese) vivido
hubieras(-ieses) amado	hubieras(-ieses) comido	hubieras(-ieses) vivido
hubiera(-iese) amado	hubiera(-iese) comido	hubiera(-iese) vivido
hubiéramos (-iésemos) amado	hubiéramos (-iésemos) comido	hubiéramos (-iésemos) vivido
hubierais(-ieseis) amado	hubierais(-ieseis) comido	hubierais(-ieseis) vivido
hubieran(-iesen) amado	hubieran(-iesen) comido	hubieran(-iesen) vivido

Stem-Changing Verbs

The -ar and -er stem-changing verbs

Stem-changing verbs are those that have a change in the root of the verb. Verbs that end in **-ar** and **-er** change the stressed vowel **e** to **ie**, and the stressed **o** to **ue**. These changes occur in all persons, except the first- and second-persons plural of the present indicative, present subjunctive, and command.

INFINITIVE	PRESENT INDICATIVE	IMPERATIVE	PRESENT SUBJUNCTIVE
cerrar	cierro	—	cierre
(to close)	cierras	cierra	cierres
	cierra	cierre (Ud.)	cierre
	cerramos	cerremos	cerremos
	cerráis	cerrad	cerréis
	cierran	cierren (Uds.)	cierren
perder	pierdo	—	pierda
(to lose)	pierdes	pierde	pierdas
	pierde	pierda (Ud.)	pierda
	perdemos	perdamos	perdamos
	perdéis	perded	perdáis
	pierden	pierdan (Uds.)	pierdan
contar	cuento	—	cuente
(to count,	cuentas	cuenta	cuentes
to tell)	cuenta	cuente (Ud.)	cuente
	contamos	contemos	contemos
	contáis	contad	contéis
	cuentan	cuenten (Uds.)	cuenten
volver	vuelvo	—	vuelva
(to return)	vuelves	vuelve	vuelvas
	vuelve	vuelva (Ud.)	vuelva
	volvemos	volvamos	volvamos
	volvéis	volved	volváis
	vuelven	vuelvan (Uds.)	vuelvan

Verbs that follow the same pattern include the following.

acertar   to guess right
acordarse   to remember
acostar(se)   to go to bed
almorzar   to have lunch
atravesar   to go through
cegar   to blind
cocer   to cook
colgar   to hang
comenzar   to begin
confesar   to confess
costar   to cost

demostrar   to demonstrate, to show
despertar(se)   to wake up
empezar   to begin
encender   to light, to turn on
encontrar   to find
entender   to understand
llover   to rain
mostrar   to show
mover   to move
negar   to deny

245

nevar   to snow
pensar   to think, to plan
probar   to prove, to taste
recordar   to remember
resolver   to decide on
rogar   to beg

sentar(se)   to sit down
soler   to be in the habit of
soñar   to dream
tender   to stretch, to unfold
torcer   to twist

The -ir *stem-changing verbs*

There are two types of stem-changing verbs that end in **-ir**: one type changes stressed **e** to **ie** in some tenses and to **i** in others, and stressed **o** to **ue** or **u**; the second type always changes stressed **e** to **i** in the irregular forms of the verb.

Type I   **e:ie**   or   **i**
       -ir:
                o:ue   or   **u**

These changes occur as follows.

Present Indicative: all persons except the first and second plural change **e** to **ie** and **o** to **ue**. *Preterit:* third person, singular and plural, changes **e** to **i** and **o** to **u**. *Present Subjunctive:* all persons change **e** to **ie** and **o** to **ue**, except the first- and second-persons plural, which change **e** to **i** and **o** to **u**. *Imperfect Subjunctive:* all persons change **e** to **i** and **o** to **u**. *Imperative:* all persons except the second-person plural change **e** to **ie** and **o** to **ue**; first-person plural changes **e** to **i** and **o** to **u**. *Present Participle:* changes **e** to **i** and **o** to **u**.

INFINITIVE	*Indicative* PRESENT	PRETERIT	*Imperative*	*Subjunctive* PRESENT	IMPERFECT
sentir	siento	sentí	—	sienta	sintiera(-iese)
(to feel)	sientes	sentiste	siente	sientas	sintieras
	siente	sintió	sienta (Ud.)	sienta	sintiera
PRESENT	sentimos	sentimos	sintamos	sintamos	sintiéramos
PARTICIPLE	sentís	sentisteis	sentid	sintáis	sintierais
sintiendo	sienten	sintieron	sientan (Uds.)	sientan	sintieran
dormir	duermo	dormí	—	duerma	durmiera(-iese)
(to sleep)	duermes	dormiste	duerme	duermas	durmieras
	duerme	durmió	duerma (Ud.)	duerma	durmiera
PRESENT	dormimos	dormimos	durmamos	durmamos	durmiéramos
PARTICIPLE	dormís	dormisteis	dormid	durmáis	dumierais
durmiendo	duermen	durmieron	duerman (Uds.)	duerman	durmieran

246

Other verbs that follow the same pattern include the following.

advertir to warn
arrepentir(se) to repent
consentir to consent, to pamper
convertir(se) to turn into
discernir to discern
divertir(se) to amuse oneself

herir to wound, to hurt
mentir to lie
morir to die
preferir to prefer
referir to refer
sugerir to suggest

Type II **-ir: e:i**

The verbs in this second category are irregular in the same tenses as those of the first type. The only difference is that they only have one change: **e:i** in all irregular persons.

	Indicative		Imperative	Subjunctive	
INFINITIVE	PRESENT	PRETERIT		PRESENT	IMPERFECT
pedir	pido	pedí	—	pida	pidiera(-iese)
(to ask for,	pides	pediste	pide	pidas	pidieras
request)	pide	pidió	pida (Ud.)	pida	pidiera
PRESENT	pedimos	pedimos	pidamos	pidamos	pidiéramos
PARTICIPLE	pedís	pedisteis	pedid	pidáis	pidierais
pidiendo	piden	pidieron	pidan (Uds.)	pidan	pidieran

Verbs that follow this pattern include the following.

competir to compete
concebir to conceive
despedir(se) to say good-bye
elegir to choose
impedir to prevent
perseguir to pursue

reír(se) to laugh
reñir to fight
repetir to repeat
seguir to follow
servir to serve
vestir(se) to dress

Orthographic-Changing Verbs

Some verbs undergo a change in the spelling of the stem in certain tenses, in order to maintain the original sound of the final consonant. The most common verbs of this type are those with the consonants **g** and **c**. Remember that **g** and **c** have a soft sound in front of **e** or **i**, and have a hard sound in front of **a**, **o**, or **u**. In order to maintain the soft sound in front of **a**, **o**, and **u**, **g** and **c** change to **j** and **z**, respectively. And in order to maintain the hard sound of **g** and **c** in front of **e** and **i**, **u** is added to the **g** (**gu**) and **c** changes to **qu**.

The following important verbs undergo spelling changes in the tenses listed below.

1. Verbs ending in **-gar** change **g** to **gu** before **e** in the first person of the preterit and in all persons of the present subjunctive.

   pagar *(to pay)*
   Preterit: pagué, pagaste, pagó, etc.
   Pres. Subj.: pague, pagues, pague, paguemos, paguéis, paguen

   Verbs that follow the same pattern: **colgar, jugar, llegar, navegar, negar, regar, rogar.**

2. Verbs ending in **-ger** and **-gir** change **g** to **j** before **o** and **a** in the first person of the present indicative and in all persons of the present subjunctive.

   proteger *(to protect)*
   Pres. Ind.:   protejo, proteges, protege, etc.
   Pres. Subj.: proteja, protejas, proteja, protejamos, protejáis, protejan

   Verbs that follow the same pattern: **coger, corregir, dirigir, elegir, escoger, exigir, recoger.**

3. Verbs ending in **-guar** change **gu** to **gü** before **e** in the first person of the preterit and in all persons of the present subjunctive.

   averiguar *(to find out)*
   Preterit: averigüé, averiguaste, averiguó, etc.
   Pres. Subj.: averigüe, averigües, averigüe, averigüemos, averigüéis, averigüen

   The verb **apaciguar** follows the same pattern.

4. Verbs ending in **-guir** change **gu** to **g** before **o** and **a** in the first person of the present indicative and in all persons of the present subjunctive.

   conseguir *(to get)*
   Pres. Ind.:   consigo, consigues, consigue, etc.
   Pres. Subj.: consiga, consigas, consiga, consigamos, consigáis, consigan

   Verbs that follow the same pattern: **distinguir, perseguir, proseguir, seguir.**

5. Verbs ending in **-car** change **c** to **qu** before **e** in the first person of the preterit and in all persons of the present subjunctive.

   tocar *(to touch, to play [a musical instrument])*
   Preterit: toqué, tocaste, tocó, etc.
   Pres. Subj.: toque, toques, toque, toquemos, toquéis, toquen

   Verbs that follow the same pattern: **atacar, buscar, comunicar, explicar, indicar, pescar, sacar.**

6. Verbs ending in **-cer** and **-cir** preceded by a consonant change **c** to **z** before **o** and **a** in the first person of the present indicative and in all persons of the present subjunctive.

torcer *(to twist)*
Pres. Inc.: tuerzo, tuerces, tuerce, etc.
Pres. Subj.: tuerza, tuerzas, tuerza, torzamos, torzáis, tuerzan

Verbs that follow the same pattern: **convencer, esparcir, vencer.**

7. Verbs ending in **-cer** and **-cir** preceded by a vowel change **c** to **zc** before **o** and **a** in the first person of the present indicative and in all persons of the present subjunctive.

conocer *(to know, to be acquainted with)*
Pres. Inc.: conozco, conoces, conoce, etc.
Pres. Subj.: conozca, conozcas, conozca, conozcamos, conozcáis, conozcan.

Verbs that follow the same pattern: **agradecer, aparecer, carecer, entristecer, establecer, lucir, nacer, obedecer, ofrecer, padecer, parecer, pertenecer, reconocer, relucir.**

8. Verbs ending in **-zar** change **z** to **c** before **e** in the first person of the preterit and in all persons of the present subjunctive.

rezar *(to pray)*
Preterit: recé, rezaste, rezó, etc.
Pres. Subj.: rece, reces, rece, recemos, recéis, recen

Verbs that follow the same pattern: **abrazar, alcanzar, almorzar, comenzar, cruzar, empezar, forzar, gozar.**

9. Verbs ending in **-eer** change the unstressed **i** to **y** between vowels in the third-person singular and plural of the preterit, in all persons of the imperfect subjunctive, and in the present participle.

creer *(to believe)*
Preterit: creí, creíste, creyó, creímos, creísteis, creyeron
Imp. Subj.: creyera, creyeras, creyera, creyéramos, creyerais, creyeran
Pres. Part.: creyendo

Leer and **poseer** follow the same pattern.

10. Verbs ending in **-uir** change the unstressed **i** to **y** between vowels (except **-quir**, which has the silent **u**) in the following tenses and persons.

huir *(to escape, to flee)*
Pres. Part.: huyendo
Past Part.: huido
Pres. Ind.: huyo, huyes, huye, huimos, huís, huyen
Preterit: huí, huiste, huyó, huimos, huisteis, huyeron
Imperative: huye, huya, huyamos, huid, huyan
Pres. Subj.: huya, huyas, huya, huyamos, huyáis, huyan
Imp. Subj.: huyera(ese), huyeras, huyera, huyéramos, huyerais, huyeran

Verbs that follow the same pattern: **atribuir, concluir, constituir, construir, contribuir, destituir, destruir, disminuir, distribuir, excluir, incluir, influir, instruir, restituir, sustituir.**

11. Verbs ending in **-eír** lose one **e** in the third-person singular and plural of the preterit, in all persons of the imperfect subjunctive, and in the present participle.

reír(se) *(to laugh)*
Preterit: reí, reíste, rió, reímos, reísteis, rieron
Imp. Subj.:   riera(ese), rieras, riera, rierais, rieran
Pres. Part.:   riendo

Freír and **sonreír** follow the same pattern.

12. Verbs ending in **-iar** add a written accent to the **i**, except in the first person plural of the present indicative and subjunctive.

fiar(se) *(to trust)*
Pres. Ind.:   fío, fías, fía, fiamos, fiáis, fían
Pres. Subj.:   fíe, fíes, fíe, fiemos, fiéis, fíen

Verbs that follow the same pattern: **ampliar, criar, desviar, enfriar, enviar, esquiar, guiar, telegrafiar, vaciar, variar.**

13. Verbs ending in **-uar** (except **-guar** and **-cuar**) add a written accent to the **u**, except in the first- and second-persons plural of the present indicative and subjunctive.

actuar *(to act)*
Pres. Ind.:   actúo, actúas, actúa, actuamos, actuáis, actúan
Pres. Subj.:   actúe, actúes, actúe, actuemos, actuéis, actúen

Verbs that follow the same pattern: **acentuar, continuar, efectuar, exceptuar, graduar, habituar, insinuar, situar.**

14. Verbs ending in **-ñir** remove the **i** of the diphthongs **ie** and **ió** in the third-person singular and plural of the preterit and in all persons of the imperfect subjunctive. They also change the **e** of the stem to **i** in the same persons.

teñir *(to dye)*
Preterit: teñí, teñiste, **tiñó**, teñimos, teñisteis, **tiñeron**
Imp. Subj.:   tiñera(ese), tiñeras, tiñera, tiñéramos, tiñerais, tiñeran

Verbs that follow the same pattern: **ceñir, constreñir, desteñir, estreñir, reñir.**

Some Common Irregular Verbs

Only those tenses with irregular forms are given below.

adquirir *(to acquire)*
Pres. Ind.:   adquiero, adquieres, adquiere, adquirimos, adquirís, adquieren
Pres. Subj.:   adquiera, adquieras, adquiera, adquiramos, adquiráis, adquieran
Imperative: adquiere, adquiera, adquiramos, adquirid, adquieran

andar *(to walk)*
Preterit: anduve, anduviste, anduvo, anduvimos, anduvisteis, anduvieron
Imp. Subj.:   anduviera (anduviese), anduvieras, anduviera, anduviéramos, anduvierais, anduvieran

avergonzarse *(to be ashamed, to be embarrassed)*
Pres. Ind.:   me avergüenzo, te avergüenzas, se avergüenza, nos avergonzamos, os avergonzáis, se avergüenzan

Pres. Subj.:	me avergüence, te avergüences, se avergüence, nos avergoncemos, os avergoncéis, se avergüencen
Imperative:	avergüénzate, avergüéncense, avergoncémonos, avergonzaos, avergüézense

caber *(to fit, to have enough room)*

Pres. Ind.:	quepo, cabes, cabe, cabemos, cabéis, caben
Preterit:	cupe, cupiste, cupo, cupimos, cupisteis, cupieron
Future:	cabré, cabrás, cabrá, cabremos, cabréis, cabrán
Conditional:	cabría, cabrías, cabría, cabríamos, cabríais, cabrían
Imperative:	cabe, quepa, quepamos, cabed, quepan
Pres. Subj.:	quepa, quepas, quepa, quepamos, quepáis, quepan
Imp. Subj.:	cupiera (cupiese), cupieras, cupiera, cupiéramos, cupierais, cupieran

caer *(to fall)*

Pres. Ind.:	caigo, caes, cae, caemos, caéis, caen
Preterit:	caí, caíste, cayó, caímos, caísteis, cayeron
Imperative:	cae, caiga, caigamos, caed, caigan
Pres. Subj.:	caiga, caigas, caiga, caigamos, caigáis, caigan
Imp. Subj.:	cayera (cayese), cayeras, cayera, cayéramos, cayerais, cayeran
Past Part.:	caído

conducir *(to guide, to drive)*

Pres. Ind.:	conduzco, conduces, conduce, conducimos, conducís, conducen
Preterit:	conduje, condujiste, condujo, condujimos, condujisteis, condujeron
Imperative:	conduce, conduzca, conduzcamos, conducid, conduzcan
Pres. Subj.:	conduzca, conduzcas, conduzca, conduzcamos, conduzcáis, conduzcan
Imp. Subj.:	condujera (condujese), condujeras, condujera, condujéramos, condujerais, condujeran

(All verbs ending in **-ducir** follow this pattern.)

convenir *(to agree)* See **venir**.

dar *(to give)*

Pres. Ind.:	doy, das, da, damos, dais, dan
Preterit:	di, diste, dio, dimos, disteis, dieron
Imperative:	da, dé, demos, dad, den
Pres. Subj.:	dé, des, dé, demos, deis, den
Imp. Subj.:	diera (diese), dieras, diera, diéramos, dierais, dieran

decir *(to say, to tell)*

Pres. Ind.:	digo, dices, dice, decimos, decís, dicen
Preterit:	dije, dijiste, dijo, dijimos, dijisteis, dijeron
Future:	diré, dirás, dirá, diremos, diréis, dirán
Conditional:	diría, dirías, diría, diríamos, diríais, dirían
Imperative:	di, diga, digamos, decid, digan
Pres. Subj.:	diga, digas, diga, digamos, digáis, digan
Imp. Subj.:	dijera (dijese), dijeras, dijera, dijéramos, dijerais, dijeran
Pres. Part.:	diciendo
Past Part.:	dicho

detener *(to stop, to hold, to arrest)* See **tener**.

entretener *(to entertain, to amuse)* See **tener**.

errar (*to err, to miss*)
Pres. Ind.:	yerro, yerras, yerra, erramos, erráis, yerran
Imperative:	yerra, yerre, erremos, errad, yerren
Pres. Subj.:	yerre, yerres, yerre, erremos, erréis, yerren

estar (*to be*)
Pres. Inc.:	estoy, estás, está, estamos, estáis, están
Preterit:	estuve, estuviste, estuvo, estuvimos, estuvisteis, estuvieron
Imperative:	está, esté, estemos, estad, estén
Pres. Subj.:	esté, estés, esté, estemos, estéis, estén
Imp. Subj.:	estuviera (estuviese), estuvieras, estuviera, estuviéramos, estuvieras, estuvieran

haber (*to have*)
Pres. Ind.:	he, has, ha, hemos, habéis, han
Preterit:	hube, hubiste, hubo, hubimos, hubisteis, hubieron
Future:	habré, habrás, habrá, habremos, habréis, habrán
Conditional:	habría, habrías, habría, habríamos, habríais, habrían
Imperative:	he, haya, hayamos, habed, hayan
Pres. Subj.:	haya, hayas, haya, hayamos, hayáis, hayan
Imp. Subj.:	hubiera (hubiese), hubieras, hubiera, hubiéramos, hubieras, hubieran

hacer (*to do, to make*)
Pres. Ind.:	hago, haces, hace, hacemos, hacéis, hacen
Preterit:	hice, hiciste, hizo, hicimos, hicisteis, hicieron
Future:	haré, harás, hará, haremos, haréis, harán
Conditional:	haría, harías, haría, haríamos, haríais, harían
Imperative:	haz, haga, hagamos, haced, hagan
Pres. Subj.:	haga, hagas, haga, hagamos, hagáis, hagan
Imp. Subj.:	hiciera (hiciese), hicieras, hiciera, hiciéramos, hicierais, hicieran
Past Part:	hecho

imponer (*to impose, to deposit*) See **poner**.

introducir (*to introduce, to insert, to gain access*) See **conducir**.

ir (*to go*)
Pres. Ind.:	voy, vas, va, vamos, vais, van
Imp. Ind.:	iba, ibas, iba, íbamos, ibais, iban
Preterit:	fui, fuiste, fue, fuimos, fuisteis, fueron
Imperative:	ve, vaya, vayamos, id, vayan
Pres. Subj.:	vaya, vayas, vaya, vayamos, vayáis, vayan
Imp. Subj.:	fuera (fuese), fueras, fuera, fuéramos, fuerais, fueran

jugar (*to play*)
Pres. Ind.:	juego, juegas, juega, jugamos, jugáis, juegan
Imperative:	juega, juegue, juguemos, jugad, jueguen
Pres. Subj.:	juegue, juegues, juegue, juguemos, juguéis, jueguen

obtener (*to obtain*) See **tener**.

oír (*to bear*)
Pres. Ind.:	oigo, oyes, oye, oímos, oís, oyen
Preterit:	oí, oíste, oyó, oímos, oísteis, oyeron
Imperative:	oye, oiga, oigamos, oid, oigan
Pres. Subj.:	oiga, oigas, oiga, oigamos, oigáis, oigan
Imp. Subj.:	oyera (oyese), oyeras, oyera, oyéramos, oyerais, oyeran

Pres. Part.: oyendo
Past Part.: oído

oler (*to smell*)
Pres. Ind.: huelo, hueles, huele, olemos, oléis, huelan
Imperative: huele, huela, olamos, oled, huelan
Pres. Subj.: huela, huelas, huela, olamos, oláis, huelan

poder (*to be able*)
Pres. Ind.: puedo, puedes, puede, podemos, podéis, pueden
Preterit: pude, pudiste, pudo, pudimos, pudisteis, pudieron
Future: podré, podrás, podrá, podremos, podríais, podrían
Conditional: podría, podrías, podría, podríamos, podríais, podrían
Imperative: puede, pueda, podamos, poded, puedan
Pres. Subj.: pueda, puedas, pueda, podamos, podáis, puedan
Imp. Subj.: pudiera (pudiese), pudieras, pudiera, pudiéramos, pudierais, pudieran
Pres. Part.: pudiendo

poner (*to place, to put*)
Pres. Ind.: pongo, pones, pone, ponemos, ponéis, ponen
Preterit: puse, pusiste, puso, pusimos, pusisteis, pusieron
Future: pondré, pondrás, pondrá, pondremos, pondréis, pondrán
Conditional: pondría, pondrías, pondría, pondríamos, pondríais, pondrían
Imperative: pon, ponga, pongamos, poned, pongan
Pres. Subj.: ponga, pongas, ponga, pongamos, pongáis, pongan
Imp. Subj.: pusiera (pusiese), pusieras, pusiera, pusiéramos, pusierais, pusieran
Past Part.: puesto

querer (*to want, to wish, to like*)
Pres. Ind.: quiero, quieres, quiere, queremos, queréis, quieren
Preterit: quise, quisiste, quiso, quisimos, quisisteis, quisieron
Future: querré, querrás, querrá, querremos, querréis, querrán
Conditional: querría, querrías, querría, querríamos, querríais, querrían
Imperative: quiere, quiera, queramos, quered, quieran
Pres. Subj.: quiera, quieras, quiera, queramos, queráis, quieran
Imp. Subj.: quisiera (quisiese), quisieras, quisiera, quisiéramos, quisierais, quisieran

resolver (*to decide on*)
Past Part.: resuelto

saber (*to know*)
Pres. Ind.: sé, sabes, sabe, sabemos, sabéis, saben
Preterit: supe, supiste, supo, supimos, supisteis, supieron
Future: sabré, sabrás, sabrá, sabremos, sabréis, sabrán
Conditional: sabría, sabrías, sabría, sabríamos, sabríais, sabrían
Imperative: sabe, sepa, sepamos, sabed, sepan
Pres. Subj.: sepa, sepas, sepa, sepamos, sepáis, sepan
Imp. Subj.: supiera (supiese), supieras, supiera, supiéramos, supierais, supieran

salir (*to leave, to go out*)
Pres. Ind.: salgo, sales, sale, salimos, salís, salen
Future: saldré, saldrás, saldrá, saldremos, saldréis, saldrán
Conditional: saldría, saldrías, saldría, saldríamos, saldríais, saldrían
Imperative: sal, salga, salgamos, salid, salgan
Pres. Subj.: salga, salgas, salga, salgamos, salgáis, salgan

ser (*to be*)
Pres. Ind.:	soy, eres, es, somos, sois, son
Imp. Ind.:	era, eras, era, éramos, erais, eran
Preterit:	fui, fuiste, fue, fuimos, fuisteis, fueron
Imperative:	sé, sea, seamos, sed, sean
Pres. Subj.:	sea, seas, sea, seamos, seáis, sean
Imp. Subj.:	fuera (fuese), fueras, fuera, fuéramos, fuerais, fueran

suponer (*to assume*) See **poner.**

tener (*to have*)
Pres. Ind.:	tengo, tienes, tiene, tenemos, tenéis, tienen
Preterit:	tuve, tuviste, tuvo, tuvimos, tuvisteis, tuvieron
Future:	tendré, tendrás, tendrá, tendremos, tendréis, tendrán
Conditional:	tendría, tendrías, tendría, tendríamos, tendríais, tendrían
Imperative:	ten, tenga, tengamos, tened, tengan
Pres. Subj.:	tenga, tengas, tenga, tengamos, tengáis, tengan
Imp. Subj.:	tuviera (tuviese), tuvieras, tuviera, tuviéramos, tuvierais, tuvieran

traducir (*to translate*) See **conducir.**

traer (*to bring*)
Pres. Ind.:	traigo, traes, trae, traemos, traéis, traen
Preterit:	traje, trajiste, trajo, trajimos, trajisteis, trajeron
Imperative:	trae, traiga, traigamos, traed, traigan
Pres. Subj.:	traiga, traigas, traiga, traigamos, traigáis, traigan
Imp. Subj.:	trajera (trajese), trajeras, trajera, trajéramos, trajerais, trajeran
Pres. Part.:	trayendo
Past Part.:	traído

valer (*to be worth*)
Pres. Ind.:	valgo, vales, vale, valemos, valéis, valen
Future:	valdré, valdrás, valdrá, valdremos, valdréis, valdrán
Conditional:	valdría, valdrías, valdría, valdríamos, valdríais, valdrían
Imperative:	vale, valga, valgamos, valed, valgan
Pres. Subj.:	valga, valgas, valga, valgamos, valgáis, valgan

venir (*to come*)
Pres. Ind.:	vengo, vienes, viene, venimos, venís, vienen
Preterit:	vine, viniste, vino, vinimos, vinisteis, vinieron
Future:	vendré, vendrás, vendrá, vendremos, vendréis, vendrán
Conditional:	vendría, vendrías, vendría, vendríamos, vendríais, vendrían
Imperative:	ven, venga, vengamos, venid, vengan
Pres. Subj.:	venga, vengas, venga, vengamos, vengáis, vengan
Imp. Subj.:	viniera (viniese), vinieras, viniera, viniéramos, vinierais, vinieran
Pres. Part.:	viniendo

ver (*to see*)
Pres. Ind.:	veo, ves, ve, vemos, veis, ven
Imp. Ind.:	veía, veías, veía, veíamos, veíais, veían
Preterit:	vi, viste, vio, vimos, visteis, vieron
Imperative:	ve, vea, veamos, ved, vean
Pres. Subj.:	vea, veas, vea, veamos, veáis, vean
Imp. Subj.:	viera (viese), vieras, viera, viéramos, vierais, vieran
Past. Part.:	visto

volver (*to return*)
Past Part.:	vuelto

Appendix C

English Translations of Dialogues

Lección preliminar

Brief Conversations

A. "Good morning, Miss Vega. How are you?"
    "Very well, thank you, Mr. Pérez. And you?"
    "Fine, thank you."

B. "Good afternoon, Dr. Ramírez."
    "Good afternoon, Mrs. Soto. Come in and have a seat, please."
    "Thank you."

C. "Good evening, Mr. Rojas. I'm Dr. Díaz. How are you feeling?"
    "Not very well, doctor."
    "I'm sorry . . ."

D. "Thank you very much, ma'am."
    "You're welcome, miss. See you tomorrow."
    "Good-bye."

E. "Name and surname?"
    "José Luis Torres Fuentes."
    "Address?"
    "Number 10 Palma Street."
    "Telephone number?"
    "821–3942."
    "Are you married or single, Mr. Torres?"
    "I'm single."

Lección 1

At the Doctor's Office

The patient enters and speaks with the receptionist.

RECEPTIONIST:	Good morning, sir.
PATIENT:	Good morning, miss. I need to speak with Dr. Gómez, please.
RECEPTIONIST:	Very well. Name and surname?
PATIENT:	Jorge Vera Ruiz.
RECEPTIONIST:	Who is paying the bill, Mr. Vera? You or the insurance (company)?
PATIENT:	The insurance (company).
RECEPTIONIST:	The medical insurance card, please.
PATIENT:	Here it is.
RECEPTIONIST:	Thank you. Now you need to fill out this form.
PATIENT:	Very well. *(The patient fills out the form.)*

Dr. Gómez speaks with the patient. The doctor fills out the form.

DOCTOR:	Let's see . . . You weigh 170 pounds. How tall are you?
PATIENT:	5 feet, 9 inches.
DOCTOR:	*(She looks at the medical history.)* Aha . . . headache . . . stom-achache . . . and nausea . . .
PATIENT:	Yes, doctor. I vomit often. Always after meals.
DOCTOR:	Do you throw up blood?
PATIENT:	No, I don't throw up blood.
DOCTOR:	Well, we need X-rays and a blood test.
PATIENT:	Very well, doctor.

With the receptionist.

PATIENT:	When do I need to return?
RECEPTIONIST:	You need to return tomorrow at 8:30.

Lección 2

At the Hospital

The dietician speaks with Mrs. López.

DIETICIAN:	Are you Carlos López's mother?
MRS. LÓPEZ:	Yes, I'm his mom.
DIETICIAN:	What does the child want to eat today?
MRS. LÓPEZ:	He wants soup, chicken, and for dessert, fruit.
DIETICIAN:	What does he want to drink?
MRS. LÓPEZ:	Cold milk and water.
DIETICIAN:	And tomorrow, for breakfast?
MRS. LÓPEZ:	Orange juice, cereal, toast with butter, and hot chocolate.

The nurse speaks with the patient in the ward.

With Mr. Ramos:

NURSE:	Are you still coughing a lot, Mr. Ramos?
MR. RAMOS:	Yes, I need a cough syrup.
NURSE:	You smoke a lot. You shouldn't smoke so much.
MR. RAMOS:	Miss, I only smoke one pack a day.
NURSE:	Aha . . . Well, we need (a) urine sample and (a) stool speci-men for testing.
MR. RAMOS:	Okay. Oh, miss, I need my cigarettes and a cup of coffee, please.

With Mrs. Díaz:

NURSE:	Mrs. Díaz, do you wear dentures, glasses, or contact lenses?
MRS. DÍAZ:	I wear glasses to read.
NURSE:	Do you need anything?
MRS. DÍAZ:	Yes, I need another pillow and a blanket, and also a pill for the pain.
NURSE:	Very well. Do you want to urinate now?
MRS. DÍAZ:	Yes, please.
NURSE:	Fine, here's the bedpan. Do you need anything else?
MRS. DÍAZ:	Yes, please call Dr. Silva. I need to speak with her.

Lección 3

In the Pediatrician's Office (I)

Mrs. Leyva takes her son to Dr. Méndez's office. She gives her name and takes a number, and the two (of them) go to the waiting room. A while later, the nurse calls Miguel Leyva. Mrs. Leyva and her son go to a room and wait for the doctor.

With the nurse:

NURSE: What's your son's problem, Mrs. Leyva?

MRS. LEYVA: He has a cold, and since he's asthmatic, he suffers a lot, poor thing.

NURSE: Let's see ... His temperature is high ... a hundred and three degrees ... How's his appetite?

MRS. LEYVA: He eats very little and he's always tired.

NURSE: He's very pale ... Oh, here's the doctor.

With Dr. Méndez:

DR. MÉNDEZ: Miguel is very thin. He only weighs forty pounds. Very little for a seven-year-old child.

MRS. LEYVA: My son eats very little, doctor. And he's always constipated and bloated ...

DR. MÉNDEZ: Perhaps he's anemic. We need a blood test.

MRS. LEYVA: Do you think it's something serious?

DR. MÉNDEZ: No ... he needs vitamins, iron, and protein.

MRS. LEYVA: And for the cold and the fever? Is he going to need penicillin? He's allergic to penicillin.

DR. MÉNDEZ: No, your son doesn't need penicillin.

MRS. LEYVA: Is he going to need any medicine?

DR. MÉNDEZ: Yes, some capsules. He must take one after every meal and one before sleeping.

MRS. LEYVA: Okay.

DR. MÉNDEZ: The child must drink a lot of liquid, madam. Here's the prescription.

MRS. LEYVA: Very well. We're going to the pharmacy right now to buy the medicine. Should he take aspirins for the fever?

DR. MÉNDEZ: No, he must take children's Tylenol. If the fever goes over 101 degrees, he must take two teaspoonsfuls every four hours. If the fever doesn't go down, you should come back tomorrow.

MRS. LEYVA: Thank you very much, doctor. Oh! Where should I take the child for the blood test?

DR. MÉNDEZ: To the lab. Here's the referral.

Lección 4

At the Gynecologist's

Mrs. Mora hasn't had a period since January and she goes to Dr. Aranda's office. Dr. Aranda is a gynecologist.

With Dr. Aranda:

MRS. MORA:	I think I'm pregnant, doctor; I haven't had a period since January.
DR. ARANDA:	Let's see. Do your breasts hurt? Are they hard or swollen?
MRS. MORA:	Yes, doctor, and they are bigger. Also my ankles are very swollen.
DR. ARANDA:	Do you feel dizzy (have dizziness), nauseated (nausea)?
MRS. MORA:	Yes, every morning.
DR. ARANDA:	Are you tired?
MRS. MORA:	Yes, and I'm very weak. I have a backache, and I'm always sleepy.
DR. ARANDA:	Perhaps you have anemia. Do you feel (have) pain during sexual intercourse?
MRS. MORA:	Yes, I feel (have) a lot of pain.
DR. ARANDA:	Do you urinate frequently?
MRS. MORA:	Yes, very frequently.
DR. ARANDA:	Any miscarriage or abortion?
MRS. MORA:	No, not a one.

The doctor examines Mrs. Mora.

DR. ARANDA:	You have all the symptoms of being pregnant, but we need some tests to be sure. You have to eat well, rest, and avoid heavy work. You should not drink alcoholic beverages.
MRS. MORA:	I don't drink, but I smoke a lot.
DR. ARANDA:	You have to stop smoking.
MRS. MORA:	Why?
DR. ARANDA:	Because it's bad for the baby and for you, too.
MRS. MORA:	You're right, doctor. I should stop smoking.

Lección 5

At the Pediatrician's Office (II)

Mrs. Gómez takes her child to the clinic. The child has diarrhea, a 103 degree temperature, and very irritated buttocks. Now she's talking with the nurse.

NURSE:	Is the child vaccinated against diphtheria, whooping cough, and tetanus?
MRS. GÓMEZ:	No ... Is all that necessary?
NURSE:	Yes, madam, it is very important. And against polio?
MRS. GÓMEZ:	No, no ...
NURSE:	Well, next week we're going to vaccinate your daughter against diphtheria, whooping cough, and tetanus.
MRS. GÓMEZ:	All together?
NURSE:	Yes, it is a vaccination against the three diseases. Later on we will vaccinate the child against mumps, measles, and rubella.

MRS. GÓMEZ:	Okay.
NURSE:	We are also going to do a tuberculin test.
MRS. GÓMEZ:	What's that for?
NURSE:	To see if there is tuberculosis. It is only a precaution.
MRS. GÓMEZ:	Very well . . . Oh! The child has (a) rash on her buttocks. Is Vaseline good for that?
NURSE:	If there is diarrhea, the best thing is to clean the child right away and cover the skin with a special ointment.
MRS. GÓMEZ:	She also has a scab on her head.
NURSE:	For that you should use mineral oil. Ah! Here is the doctor.

With Dr. Vivar:

MRS. GÓMEZ:	My daughter has a bad case of (much) diarrhea, doctor, and she is eating very little these days.
DR. VIVAR:	Is there (any) pus or blood in her stool?
MRS. GÓMEZ:	I don't think so . . . But she has a high (much) fever.
DR. VIVAR:	(He checks the child.) She has an ear infection. I'm going to prescribe some drops for her (the) ear, an antibiotic for the infection, and Kaopectate for the diarrhea.
MRS. GÓMEZ:	Very well.
DR. VIVAR:	If there's still (a) fever, I want to see the child tomorrow afternoon. If not, next week.
MRS. GÓMEZ:	Yes, doctor. Thank you very much.

With the receptionist:

MRS. GÓMEZ:	I want to make an appointment for next week, please.
RECEPTIONIST:	Let's see . . . Is Wednesday, May first at ten-twenty okay?
MRS. GÓMEZ:	I prefer to come in the afternoon, if it's possible. What time do you close?
RECEPTIONIST:	At five. Do you want to come at three-thirty?
MRS. GÓMEZ:	Yes. Thank you very much.

Lección 6

With the Dietician

Mrs. Rivas is talking with the dietician about her son Ramón's problems.

DIETICIAN:	Mrs. Rivas, your son Ramón needs to lose weight.
MRS. RIVAS:	I know (it), but he eats constantly, especially sweets. Besides, he drinks a lot of soft drinks and he never drinks milk.
DIETICIAN:	If he doesn't want to drink milk, he can eat cheese or yogurt. In addition, you can use skim milk in the meals that you prepare for him.
MRS. RIVAS:	I'm very worried because Ramón is very fat. He weighs 150 pounds and he is only ten years old.
DIETICIAN:	He has to lose weight because obesity is dangerous.
MRS. RIVAS:	Does he need to follow (go on) a strict diet? That's going to be very difficult.
DIETICIAN:	We're not talking about a strict diet, but the child must lose weight because later on he can have problems with his heart.
MRS. RIVAS:	I'm always afraid because my father has heart problems, and my mother is a diabetic.

DIETICIAN:	That's why he has to be very careful. I have here a list of foods that your son should eat. It is important to have variety. Many of the foods on the list have few calories.
MRS. RIVAS:	Let's see if he can lose weight now . . .
DIETICIAN:	He must eat at least one thing from each group, but in small quantities.
MRS. RIVAS:	Do I have to count calories?
DIETICIAN:	No, it's not necessary to count them, but Ramón has to exercise and eat only half of what he eats now, and above all, he should avoid fats.
MRS. RIVAS:	But Ramón has lunch at school and he generally eats hamburgers and French fries.
DIETICIAN:	He can eat them sometimes, but not very often.
MRS. RIVAS:	When do we come back?
DIETICIAN:	In two weeks; and here is the list of foods. If you have questions, you can call me.

Group 1

skim milk
cheese
yogurt
margarine (a little)

Group 2

fish
chicken
liver
eggs
beans
peanut butter (a little)

Group 3

oranges
grapefruit
green and red peppers
strawberries
melon
cabbage
broccoli
tomatoes

Group 4

tortillas
cereal
bread
macaroni
spaghetti
rice

Lección 7

At the Family Planning Center

Mrs. Reyes is at the Family Planning Center. She's a newlywed and, since she's very young, she doesn't want to have children yet. She asks Dr. Fabio for information about the different methods used for birth control.

MRS. REYES:	Dr. Fabio, I know that I can take birth control pills, but many say they cause cancer.
DR. FABIO:	If you don't want to use the pill, there are different methods that you can try to avoid pregnancy.
MRS. REYES:	But, are they effective too?
DR. FABIO:	Of all the methods, the pill is the best, but many women prefer not to take it.
MRS. REYES:	I know a lady who uses an IUD. She says she doesn't have any problems, but aren't IUD's dangerous?

DR. FABIO:	Not necessarily. The doctor inserts it in the uterus ... but sometimes they can cause problems ...
MRS. REYES:	Is there any other method?
DR. FABIO:	Yes, you can use a diaphragm, which serves to cover the opening of the uterus and part of the vagina.
MRS. REYES:	Must the doctor insert it?
DR. FABIO:	No. The doctor measures the vagina to determine the correct size, but you insert it.
MRS. REYES:	When must I insert it?
DR. FABIO:	Before having sexual intercourse.
MRS. REYES:	I see that it isn't very easy, either.
DR. FABIO:	No ... Besides, you must cover the diaphragm with jelly or cream on the inside and on the outside.
MRS. REYES:	And the condom? Is it effective?
DR. FABIO:	Yes, if you use it correctly.
MRS. REYES:	And what do you think of the implants that can be placed in the woman's arm?
DR. FABIO:	I'm going to give you some brochures that have information about that method. You can read them.
MRS. REYES:	And if I follow the rhythm method, doctor?
DR. FABIO:	Well, in that case, you must know what your fertile period is.
MRS. REYES:	The fertile period ... ?
DR. FABIO:	Yes, a few days before, during, and after ovulation.
MRS. REYES:	Well, I'm going to think about it, doctor. Thanks for everything.
DR. FABIO:	You're welcome. Good luck.
MRS. REYES:	What do I do now? Do I make an appointment with the receptionist for next week?
DR. FABIO:	Yes, I can see you next week.

Lección 8

A Physical Examination

Carlos is in Dr. Díaz's office. The doctor is giving him a general checkup. The nurse brings the patient's medical history and gives it to the doctor. Carlos's blood pressure is normal, and he seems very healthy.

DR. DÍAZ:	Do you often have headaches?
CARLOS:	Yes, sometimes, when I read a lot.
DR. DÍAZ:	Can you bend your head forward until you touch your chest with your chin?
CARLOS:	Like this?
DR. DÍAZ:	Yes. Now backwards. Does it hurt (you) when you do that?
CARLOS:	No, it doesn't hurt.
DR. DÍAZ:	Do you have any ringing in your ears sometimes?
CARLOS:	Yes, in this ear, at times.
DR. DÍAZ:	Do you have a cough or are you hoarse without having a cold?
CARLOS:	No, never.
DR. DÍAZ:	Can you breathe through your mouth, please? Take a deep breath ... slowly. Do you have difficulty breathing sometimes?
CARLOS:	Only after running a lot.

DR. DÍAZ:	Do you feel any pain in your chest?
CARLOS:	No.
DR. DÍAZ:	Is your blood pressure sometimes high or low?
CARLOS:	It is always normal when they take it for me.
DR. DÍAZ:	Does your stomach hurt sometimes after eating?
CARLOS:	When I eat a lot and in a hurry.
DR. DÍAZ:	Does it hurt (you) when I press your stomach like this?
CARLOS:	It hurts (me) a little . . .
DR. DÍAZ:	Does your penis hurt when you urinate?
CARLOS:	No.
DR. DÍAZ:	Can you bend your knees . . . ? Again, separating them . . . Do you feel any pain in your bones?
CARLOS:	No, doctor.
DR. DÍAZ:	Do you feel itching or burning sometimes?
CARLOS:	No, nothing out of the ordinary . . .
DR. DÍAZ:	Do you sleep well?
CARLOS:	Sometimes I have insomnia.
DR. DÍAZ:	Do you gain and lose weight frequently?
CARLOS:	No, I always weigh more or less the same.
DR. DÍAZ:	Good. We are going to do a blood test to see if there is diabetes or if you have high cholesterol. You must go to the lab with an empty stomach and give this order to the nurse.
CARLOS:	Very well, doctor. When do I come back?
DR. DÍAZ:	If the test result is negative, in six months. If it is positive, I'll call you.
CARLOS:	Thank you.

Lección 9

At the Dentist

Anita goes to the dentist because her tooth hurts. After entering the dentist's office, she sits down and the assistant takes some X-rays. Now the dentist comes to examine her teeth.

DENTIST:	Open your mouth, please. Which one is the tooth that hurts? Touch it.
ANITA:	This one. I can't bite anything, and if I eat something very cold or very hot, the pain is unbearable.
DENTIST:	Let's see. *(He looks at the X-ray.)* I need to extract the tooth. I'm not going to be able to save it because you have an abscess. Another day we are going to extract your wisdom teeth because they don't have enough space.
ANITA:	Very well. Doctor, to pull out my tooth, are you going to give me local or general anesthesia?
DENTIST:	It's a simple extraction. I'm going to give you novocaine.
ANITA:	Do I have any decayed teeth?
DENTIST:	Yes, you have two cavities and you have a molar that needs a crown.
ANITA:	All that?
DENTIST:	Yes, I'm sorry.
ANITA:	Doctor, my gums bleed a lot when I brush my teeth . . .
DENTIST:	Yes, I see that they are very swollen and you have a lot of tartar. That can cause pyorrhea and bad breath.
ANITA:	Then, should I ask for an appointment with the hygienist?

DENTIST:	Yes, ask for an appointment in three or four weeks with the hygienist and also to have your teeth filled.
ANITA:	And for the problem with my gums, what do I do?
DENTIST:	Brush your teeth after every meal with a good (tooth)brush and a tartar control toothpaste. Oh, and don't forget to use dental floss every day.

The dentist extracts the tooth.

DENTIST:	Rinse (out) your mouth and spit here. (*He puts gauze on the wound.*) During the (next) hour, change the gauze you have on the wound every ten or fifteen minutes and don't rinse your mouth today. Tomorrow rinse it out with lukewarm salt water.
ANITA:	If it hurts, can I take aspirin?
DENTIST:	No, take Advil or Motrin or another painkiller without aspirin. If you have swelling in your face, put an ice pack on it.
ANITA:	Anything else?
DENTIST:	If it bleeds a little, use two pillows for sleeping. If it bleeds a lot, call me.

Upon leaving the dentist's office, the assistant calls her.

ASSISTANT:	Miss, is this purse yours?
ANITA:	Yes, it's mine. Thank you.

Lección 10

At the Emergency Room

An accident:

An ambulance arrives at the hospital. . . . They are bringing in an injured man. They take the stretcher to the emergency room.

DOCTOR:	What happened?
PATIENT:	Oh . . . ! My car ran into a tree, I hit my head, and I cut my forehead. It was terrible.
DOCTOR:	Did you lose consciousness?
PATIENT:	I think so, but it was only for a few seconds.
DOCTOR:	How do you feel now?
PATIENT:	My head hurts a lot.
DOCTOR:	Well, I am going to clean and disinfect the wound for you. Then I am going to give you stitches and bandage your head.
PATIENT:	Are you going to give me a shot first?
DOCTOR:	Yes. Afterwards we are going to take some X-rays to see if there is a fracture. The nurse is going to take you to the X-ray room.

A case of poisoning:

A mother brings her son to the emergency room. The child took poison.

DOCTOR:	How much poison did the child take, madam?
MOTHER:	I don't know . . . here is the bottle . . . it is almost empty . . .
DOCTOR:	Did he vomit or did you give him any liquid?
MOTHER:	No, he didn't vomit and he didn't drink anything.
DOCTOR:	We are going to pump his stomach. Don't worry. He'll soon be well. Wait outside, please.

A fracture:

Mrs. García fell down the stairs, and her husband brings her to the emergency room.

DOCTOR:	Where does it hurt, madam?
MRS. GARCÍA:	My ankle hurts a lot; I think I twisted it.
DOCTOR:	Let's see ... No, I think it's a fracture.

The nurses take Mrs. García to the X-ray room on a stretcher. After seeing the X-rays, the doctor confirms his diagnosis and explains to Mrs. García what he's going to do.

DOCTOR:	Well yes, Mrs. García, you fractured your ankle. We're going to have to put it in a cast.
MRS. GARCÍA:	For how long does it have to be in a cast?
DOCTOR:	For six weeks.
MRS. GARCÍA:	Am I going to have to use crutches to walk?
DOCTOR:	Yes, madam.

A burn:

A child burned herself, and her father brings her to the emergency room.

DOCTOR:	Did the child burn herself with something electric or some acid?
THE FATHER:	No, she burned herself with boiling water.
DOCTOR:	The child has a third-degree burn. We are going to have to admit her.

Lección 11

A Baby is Born

Mr. Guerra phones the doctor because his wife has started having labor pains.

DR. PEÑA:	How long has she been having the pains?
MR. GUERRA:	It's been about two hours. They started at four in the afternoon.
DR. PEÑA:	How often do they come?
MR. GUERRA:	Every five minutes.
DR. PEÑA:	Does she feel the pains in her back first and then in her abdomen?
MR. GUERRA:	Yes.
DR. PEÑA:	Bring her to the hospital right away.

Twenty minutes later, Mrs. Guerra is in the hospital. Her husband brought her, and Mrs. Guerra's mother came with them. Her water bag has already broken.

DR. PEÑA:	Open your legs and bend your knees. Relax. Don't tense up. *(After examining her)* Well, you have to stay in the hospital. What time did you have a bowel movement?
MRS. GUERRA:	This afternoon, after eating.
DR. PEÑA:	We're going to take you to the delivery room right now.

In the delivery room, Mr. Guerra is with his wife.

DR. PEÑA:	Don't push if you don't feel the pains. Calm down. Breathe normally.
MRS. GUERRA:	Give me something to get rid of (calm) the pain ... please ... Am I going to need a cesarean operation?

DR. PEÑA:	No, you are a little narrow, but everything is going well. We're going to give you a shot, and you are not going to feel the pain. *(They gave her a shot.)* Now you are having a contraction. Push. Very good. I'm going to have to use forceps to get the baby out. *(To the nurse)* Give me the forceps.
MRS. GUERRA:	Are you going to use forceps? That can hurt the baby!
DR. PEÑA:	No, don't worry. Push … It's already coming out … It's a boy!
MR. GUERRA:	We have a son!
MRS. GUERRA:	I had a boy … ?
DR. PEÑA:	Yes, and everything turned out fine. You didn't feel much pain, right? Now the placenta has to come. Push again. Like that … that's it …

Later on:

DR. PEÑA:	Are you going to nurse the baby or are you planning on giving him a bottle?
MRS. GUERRA:	I plan to give him a bottle.
DR. PEÑA:	In that case, in order to not have milk you should put ice packs on your breasts and take Tylenol when you feel pain. Oh, did you (already) choose a name for the child?
MRS. GUERRA:	Yes, his name is going to be Gustavo Adolfo.

Mrs. Guerra talks with her husband in the room.

MRS. GUERRA:	*(To her husband)* Go (to) see the child in the nursery. He's very cute, right? Do me a favor, tell the nurse that we want to have the baby with us for a while.

Lección 12

At the Medical Center

One morning in the offices of some specialists.

In the ophthalmologist's office:

OPHTHALMOLOGIST:	I'm going to do an examination of your vision. Look at the wall. Can you read the smallest letters?
PATIENT:	I don't see them clearly.
OPHTHALMOLOGIST:	And the following line?
PATIENT:	It's also blurry.
OPHTHALMOLOGIST:	The next (one)?
PATIENT:	That (one) I can read! *(She reads the letters.)*
OPHTHALMOLOGIST:	Now, look directly at the light in this apparatus. Tell me now how many lights you see. Are they near or far away?
PATIENT:	I see two … they are close …
OPHTHALMOLOGIST:	Follow the red dot … Now read the letters with these glasses. Which letters do you see better? The letters on the red side or the letters on the green side?

| PATIENT: | The letters that are on the green side. |
| OPHTHALMOLOGIST: | Now I'm going to do a glaucoma test. Place your chin here and look directly at the light. |

In the urologist's office:

MR. PAZ:	Doctor, my wife had another baby, and we didn't want (any) more children . . . She told me that she could tie her tubes or that I could have a vasectomy . . .
DOCTOR:	The decision is yours.
MR. PAZ:	If I have a vasectomy, how long do I have to be in the hospital?
DOCTOR:	I can operate on you right here, and you only have to be off work for two days. It's not major surgery.
MR. PAZ:	Oh, it's minor surgery. I didn't know that it was so easy. I'm going to think about it.

In the surgeon's office:

DOCTOR:	When was the last time you had a mammogram?
MRS. MENA:	Last year, but the other day, when I was checking my breasts, I found a little lump in my left breast.
DOCTOR:	Let's see.

After examining her:

DOCTOR:	Yes, I found something hard in your breast.
MRS. MENA:	It may be cancer, right?
DOCTOR:	It may be a cyst or a tumor, but the majority of tumors are benign. To make sure that it is not malignant, we are going to do a biopsy.

In the dermatologist's office:

PATIENT:	Doctor, I have a lot of acne. I used a cream, but it didn't work for me.
DOCTOR:	Yes, you have many pimples and blackheads. It is a frequent problem in young people.
PATIENT:	When I was a teenager, I used to eat a lot of fats and a lot of chocolate, but now I take better care of myself.
DOCTOR:	Diet (Food) doesn't matter much in this case, but you need treatment.
PATIENT:	What do I have to do?
DOCTOR:	I'm going to take out the blackheads and the pus from the pimples. Besides, you must use a medicated soap and a lotion.
PATIENT:	Very well. Oh! I have a wart on my neck. I tried to cut it off, but it was bleeding a lot.
DOCTOR:	That is dangerous. I can remove it next time.

Lección 13

At the Hospital

Mrs. Peña had a hemorrhage two days ago. They brought her to the hospital the night before last and gave her a blood transfusion. Her doctor has just visited her and now she is talking with the nurse.

NURSE:	Good morning, madam. You look much better today. How did you sleep last night?
MRS. PEÑA:	I slept better with the tablets that the doctor gave me.
NURSE:	Yes, they were painkillers. Does your arm hurt where they gave you the blood (transfusion)?
MRS. PEÑA:	Yes. When are they going to take out the serum (I.V.)? I have some bruises around the vein and my arm hurts (me) a lot.
NURSE:	Oh, I didn't know you were having problems. I'm going to take it out right now. But first I'm going to take your pulse and temperature. Put the thermometer under your tongue, please.

A while later:

MRS. PEÑA:	I need the bedpan, please.
NURSE:	Here it is. Lift your buttocks so I can place the bedpan for you. Afterwards I'm going to give you a sponge bath here in bed.
MRS. PEÑA:	My arm still hurts.
NURSE:	I am going to put some cold water compresses on it.

The nurse bathes the patient, helps her change clothes, and gives her a back rub.

MRS. PEÑA:	Now I feel much better. Can you raise the bed a little for me?
NURSE:	Of course! Are you comfortable like this? I'll bring you your lunch right away. But first, I'm going to give you a spoonful of this liquid.
MRS. PEÑA:	Oh! I don't like that medicine. Oh! . . . I was worried . . . I had a watch and two rings when I came . . .
NURSE:	Don't worry. Jewelry is put away (kept) in the hospital safe. If you need anything else, let me know. Press this button that's at the side of the bed.
MRS. PEÑA:	That's very kind (of you). Thank you. Oh! What are the visiting hours?
NURSE:	From two to three and from seven to nine.
MRS. PEÑA:	When do you think I am going to be released?
NURSE:	I don't know. You have to ask your doctor. We need a written order from him.
MRS. PEÑA:	Oh, I didn't want to stay in the hospital so long (for so much time)!

Lección 14

In the Lab and the X-ray Room

Mrs. Pérez has come to the lab today because three days ago her doctor ordered some tests for her.

A blood test:

TECHNICIAN:	How long ago did you eat?
MRS. PÉREZ:	I'm fasting. I haven't eaten anything since last night.
TECHNICIAN:	Very well. I'm going to take a blood sample (from you) for the thyroid test and for the (blood) count.

MRS. PÉREZ:	Are you going to take blood from the vein?
TECHNICIAN:	Yes, roll up your sleeve. Stretch your arm out and open and close your hand. Now leave it closed.
MRS. PÉREZ:	Like this?
TECHNICIAN:	Yes, I'm going to put a tourniquet around your arm. It's going to be a little tight.
MRS. PÉREZ:	Is it going to hurt me?
TECHNICIAN:	No, open your hand little by little. That's it. Now I'm going to put an adhesive bandage on you.

A urine test:

TECHNICIAN:	I need a urine sample. Go to the bathroom and urinate in this little glass (cup).
MRS. PÉREZ:	Where is the bathroom?
TECHNICIAN:	It's the second room on the right. Clean your genitals well with this.
MRS. PÉREZ:	Do you need all the urine?
TECHNICIAN:	No. Start to urinate in the toilet, and after a few seconds, finish urinating in the little cup. Then cover the cup tightly.
MRS. PÉREZ:	Okay. Where should I leave the stool sample?
TECHNICIAN:	Take it to the room that is at the end of the hallway, on the left.
MRS. PÉREZ:	When will the tests be ready?
TECHNICIAN:	Your doctor will let you know.

A chest X-ray:

Mr. Franco went to the X-ray room because his doctor had ordered a chest X-ray for him.

| TECHNICIAN: | Take off your clothes and put on this robe. |

A few minutes later:

TECHNICIAN:	Stand here and put your arms at your sides.
MR. FRANCO:	Like this?
TECHNICIAN:	No, get a little closer. Don't move … Take a deep breath … hold your breath … don't breathe now … breathe …
MR. FRANCO:	May I go now?
TECHNICIAN:	No, wait a moment.
MR. FRANCO:	I thought we had finished already.
TECHNICIAN:	I have to see if the X-ray has turned out okay.

An X-ray of the colon:

Mr. Barrios needs to have an X-ray of the colon.

TECHNICIAN:	Lie down on the table. We're going to insert this tube into your rectum.
MR. BARRIOS:	Is that going to hurt (me)?
TECHNICIAN:	No, it's not going to hurt (you). Relax. Don't tense up. Breathe through your mouth.
MR. BARRIOS:	Is this like an enema?
TECHNICIAN:	Something similar. Turn on your right side … now on your left side. That's it.

A fluoroscopy of the stomach:

Mrs. Sosa goes to the lab to have a fluoroscopy of the stomach.

TECHNICIAN:	Please stand here and drink this liquid.
MRS. SOSA:	Shall I drink it all now?
TECHNICIAN:	No, I'll tell you (let you know) when you can drink it.
MRS. SOSA:	Very well.
TECHNICIAN:	Drink a little ... swallow now ...
MRS. SOSA:	This is very bad. I don't like it ...
TECHNICIAN:	Drink a little more, please ... swallow now ... don't swallow ...
MRS. SOSA:	Have we already finished?
TECHNICIAN:	Yes, you may go.

Lección 15

Venereal Diseases

Miss Ramos suspects she has a venereal disease. Finally today she goes to the Department of Public Health and is now talking about her problems with a nurse.

MISS RAMOS:	I would like to speak with a doctor because I think I have a venereal disease.
MRS. MÉNDEZ:	What are your symptoms? Do you have a sore or lesion?
MISS RAMOS:	No, but when I urinate, my vagina burns a lot, and besides, I have a discharge (a liquid comes out of me) ...
MRS. MÉNDEZ:	Does the liquid have a yellowish or greenish color?
MISS RAMOS:	Yes, it is greenish and it has (a) bad odor.
MRS. MÉNDEZ:	When did all this begin?
MISS RAMOS:	I started having a lot of burning two weeks ago.
MRS. MÉNDEZ:	Do you know if the man with whom you have had sexual relations also has those symptoms?
MISS RAMOS:	Well ... I don't know ... I think one of them has syphilis or gonorrhea ... or herpes.
MRS. MÉNDEZ:	Miss Ramos, you will have to go to the Venereal Disease Clinic. There they will tell you if you need treatment.

The following day, Miss Ramos goes to the Venereal Disease Clinic. One of the doctors examines her and sees that she has several symptoms that indicate gonorrhea. A test confirms the diagnosis and the doctor gives her an antibiotic. Moments later, Miss Ramos arrives at the office of Mrs. Alba, (a) V.D. investigator.

MRS. ALBA:	How long have you had these symptoms, Miss Ramos?
MISS RAMOS:	About two weeks ...
MRS. ALBA:	When was the last time you had sex?
MISS RAMOS:	A week ago.
MRS. ALBA:	We need to know the name and address of the man with whom you had sex, Miss Ramos.
MISS RAMOS:	What for?
MRS. ALBA:	If he has gonorrhea, he will need treatment, and the sooner, the better.
MISS RAMOS:	Well ... I had gone to bed with other men before.
MRS. ALBA:	We need the names and addresses of all of them. It's very important. Gonorrhea is very contagious.
MISS RAMOS:	Well, I think I'll be able to get them.

MRS. ALBA:	Don't drink any alcoholic beverages or go to bed with anybody until you are completely cured. Avoid physical exercises.
MISS RAMOS:	Okay. Will I have to come back next week?
MRS. ALBA:	Yes. Could you come Monday at three o'clock in the afternoon?
MISS RAMOS:	Yes, I will come on Monday, without fail.

Lección 16

Hypertension Problems

Mr. Castro is in Dr. Rivas's office. The nurse takes his blood pressure and sees that it is extremely high. It is 200 over 98.

DR. RIVAS:	Mr. Castro, your blood pressure is very high.
MR. CASTRO:	I'm only thirty years old, doctor. Isn't that a problem for elderly people?
DR. RIVAS:	No, it can happen at any age.
MR. CASTRO:	My father has high blood pressure also.
DR. RIVAS:	Yes, sometimes the problem is hereditary.
MR. CASTRO:	But I feel fine. I'm not nervous. I don't have palpitations . . .
DR. RIVAS:	Well, because the problem is barely beginning . . . But it is extremely important to treat it now. I advise you not to wait, because this can affect your heart.
MR. CASTRO:	Could it cause me any other problems?
DR. RIVAS:	Yes, it could cause (you) a stroke.
MR. CASTRO:	But that can leave me paralyzed!
DR. RIVAS:	Yes, a stroke can cause total or partial paralysis.
MR. CASTRO:	My father has had many problems with his kidneys.
DR. RIVAS:	Well, you will be able to avoid all this if you follow a treatment to control your blood pressure.
MR. CASTRO:	That's what I would like to do, of course. What do you suggest I do?
DR. RIVAS:	I advise you to eliminate or at least reduce the amount of salt you use in your food.
MR. CASTRO:	It will be difficult, but I'll try to do it. What else do you recommend that I do?
DR. RIVAS:	I want you to avoid alcohol and tobacco. Also, it is necessary to lose weight and exercise at least three times a week.
MR. CASTRO:	Are you going to prescribe any medicine for me?
DR. RIVAS:	Yes, I'm going to give you some pills. If you feel worse after taking them, cut down the dosage; take half a pill.
MR. CASTRO:	How long do you want me to take the medicine?
DR. RIVAS:	It depends. Many times, the problem can be solved with the change in diet and exercise.
MR. CASTRO:	Very well. I want to start (the) treatment as soon as possible.

Lección 17

At the Office of Doctor Gómez, General Practitioner

Dr. Gómez talks with three of his patients.

With Mr. Nova, who has diabetes:

MR. NOVA: I've been feeling a great deal of tiredness and weakness lately, doctor, and I have fainted two or three times.

DR. GÓMEZ: From the tests, I see that your sugar (count) is very high.

MR. NOVA: Then I have diabetes, doctor?

DR. GÓMEZ: Yes, and it is important that you follow faithfully the instructions I'm going to give you.

MR. NOVA: Am I going to have to follow a special diet?

DR. GÓMEZ: Yes, and I want you to lose weight. In addition, you have to inject yourself with insulin daily.

With Mrs. Ordaz, who has an ulcer:

MRS. ORDAZ: I think I have an ulcer, doctor. I have a lot of acidity, and generally when I have an empty stomach, it hurts. I feel better when I eat.

DR. GÓMEZ: Do you take any antacid (medicine) or milk?

MRS. ORDAZ: Yes, I drink a glass of milk and the pain goes away. Sometimes I throw up.

DR. GÓMEZ: Have you ever noticed blood in your vomit or black stool?

MRS. ORDAZ: No, never.

DR. GÓMEZ: We are going to take an X-ray because I'm afraid that you may have an ulcer.

MRS. ORDAZ: Can I eat anything?

DR. GÓMEZ: No, it is necessary that you avoid very spicy foods and drinks with caffeine. Don't drink alcoholic beverages and don't smoke.

MRS. ORDAZ: Are you going to prescribe any medicine for me?

DR. GÓMEZ: Yes, I'm going to prescribe a medicine (for you) that cures ulcers.

MRS. ORDAZ: A friend of mine is taking Tagamet. Is it good?

DR. GÓMEZ: Yes, that is the commercial name of *Cimetidine*, which is one of the medications used for the treatment of ulcers. I'm going to prescribe it for you.

With Mr. Rosas, an elderly man, eighty-two years old:

MR. ROSAS: Doctor, I have a lot of problems with hemorrhoids. I'm very constipated. Should I take a laxative or a cathartic?

DR. GÓMEZ: You can take a laxative once in a while, but not regularly.

MR. ROSAS: Also my stomach hurts a lot.

DR. GÓMEZ: We're going to do an ultrasound to see if you have stones in your gallbladder, but first I'm going to examine you. Open your mouth and stick out your tongue. Say "ah."

MR. ROSAS: Doctor, I can't hear you well. I think I'm going deaf.

DR. GÓMEZ: You need a hearing aid.

MR. ROSAS: Okay. I hope my son buys me one. Oh, doctor, my legs hurt a great deal. Couldn't you prescribe something for varicose veins?

DR. GÓMEZ: Buy a pair of support (elastic) stockings. I hope that will help you.

Lección 18

At the Drug Abuse Clinic

Miss Muñoz, coordinator of the Antidrug Program, is talking with Mario Acosta, a fifteen-year-old boy.

MISS MUÑOZ:	Tell me, how long have you been taking drugs, Mario?
MARIO:	I don't know . . . about two years.
MISS MUÑOZ:	Did you ever have hepatitis or any other liver disease?
MARIO:	I don't know, but I don't think so.
MISS MUÑOZ:	When was the last time you went to the doctor?
MARIO:	About four or five years ago.
MISS MUÑOZ:	Do you drink alcoholic beverages?
MARIO:	Yes, beer or wine . . . sometimes, but I don't think that hurts me . . .
MISS MUÑOZ:	Do you take amphetamines?
MARIO:	Yes.
MISS MUÑOZ:	When did you start taking drugs daily?
MARIO:	When I was thirteen years old.
MISS MUÑOZ:	How many times a day?
MARIO:	Three times (a day).
MISS MUÑOZ:	What dosage? How many "balloons" do you buy?
MARIO:	Six . . . sometimes eight or nine.
MISS MUÑOZ:	Tell me, do you inject the drug in the vein or do you smoke it?
MARIO:	I smoke it . . . sometimes I also inject it.
MISS MUÑOZ:	Have you been tested for AIDS?
MARIO:	No.
MISS MUÑOZ:	When was the last time you tried to stop (using) drugs?
MARIO:	Last week.
MISS MUÑOZ:	And how long were you able to go without taking drugs?
MARIO:	A day and a half . . . I doubt that I can stand it any longer. Is there anything you can give me to help me?
MISS MUÑOZ:	I'm sure we'll be able to help you here. Come with me.
MARIO:	There is no one who can do anything for me.
MISS MUÑOZ:	Don't say that. Fill out this form, and the doctor will see you right away.
MARIO:	My little sister, who is twelve years old, started to smoke marijuana. May I bring her?
MISS MUÑOZ:	Yes, bring her as soon as possible.

Lección 19

Useful Advice

A young mother speaks with her baby's pediatrician.

MOTHER:	I would like to ask you some questions, doctor.
PEDIATRICIAN:	Very well.
MOTHER:	I'm still afraid to leave the baby alone in the crib . . .
PEDIATRICIAN:	He's safe in his crib if there aren't (any) dangerous objects in it like pins, coins, buttons, plastic bags, etc.
MOTHER:	Can he use his little pillow?

PEDIATRICIAN:	Don't use pillows; they can suffocate the child.
MOTHER:	The other day, (while) drinking his bottle, the baby choked; and I don't know why . . . I was very scared.
PEDIATRICIAN:	Perhaps the hole in the bottle (nipple) is too big.
MOTHER:	I'm going to check it, but I don't believe it was that. When he starts crawling and standing up, I'm going to have more problems.
PEDIATRICIAN:	As soon as he starts walking around the house, you have to be much more careful because the baby can poison himself with many things around the house, like bleach, dyes, insecticides, paints, detergents, makeup, etc. In this pamphlet you'll find other useful instructions.

Instructions

1. The child should not be near the oven, the stove, the iron, matches, hot liquids, or electrical appliances.

2. If the child burns himself, treat the burn with water, not with ice. Never put iodine or butter on a burn. If the burn is serious, take the child to the doctor.

3. Put covers on the electrical outlets that are not in use and cover the ones that are in use with pieces of furniture.

4. In case of cuts or scratches, clean the wound with water and soap, and cover it with a bandage. If the wound is deep, call the doctor. If it bleeds a lot, apply pressure on the wound and take him (the child) to the doctor.

5. Don't leave the child in the sun for a long time and put a bonnet on him. For a small child, two minutes a day is enough.

6. Don't leave the child alone in the house or in the bathtub or in the pool or in the car.

7. Have your children vaccinated before they start school.

8. At home and in your car, always have a medicine chest or a first-aid kit with the following:

adhesive tape	hydrogen peroxide
bandages	antibacterial cream
gauze	antihistamine (*Benadryl* liquid)
tweezers	ointment for minor burns
scissors	ipecac
thermometer	Tylenol
alcohol	

Also have the telephone numbers of the poison center, the paramedics, the hospital, and your doctor.

Lección 20

At the Cardiologist's Office

With Mr. Calles:

Mr. Calles has some problems that could indicate that he has heart trouble, and his doctor told him to see the cardiologist.

DOCTOR:	Has your doctor told you that you have problems with your heart?
MR. CALLES:	No, but I have some symptoms that could indicate a problem, and my doctor told me to come to see you.
DOCTOR:	Have you ever had rheumatic fever or twitching in your extremities?
MR. CALLES:	No, never.
DOCTOR:	Does your chest hurt or do you feel any tightness when you exercise?
MR. CALLES:	Yes, sometimes I have pain and shortness of breath ... when I go up the stairs, for example ...
DOCTOR:	Is it a dull pain or a sharp (one)?
MR. CALLES:	It's a sharp pain.
DOCTOR:	Does your heart beat very fast sometimes?
MR. CALLES:	Yes, when I run.
DOCTOR:	Do you sometimes have (break out in a) cold sweat after strenuous exercise?
MR. CALLES:	No.
DOCTOR:	Has any blood relative of yours ever had a heart attack before (he was) sixty?
MR. CALLES:	Well, an uncle, the brother of my mother, died of a heart attack at fifty.
DOCTOR:	Aha ... Do you get cramps in your legs when you walk several blocks?
MR. CALLES:	Well, if I walked, perhaps I would have cramps, but I hardly ever walk.
DOCTOR:	Have they ever found elevated uric acid in your blood?
MR. CALLES:	No.
DOCTOR:	Okay, before starting any treatment, we are going to do an electrocardiogram (on you).

With Mr. Luna:

The cardiologist talks with Mr. Luna about the pacemaker that the patient needs.

DOCTOR:	I'm going to place in your chest, under the skin, a small box that contains batteries.
MR. LUNA:	Is that going to make me better?
DOCTOR:	Yes, with the pacemaker, your heart is going to beat better.
MR. LUNA:	Am I going to be awake when you do it (to me)?
DOCTOR:	No, you're going to be asleep.
MR. LUNA:	The other doctor told me to ask you whether I would have certain limitations.
DOCTOR:	Well, call me if they tell you that you need an X-ray. You have to let them know you have a pacemaker.
MR. LUNA:	What other precautions must I take?
DOCTOR:	If you go to the dentist, tell him that you have a pacemaker.
MR. LUNA:	How long are the batteries in the pacemaker going to last me?
DOCTOR:	They are going to last you between ten and fifteen years.

Appendix D

Weights and Measures

Length

la pulgada = *inch*
el pie = *foot*
la yarda = *yard*
la milla = *mile*
1 pulgada = 2.54 centímetros
1 pie = 30.48 centímetros
1 yarda = 0.9144 metro
1 milla = 1.609 kilómetros
1 centímetro (cm) = .3937 pulgadas (*less than ½ inch*)
1 metro (m) = 39.37 pulgadas (*1 yard, 3 inches*)
1 kilómetro (km) (1.000 metros) = .6214 millas (*⅝ mile*)

Weight

la onza = *ounce*
la libra = *pound*
la tonelada = *ton*
1 onza = 28.35 gramos
1 libra = 0.454 kilogramo
1 tonelada = 0.907 tonelada métrica
1 gramo (g) = .03527 onzas
100 gramos = 3.527 onzas (*less than ¼ pound*)
1 kilogramo (kg) (1.000 gramos) = 2.2 libras

Liquid Measure

la pinta = *pint*
el cuarto (de galón) = *quart*
el galón = *gallon*
1 pinta = 0.473 litro
1 cuarto = 0.946 litro
1 galón = 3.785 litros
1 litro (1) = 1.0567 cuartos (de galón) (*slightly more than a quart*)

Surface

el acre = *acre*
1 hectárea = 2.471 acres

Temperature

°C = *Celsius or Centigrade;* °F = *Fahrenheit*
0° C = 32° F (*freezing point of water*)
37° C = 98.6° F (*normal body temperature*)
100° C = 212° F (*boiling point of water*)
Conversión de grados Fahrenheit a grados Centígrados
   °C = ⅝ (°F − 32)
Conversión de grados Centígrados a grados Fahrenheit
   °F = ⅝ (°C) + 32

Answer Key to *Vamos a practicar* sections

Lección preliminar

A. 1. Farmacia "Marín": dos - cuatro - uno - cuarenta y dos - veintiocho
    2. Dr. Manuel Montoya, dentista: dos - seis - cinco - noventa y dos - sesenta
    y siete   3. Ambulancia: dos - tres - cinco - treinta - once   4. Policía: ciento
    doce   5. Hospital Municipal: dos - cinco - siete - ochenta y cuatro -
    noventa y tres

B. 1. ese - a - ene - de - o - ve - a -ele   2. efe - u - e - ene - te - e - ese   3. ve -
    a - ere - e - ele - a   4. u - ge - a - ere - te - e   5. be - a - ere - ere - i - o -
    ese   6. zeta - u - be - i - zeta - a - ere - ere - e - te - a

C. 1. el / los apellidos   2. la / las direcciones   3. la / las doctoras   4. el / los
    señores   5. el / los nombres   6. la / las conversaciones   7. la / las calles
    8. el / los números

Lección 1

A. 1. necesitamos / habla / hablamos   2. necesitan / necesitamos / paga / pago
    3. pesas / peso   4. regresan / regreso / regresa / regresan

B. 1. treinta y un mil quinientos sesenta y ocho

    2. veintidós mil setecientos treinta y ocho

    3. cincuenta y cinco mil ochocientos noventa

    4. cuatrocientos setenta mil novecientos quince

C. 1. a las nueve y cuarto de la mañana   2. a las diez de la mañana   3. a las
    once menos cuarto (quince) de la mañana   4. a las once y media de la
    mañana   5. a la una y veinte de la tarde   6. a las tres menos diez de la tarde

D. *Answers will vary. Possible answers:* 1. clínicas   2. médico   3. viuda /
    divorciado   4. soltera

Lección 2

A. 1. comen / comemos / bebes / bebo   2. debes / leo   3. tose / toso

B. 1. mi / su   2. nuestras / tu   3. sus /sus

C. 1. (Nosotros) necesitamos llamar a la enfermera.   2. Mi hijo necesita el
    número de teléfono de Jorge.   3. El médico (La médica) lee la hoja clínica
    de la Srta. Vega.

Lección 3

A. 1. Van / vamos / estoy   2. da / doy / damos   3. están / estamos

B. 1. Es / soy   2. está / Está   3. eres / soy   4. es / Está / está / es / es / es

C. 1. —¿Adónde va a llevar a su hijo, señora? / —Al laboratorio.

    2. —¿Está muy enferma la hija del Sr. Soto? / —Sí, necesita ir al hospital.
       Él va a llamar al Dr. Paz.

Lección 4

A. *Answers will vary. Possible answers:* 1. (a) La temperatura de José es menos alta
    que la temperatura de Rosa. (b) La temperatura de Rosa es más alta que la
    temperatura de José.   2. (a) Mi bebé pesa menos que el bebé de Carmen.
    (b) El bebé de Carmen es el más pesado de los tres.   3. Alfredo es menor
    que María. (b) Miguel es el mayor de los tres.   4. (a) La Clínica La Cruz
    Azul tiene más doctores que la Clínica Alvarado. (b) La Clínica Alvarado
    tiene menos doctores que la Clínica La Cruz Azul.

B. 1. —¿Viene la Sra. Aguilera / al ginecólogo frecuentemente? / —Sí, ella tiene
    que venir frecuentemente.   2. —Ud. tiene que dejar de fumar, Sr. Carreras. /
    —Ud. tiene razón.   3. —¿Estás cansada, Anita? / —Sí, y tengo mucho sueño.

Lección 5

A. 1. está hablando   2. estás leyendo   3. estamos vacunando   4. están
    bebiendo   5. estoy examinando

B. 1. —¿Cuándo quiere Ud. ver a mi hijo, Dr. López? / —Necesita pedir turno
    para la semana próxima, Sra. Vega.   2. —Mi bebé tiene una costra en la
    cabeza. / —Para eso debe usar aceite mineral.   3. —¿A qué hora cierran
    Uds. la semana próxima (la semana que viene, la semana entrante)? / —Ce-
    rramos a las seis los lunes y a las cinco los otros días.

Lección 6

A. 1. No, nosotros no podemos hacer nada por su hijo.   2. No, no voy a hablar
    con nadie.   3. No, no hay ninguna persona diabética aquí.   4. (Yo) no
    padezco ni del corazón ni de los riñones.   5. No, (yo) nunca vuelvo a mi
    casa por la mañana.

B. 1. Sí, siempre las cuento.   2. Sí, puedo llamarte (te puedo llamar) mañana.
    3. Sí, lo llamo a menudo.   4. Sí, el médico nos llama.   5. Sí, los llevo al
    médico con frecuencia.

C. 1. —¿Puedes ir al hospital conmigo, Paquito? / —No, no puedo ir contigo,
    Carlos.   2. —¿Las naranjas son para mí? / —Sí, Alberto, son para ti.

Lección 7

A. 1. dice   2. sirven   3. conozco   4. hago   5. mide   6. Siguen   7. pongo
8. sé

B. 1. pedirle   2. nos habla   3. decirles   4. darle   5. me dice

Lección 8

A. 1. Se lo doy mañana.   2. Te los traen después.   3. Nos la toman con
frecuencia.   4. Me las dan.   5. Se lo piden.

B. 1. —¿Cuándo necesita el resultado de los análisis, doctor(a)? / —¿Puede
dármelo (Me lo puede dar) mañana?   2. —¿Le duele el estómago, Sr.
Nieto? / —Sí, me duele mucho.   3. —¿Le doy estas pastillas al paciente? /
—Sí, (Ud.) tiene que dárselas (se las tiene que dar).

Lección 9

A. 1. No, no coma nada después de salir del consultorio.
2. Sí, cepíllense los dientes después de las comidas.
3. Sí, usen seda dental.   4. No, no le dé anestesia general.
5. Sí, empástela ahora mismo.   6. Sí, enjuáguese la boca.
7. No, no escupa ahora.   8. Sí, póngase una bolsa de hielo si tiene dolor.
9. No, no tomen aspirinas.   10. Sí, usen una pasta de dientes para controlar
el sarro.

B. 1. —Este no es mi cepillo de dientes. ¿Es tuyo? / —No, no es mío.
2. —¿Le sangran mucho las encías cuando se cepilla los dientes? / —No, las
mías no me sangran mucho.   3. —¿Ésta es la pasta dentífrica de Sergio? /
—No, es mía. La suya (La de él) está en el baño.

Lección 10

A. 1. se golpeó   2. desinfectó / dio   3. llegó   4. me quemé   5. fue   6. se
rompió / enyesó   7. Perdiste   8. tomó   9. fueron / fuimos   10. se torció

B. 1. por las muletas   2. para hacerle una radiografía   3. por unos segundos
4. para mañana por la mañana   5. por tres días   6. para el Dr. Soto

Lección 11

A. 1. Ella vino al hospital y trajo los biberones.   2. Nosotros no estuvimos en la
sala de parto.   3. Ellos tuvieron que hablar con su vecino.   4. Tú no quisiste
ir al hospital.   5. El médico no pudo calmarla.   6. ¿Dónde pusieron Uds. las
muestras de materia fecal?   7. ¿Qué dijeron los médicos?   8. Ella no hizo
nada.   9. Él sintió mucho dolor.   10. Ellos eligieron un nombre para su hijo.

B. 1. Ven a la una y trae las muestras.   2. Ve al hospital y lleva a la señora a la sala de parto.   3. Dile al médico que el niño está enfermo.
4. Relájate; no te preocupes.   5. Ten cuidado; no te lastimes.
6. No te quedes en casa.   7. Compra un biberón y ponlo en el cuarto.
8. Dale la mamadera al bebé.   9. Ponte una bolsa de hielo.
10. No te caigas.

C. —¿Cuánto tiempo hace que tiene el dolor, Sra. Cabrera? / —Hace tres horas que lo tengo.

Lección 12

A. 1. Carlos estaba trabajando y yo estaba durmiendo.   2. Nosotros estábamos hablando con el oculista.   3. Los médicos estaban examinando a sus pacientes.   4. Tú estabas sirviendo café.   5. Uds. estaban pidiendo turno con el dermatólogo.

B. 1. dijo / dijo / tenía   2. era / viste / Eran   3. vinieron / pudieron / Tuvieron   4. comías / eras / cuidaba   5. tenías / viniste / tenía   6. iban / vi / Íbamos

Lección 13

A. 1. sabías / supe   2. quiso   3. conocías / conocí   4. querían

B. 1. —¿A qué hora se abre la cafetería del hospital? / —Se abre a las siete y se cierra a las nueve.   2. —¿Cuánto tiempo hace que la Sra. Torres tuvo la hemorragia? / —Hace tres días.   3. —¿Cuál es el número de teléfono del médico? / —No sé.

Lección 14

A. 1. He tenido problemas de tiroides. / Había tenido problemas de tiroides.   2. Se ha limpiado los genitales. / Se había limpiado los genitales.   3. Han usado el excusado. / Habían usado el excusado.   4. ¿Le has puesto una ligadura en el brazo? / ¿Le habías puesto una ligadura en el brazo?   5. El doctor ha ordenado una radiografía. / El doctor había ordenado una radiografía.   6. Nosotros no hemos hecho nada. / Nosotros no habíamos hecho nada.

B. 1. cerradas   2. abierta   3. parados   4. escrita   5. hecho

Lección 15

A. 1. Dirá que está curado. / Diría que está curado.   2. El médico confirmará el diagnóstico. / El médico confirmaría el diagnóstico.   3. Los hombres vendrán mañana. / Los hombres vendrían mañana.   4. Hablaremos con la investigadora. / Hablaríamos con la investigadora.   5. Tú deberás evitar los ejercicios físicos. / Tú deberías evitar los ejercicios físicos.   6. Yo podré conseguir los nombres. / Yo podría conseguir los nombres.

B. 1. a / de   2. a   3. de / en   4. en / a   5. de / De

C. 1. —¿Cuándo va a empezar (comenzar) el investigador (la investigadora) a
    llamar a los hombres? / —Esta tarde.   2. —¿Qué dijo el médico (la médica)
    sobre (de) la llaga? / —Dijo que era un síntoma de gonorrea.   3. —Llame
    al médico mañana, Srta. Peña. Él confirmará el diagnóstico. / —¿Estará en
    el hospital? / —Sí, (él) llega al hospital a las siete de la mañana.

Lección 16

A. 1. hablar   2. fumen   3. vayan   4. disminuir   5. tome   6. seguir
    7. hagas   8. evitar   9. dé   10. estén

B. 1. —¿Qué quiere el médico que Ud. haga, Sr. Vega? / —Él quiere que yo
    vuelva (regrese) / mañana, pero yo prefiero venir esta tarde.   2. —Yo le
    aconsejo que elimine la sal de su dieta, Sra. Vargas. / —No va a ser fácil. . . /
    —Es importantísimo que Ud. lo haga.

Lección 17

A. 1. tenga   2. siga   3. pueden   4. inyectarse   5. se desmayen   6. comamos
    7. tenga   8. evitar   9. tome   10. necesitan   11. sigas   12. pase

B. 1. fácilmente   2. necesariamente   3. generalmente   4. especialmente
    5. frecuentemente   6. totalmente   7. regularmente   8. completamente
    9. normalmente   10. directamente

C. *Answers will vary. Possible answers:* 1. fácilmente (frecuentemente)   2. Gene-
    ralmente (Normalmente)   3. generalmente (especialmente)   4. completa-
    mente (totalmente)   5. directamente   6. frecuentemente (regularmente)
    7. completamente (totalmente)   8. necesariamente

Lección 18

A. 1. toma / sea   2. está   3. hagan   4. es / venga   5. tenga   6. compra
    7. pueda   8. sabe   9. beben / beba   10. quiera

B. 1. —¿Hay alguien en su (tu) familia que tenga epilepsia? / —No (lo) sé, pero
    creo que no.   2. —Necesito la dirección y el número de teléfono de la
    muchacha. / —La recepcionista tiene su número de teléfono, pero no hay
    nadie que sepa su dirección.   3. —¿Les han hecho la prueba del SIDA? /
    —No creo que (ellos) tengan SIDA.   4. —Es verdad que yo tomo un poco,
    pero no es verdad que yo no pueda vivir sin alcohol. / —Es mejor no tomar
    (beber).

Lección 19

A. 1. se ha envenenado   2. hayan dejado   3. hayamos aplicado   4. hayas
    puesto   5. se haya sofocado   6. ha tapado

B. 1. Cuando el niño comience (empiece) a gatear, tendré que tener más cuidado.
2. Cuando el bebé empezó (comenzó) a atragantarse, llamé a los paramédicos inmediatamente.
3. La enfermera me va a llamar en cuanto sepan algo.
4. Tendré que tratar la quemadura antes de que podamos llevarla (la podamos llevar) al hospital.
5. Tan pronto como (En cuanto) lave la herida, le pondré una venda (un vendaje).
6. Tendrá que esperar hasta que el doctor termine su examen, Sra. Vega.

Lección 20

A. 1. La médica me dijo que consultara al cardiólogo.   2. El cardiólogo me dijo que respirara hondo.   3. Él me dijo que le dijera si el dolor era sordo o agudo.   4. Él me aconsejó que me hiciera un electrocardiograma.   5. El técnico me dijo que me pusiera esta bata.   6. La enfermera me aconsejó que tomara precauciones.   7. Mi hermano me dijo que no fumara tanto.
8. Ellos me aconsejaron que no corriera todas las mañanas.

B. 1. Ud. va   2. tiene   3. tuviera   4. sientes   5. tú corrieras   6. sufriera
7. está dormida (está durmiendo)   8. Ud. tomara

Appendix F

Answer Key to the *Crucigramas*

Lecciones 1–5

Horizontal: 6. viene   8. siempre   9. fecal   11. delgado   12. tos   15. costra   16. catarro   21. postre   24. pediatras   26. aspirina   28. mañanas   30. consultorio   32. regresa   33. náusea   35. reconocer   38. asmático   41. toma   43. radiografía   44. leche   45. hora   46. nalgas   48. malparto   49. libras
Vertical: 1. bebidas   2. piel   3. bebé   4. naranja   5. farmacia   7. doctor   10. esposo   13. sopa   14. dentadura   17. tuberculosis   18. también   19. muestra   20. tostada   22. sarpullido   23. necesario   25. estómago   27. arrojar   29. contacto   31. inflamado   34. enfermedad   36. resfriado   37. pobrecita   39. aceite   40. contra   42. fruta   47. limpia

Lecciones 6–10

Horizontal: 3. insomnio   5. escupir   6. dieta   8. adelgazar   9. difícil   13. picado   17. diabético   18. negativo   20. papá   23. pronto   24. anticonceptiva   25. casados   27. repollo   30. solamente   31. huevo   33. padre   34. dental   36. dientes   39. siente   43. envenenamiento   44. lista   46. equis   47. inyección   48. enyesar *Vertical:* 1. gordo   2. muela   4. mitad   7. resultado   8. alimentos   10. correcto   11. planificación   12. dentista   14. constantemente   15. novocaína   16. papas   19. grupo   20. peso   21. fuera   22. pasar   23. prepara   25. caliente   26. tomate   28. suficiente   29. carie   32. pan   35. llegan   37. desinfecta   38. muletas   40. puntos   41. frasco   42. distinto   45. aliento

Lecciones 11–15

Horizontal: 2. mayoría   3. verdoso   7. bolsa   9. nacido   12. chocolate   15. operación   16. grano   18. inodoro   20. quedarse   24. vasectomía   25. hombre   26. tubo   29. ejercicio   31. tenso   32. Pública   33. curado   35. jabón   36. línea   37. partes   40. boca   42. bata   43. izquierda   44. lado   46. siguiente   47. pulso   48. ordenó   49. listo *Vertical:* 1. anillo   4. estómago   5. parto   6. gonorrea   7. biberón   8. maligno   10. lejos   11. bolita   13. vientre   14. varón   17. mejor   19. recto   21. extender   22. mamar   23. sospecha   27. último   28. espinilla   30. olor   32. pared   34. acercarse   35. joven   37. pasillo   38. tiroides   39. conteo   40. baño   41. caca   45. así   47. poco

Lecciones 16–20

Horizontal: 1. despierto   3. bañadera   5. latir   6. cocina   7. aconseja   11. cálculo   12. hereditaria   19. bebida   20. resumen   21. gatear   22. audífono   23. piscina   24. calambre *Vertical:* 1. diariamente   2. padecer   4. profundo   8. corazón   9. anciano   10. peor   13. internista   14. asustarse   15. tijeras   16. cerilla   17. sordo   18. vendaje   23. punzante   25. morir

Spanish-English Vocabulary

The Spanish-English and English-Spanish vocabularies contain all active and passive vocabulary that appear in the manual. Active vocabulary includes words and expressions appearing in the **Vocabulario** lists. These items are followed by a number indicating the lesson in which each word is introduced in the dialogues. Passive vocabulary consists of words and expressions included in the **Vocabulario adicional** lists, the diagrams of the human body, and those that are given an English gloss in the readings, exercises, activities, and authentic documents.

The following abbreviations are used in the vocabularies.

adj.	adjective	*L.A.*	Latin America
adv.	adverb	*m.*	masculine noun
col.	colloquial	*Méx.*	Mexico
f.	feminine noun	*pl.*	plural noun
form.	formal	*sing.*	singular noun
inf.	infinitive		

A

a to
— **la(s)** (+ *time*) at (+ *time*), 1
— **la derecha** to the right
— **la izquierda** to the left
— **la larga** in the long run
— **los costados (lados)** to (at) the sides, 14
— **menudo** often, 1
— **qué hora** (at) what time, 5
— **veces** sometimes, 6
— **ver...** let's see . . . , 1
abdomen (*m.*) abdomen
aborto (*m.*) abortion, 4
— **espontáneo** miscarriage, 4
— **natural** miscarriage, 4
abrigo (*m.*) coat
abrir to open, 9
absceso (*m.*) abscess, 9
abstinencia (*f.*) abstinence
abuelo(a) (*m., f.*) grandfather; grandmother
abultamiento (*m.*) lump
acabar de (+ *inf.*) to have just (done something), 13
acatarrado(a): estar— to have a cold, 3
accidente (*m.*) accident, 10
aceite (*m.*) oil, 5
acerca de about
acercarse to get close, 14; to approach, 14
acidez (*f.*) acidity, 17; heartburn, 17
ácido (*m.*) acid, 10; LSD
acné (*m.*) acne, 12
aconsejar to advise, 16
acostar(se) (o:ue) to lie down, 14; to go to bed, 14

al— at bedtime
— **con** to have sex with, 4
actualmente currently, 18; at the present time, 18
adelanto (*m.*) advance
adelgazar to lose weight, 6
además besides, 6; in addition, 6
adicional additional
adicto(a) addicted
adiós good-bye, P
adjetivo (*m.*) adjective
admisión (*f.*) admission
adolescente (*m., f.*) teenager, 12
¿adónde? where (to)?, 3
afear to disfigure
afectar to affect, 16
afeitar(se) to shave
afuera outside, 10
agua (*f.* but **el agua**) water, 2
— **oxigenada** hydrogen peroxide, 19
aguantar to hold, 14; to stand, 18; to tolerate, 18; to bear, 18
— **la respiración** to hold one's breath, 14
agudo(a) sharp, 20; stabbing, 20
aguja (*f.*) needle
agujero (*m.*) hole, 19
ah oh, 9
ahora now, 1
— **mismo** right now, 3
ahumado(a) smoked
aire (*m.*) air
faltarle el—a uno to have shortness of breath, 20
ajá aha, 1
al to the
— **día** a day, 2; per day, 2
— **día siguiente** on the following day, 15

—final at the end of, 14
—lado de at the side of, 13
—principio at the beginning
—rato a while later, 3
alberca (*f.*) swimming pool (*Méx.*), 19
alcohol (*m.*) alcohol, 16
alergia (*f.*) allergy, 18
alérgico(a) allergic, 3
alfiler (*m.*) pin, 19
algo anything, 2; something, 2
¿—más? anything else?, 2
alguien (*m., f.*) someone
algunas veces sometimes, 6
alguno(a) any, 3; some, 3
—vez ever, 17
algunos(as) some
aliento (*m.*) breath, 9
alimentación (*f.*) food, 12
alimento (*m.*) food, 6; nourishment, 6
aliviarse to feel better, 17; to diminish (*a pain*), 17
almohada (*f.*) pillow, 2
almorrana (*f.*) hemorrhoid, 17
almorzar (o:ue) to have lunch, 6
almuerzo (*f.*) lunch, 13
alrededor de around, 13
alto(a) high, 3; tall
alucinación (*f.*) hallucination
alumbramiento (*m.*) delivery, 11
allí there, 15
amable kind, 13
amarillento(a) yellowish, 15
amarrar to tie
ambiente (*m.*) atmosphere
la temperatura del— room temperature
ambulancia (*f.*) ambulance, 10
ameno(a) pleasant, agreeable
amígdalas (*f. pl.*) tonsils
amigdalitis (*f.*) tonsilitis
ampolla (*f.*) blister
amputar to amputate
analgésicos (*m.*) analgesics
análisis (*m.*) test, 1; analysis, 1
—de sangre blood test, 1
anciano(a)(*m., f.*) elderly man, 17; elderly woman, 17
andar to walk, 19
—a gatas to crawl, 19
anemia (*f.*) anemia, 4
anémico(a) anemic, 3
anestesia (*f.*) anesthesia, 9

anestesiología (*f.*) anesthesiology
anestesiólogo(a) (*m., f.*) anesthesiologist
aneurisma (*m.*) aneurysm
anfetamina (*f.*) amphetamine, 18
angina (*f.*) angina
angioplastía (*f.*) angioplasty
angustia (*f.*) anxiety
anillo (*m.*) ring, 13
ano (*m.*) anus
anoche last night, 13
ansiedad (*f.*) anxiety
anteanoche the night before last
anteayer the day before yesterday
anteojos (*m. pl.*) glasses, 2
anterior front
antes (de) before, 3; first, 10
—dormir before sleeping, 3
antiácido (*m.*) antacid (medicine), 17
antibiótico (*m.*) antibiotic, 5
anticoagulante (*m.*) anticoagulant
anticonceptivo(a) for birth control, 7; contraceptive (*adj.*), 7
antidepresivo (*m.*) antidepressant
antidiarreico (*m.*) antidiarrheic
antidroga antidrug, 18
antiespasmódico (*m.*) antispasmodic
antihistamínico (*f.*) antihistamine, 19
añadir to add
año (*m.*) year, 3
aparato (*m.*) apparatus, 12; instrument, 12; system
—intrauterino I.U.D., 7
apellido (*m.*) surname, P; last name, P
apenas barely, 16
apendicitis (*f.*) appendicitis
apestar to have a bad odor, 15
apetito (*m.*) apetite, 3
aplicar to apply, 19
apretar (e:ie) to press down, 8; to be tight, 14
aprovechar to take advantage of
aquí here, 6
—está here it is, 1
—mismo right here, 12
árbol (*m.*) tree, 10
archivo clínico (*m.*) medical records
arder to burn, 15
ardor (*m.*) burning, 8
arriesgarse to risk
arrojar to throw up, 1
arroz (*m.*) rice, 6

arteria (*f.*) artery
articulación (*f.*) joint
artificial artificial
artritis (*f.*) arthritis
ascensor (*m.*) elevator
aseguranza (*f.*) (*Méx.*) insurance, 1
asegurarse to make sure, 12
asentaderas (*f.*) buttocks, 5
así like this, 8; so, 8; that way, 11; like that, 11
asiento (*m.*) seat
asimismo also
asistente (*m., f.*) assistant, 9; helper, 9
asma (*m.*) asthma
asmático(a) asthmatic, 3
aspirina (*f.*) aspirin, 3
astigmatismo (*m.*) astigmatism
asustarse to be scared, 19; to be frightened, 19
ataque (*m.*) seizure, attack
  —al corazón heart attack, 18
atender (e:ie) to attend, to tend (to)
atragantarse to choke, 19
audífono (*m.*) hearing aid, 17
aumentar to gain, 8; to increase
aun even
auto (*m.*) auto, 10
autorización (*f.*) authorization
aventado(a) bloated, 3
avisar to let (someone) know, 13
aviso (*m.*) warning
¡ay! oh!, 10
ayer yesterday
ayudar to help, 13
ayunas: en— with an empty stomach, 8; fasting, 8; before eating anything
azúcar (*m.*) sugar, 17
azul blue

B

babero (*m.*) bib
babuchas (*f. pl.*) slippers
bajar to go down, 3
  —de peso to lose weight, 6
bajo under, 18
bajo(a) low, 8; short
bala: herida de— (*f.*) gunshot wound
balanceado(a) balanced
banco de sangre (*m.*) blood bank
bañadera (*f.*) bathtub, 19

bañar(se) to bathe, 13
bañera (*f.*) bathtub, 19
baño (*m.*) bathroom, 14
  —de esponja sponge bath, 13
barato(a) cheap
barbilla (*f.*) chin, 8
barbitúrico (*m.*) barbiturate
barriga (*f.*) abdomen, 11
básico(a) basic
bata (*f.*) robe, 14
batería (*f.*) battery, 20
bazo (*m.*) spleen
bebé (*m.*) baby, 4
  —de probeta test-tube baby
beber to drink, 2
bebida (*f.*) drink, 17; beverage, 17
  —alcohólica alcoholic beverage, 4
benigno(a) benign, 12
biberón (*m.*) baby bottle, 11
bien fine, P; well, P
  muy—, gracias very well, thank you, P
  no muy— not very well, P
biopsia (*f.*) biopsy, 12
blanco(a) white
blando(a) bland (diet); soft
blanquillo (*m.*) egg (*Méx.*)
bizco(a) cross-eyed
blusa (*f.*) blouse
boca (*f.*) mouth, 9
  —abajo on one's stomach, face down
  —arriba on one's back, face up
bocio (*m.*) goiter
bolita (*f.*) little ball, 12; lump, 12
bolsa (*f.*) bag; handbag, 9; purse, 9
  —de agua water bag, 11
  —de hielo ice pack, 9
bomberos: departamento de— (*m.*) fire department
bonito(a) pretty, 11
borroso(a) blurry, 12
botella (*f.*) bottle, 10
botiquín (*m.*) medicine chest, 19; medicine cabinet, 19
  —de primeros auxilios first-aid kit, 19
botón (*m.*) button, 13
brazo (*m.*) arm, 7
breve brief, P
brindar to offer
broncoscopia (*f.*) bronchoscopy
bronquitis (*f.*) bronchitis
bróculi (*m.*) broccoli, 6

bucal   oral (*ref. to the mouth*)
bueno(a)   okay, 1; well, 1; good
buena suerte   good luck, 7
  buenas noches   good evening (night), P
  buenas tardes   good afternoon, P
  buenos días   good morning (day), P

C

cabello (*m.*)   hair
cabeza (*f.*)   head, 1
caca (*col.*) (*f.*)   excrement, stool
cachete (*m.*)   cheek
cada   every, 3; each, 3
  —... horas   every . . . hours
cadera (*f.*)   hip
caer(se)   to fall, 10
café (*m.*)   coffee, 2
cafeína (*f.*)   caffeine, 17
caja (*f.*)   box, 20
  —de seguridad   safe, 13
  —fuerte   safe, 13
cajero(a) (*m., f.*)   cashier
cajetilla (*f.*)   pack of cigarettes, 2
calambre (*m.*)   cramp, 20
calcáneo (*m.*)   calcaneus
calcetín (*m.*)   sock
calcio (*m.*)   calcium
cálculo (*m.*)   stone, 17
calentar (e:ie)   to heat up
calentura (*f.*)   fever, 3
caliente   hot, 2
calle (*f.*)   street, P
calmante (*m.*)   painkiller, 2; sedative, 2
calmar(se)   to calm down, 11
caloría (*f.*)   calorie, 6
cama (*f.*)   bed, 13
cambiar(se)   to change (oneself), 9
cambio (*m.*)   change, 16
camilla (*f.*)   gurney, 10; stretcher, 10
caminar   to walk, 10
camisa (*f.*)   shirt
camisón (*m.*)   nightgown
campanilla (*f.*)   uvula
canal (*m.*)   canal
  —auditivo   ear canal
  —de la orina   urethra
  —en la raíz   root canal
cáncer (*m.*)   cancer, 7
canino (*m.*)   canine (*tooth*)
cansado(a)   tired, 3

cansancio (*m.*)   tiredness, 17; exhaustion, 17; fatigue
cantidad (*f.*)   quantity, 6
caño de la orina (*m.*)   urethra
cápsula (*f.*)   capsule, 3
cara (*f.*)   face, 9
caramelo (*m.*)   candy
carbohidrato (*m.*)   carbohydrate
cardenal (*m.*)   bruise (*Cuba*), 13
cardiología (*f.*)   cardiology
cardiólogo(a)   cardiologist, 20
cariado(a)   decayed, 9; carious, 9
carie (*f.*)   cavity, 9
carne (*f.*)   meat
carpo (*m.*)   carpus
carro (*m.*)   car, 10
cartera (*f.*)   handbag, 9; purse, 9
casa (*f.*)   house, 19; home
casado(a)   married, P
casi   almost, 10
  —nunca   hardly ever, 20
caso (*m.*)   case, 10
  en ese—   in that case, 7
cataratas (*f. pl.*)   cataracts
catarro (*m.*)   cold, 3
causar   to cause, 7
ceguera (*f.*)   blindness
ceja (*f.*)   eyebrow
cemento (*m.*)   cement
cena (*f.*)   dinner, supper
centro (*m.*)   center, 7
  —de envenenamiento   poison center, 19
cepillar(se)   to brush (oneself), 9
  —los dientes   to brush one's teeth, 9
cepillo (*m.*)   brush, 9
  —de dientes   toothbrush
cerca (de)   close, 12; near, 12
cercano(a)   near, 20
cereal (*m.*)   cereal, 2
cerebro (*m.*)   brain, cerebrum
cerilla (*f.*)   match, 19
cerrado(a)   closed, 14
cerrar (e:ie)   to close, 5
cerveza (*f.*)   beer, 18
cérvix (*f.*)   cervix
cesáreo(a)   cesarean, 11
chancro (*m.*)   chancre
chaqueta (*f.*)   jacket
chata (*f.*)   bedpan, 2
chau   bye, P
chequear   to check, 5

chequeo (*m.*) checkup, 8; exam, 8; examination, 8

chile (*m.*) pepper, 6

chocar to run into, 10; to collide, 10

chocolate (*m.*) chocolate, 2

chupete (*m.*) pacifier

chupón (*m.*) pacifier

ciego(a) blind

cierto(a) certain, 20

cigarrillo (*m.*) cigarrette, 2

cinta adhesiva (*f.*) adhesive tape, 19

cintura (*f.*) waist

circulación (*f.*) circulation

cirugía (*f.*) surgery, 12

cirujano(a) (*m., f.*) surgeon, 12

cita (*f.*) appointment, 5

clamidia (*f.*) chlamydia

claramente clearly, 12

claro of course, 16

clavícula (*f.*) clavicle

clínica (*f.*) clinic, 5

clínico (*m., f.*) general practitioner, 17; internist, 17

clínico(a) (*adj.*) medical, 1

coágulo (*m.*) coagulum

cobija (*f.*) blanket, 2

coca (*f.*) cocaine

 —cocinada crack (*col.*)

cocaína (*f.*) cocaine

cóccix (*m.*) coccyx

coche (*m.*) car, 10

cochecito (*m.*) baby carriage

cocina (*f.*) stove, 19

codeína (*f.*) codeine

codo (*m.*) elbow

cognado (*m.*) cognate

col (*f.*) cabbage, 6

colesterol (*m.*) cholesterol, 8

cólico (*m.*) colic

colitis (*f.*) colitis

colmillo (*m.*) canine (*tooth*)

colocar to place, 7

colon (*m.*) colon, 14

colonoscopia (*f.*) colonoscopy, coloscopy

columna vertebral (*f.*) backbone, spinal column

comadrona (*f.*) midwife

comenzar (e:ie) to begin, 11; to start, 11

comer to eat, 2

comercial commercial, 17

comezón (*f.*) itching, 8

comida (*f.*) meal, 1; food, 16; lunch; midday meal

comidita de bebé (*f.*) baby food

como since, 3; like

¿cómo? how?, P

 ¿—está usted? How are you?, P

 —no of course, 13; sure, 13

 ¿—se siente? How are you feeling?, P

comodidad (*f.*) convenience

cómodo(a) comfortable, 13

compañero(a) sexual (*m., f.*) sexual partner

compañía (*f.*) company, 1

 —de seguro (*f.*) insurance company, 1

comparar to compare

compartir to share

completamente completely, 15

comprar to buy, 3

comprender to understand

compresa (*f.*) compress, 13

común common

con with, 1

concebir (e:i) to conceive

condimentado(a) spiced, 17; spicy, 17

condón (*m.*) condom, 7

conducto: —lacrimar (lagrimar) (*m.*) tear duct

 —auditivo ear canal

confirmar to confirm, 10

conjuntivitis (*f.*) conjunctivitis

conocer to know (*be acquainted with*), 7

conocimiento (*m.*) knowledge

 perder (e:ie) el— to be unconscious, 10; to lose consciousness, 10

conseguir (e:i) to obtain, 15; to get, 15

consejo (*m.*) advice, 19

constantemente constantly, 6

consultar to consult

consultorio (*m.*) doctor's office, 1

consumir to consume

contagioso(a) contagious, 15

contar (o:ue) to count, 6; to tell

contener to contain, 20

conteo (*m.*) blood count, 14; count, 14

contra against, 5

contracción (*f.*) contraction, 11

contraceptivo (*m.*) contraceptive

control (*m.*) control, 7

controlar   to control, 9
conversación (f.)   conversation, P
conversar   to talk
convulsiones (f. pl.)   convulsions
coordinador(a) (m., f.)   coordinator, 18
corazón (m.)   heart, 16
cordal (m.)   wisdom tooth, 9
cordón umbilical (m.)   umbilical cord
corona (f.)   crown, 9
correctamente   correctly, 7
correcto(a)   correct, 7
correr   to run, 8
cortadura (f.)   cut, 19
cortar(se)   to cut (oneself), 10
corto(a) de vista   nearsighted
cosa (f.)   thing, 6
cosmético (m.)   cosmetic
costado (m.)   side, 14
costilla (f.)   rib
costra (f.)   scab, 5
crac (m.)   crack
cráneo (m.)   skull
creer   to believe, 3; to think, 3
   Creo que no.   I don't think so., 5
   Creo que sí. I think so., 10
crema (f.)   cream, 7
crup (m.)   croup
cuadra (f.)   block, 20
cuadro (m.)   box
¿cuál?   what?, 3; which?, 3
cualquier(a)   any, 16
cuando   when, 8
   ¿cuándo?   when?, 1
cuanto: —antes mejor   the sooner, the better, 15
¿cuánto?   how much?, 1
   ¿—mide (Ud.)?   How tall are you?, 1
   ¿por—tiempo... ?   for how long. . . ?, 10
   ¿—tiempo hace... ?   how long ago. . . ?, 14
¿cuántos(as)?   how many?
cuarto (m.)   room, 3
cuates (m., f. pl.)   twins (Méx.)
cúbito (m.)   ulna
cubrir   to cover, 5
cucaracha (f.)   joint (col., drugs)
cucharada (f.)   (table)spoonful, 13
cucharadita (f.)   teaspoonful, 3
cuello (m.)   neck, 12
cuenta (f.)   bill, 1

cuero cabelludo (m.)   scalp
cuerpo (m.)   body
cuidado (m.)   care
cuidar(se)   to take care (of oneself), 12
cuna (f.)   crib, 19; cradle, 19
cuña (f.)   bedpan, 2
cuñado(a) (m., f.)   brother-in law, sister-in-law
cura (f.)   cure
curado(a)   cured, 15
curandero(a) (m., f.)   folk healer
curar   to cure, 17
curita (f.)   adhesive bandage, 14
cutis (m.)   skin (facial)
cuyo(a)   whose

D

daltonismo (m.)   color blindness
daño (m.)   damage
dar   to give, 3
   —a luz   to give birth
   —de alta   to release (from a hospital), 13
   —de mamar   to nurse, 11
   —el pecho   to nurse, 11
   —resultado   to work, 12; to produce results, 12
   —un tiro   to shoot
   —una puñalada   to stab
   —viaje   to take drugs
darse vuelta   to turn over, 14
de   of
   —prisa   in a hurry, 8
debajo de   under, 13
deber   must, 2; should, 2
débil   weak, 4
debilidad (f.)   weakness, 17
decidir   to decide, 18
decir   to say, 7; to tell, 7
decisión (f.)   decision, 12
dedo (m.)   finger
   —del pie   toe
   —gordo   big toe
defecar   to have a bowel movement, 11
dejar   to leave (behind), 14
   —de (+ inf.)   to stop (doing something), 4
delgado(a)   thin, 3
delírium tremens   (m. pl.)   DT's
demasiado   too much, 19
dentadura (f.)   teeth, set of teeth, 2
   —postiza (f.)   dentures, 2

dental dental, 18

dentina (*f.*) dentine

dentista (*m.*, *f.*) dentist, 9

dentro inside

  —de in, 8; within, 8

  por— on the inside, 7

departamento (*m.*) department, 15

depender to depend, 16

depresión (*f.*) depression

derecho(a) right, 14

dermatólogo(a) (*m.*, *f.*) dermatologist, 12

derrame (*m.*) stroke, 16

desarrollar to develop

desayuno (*m.*) breakfast, 2

descansar to rest, 4

descongestionantes (*m. pl.*) decongestants

descubrir to discover

descuento (*m.*) discount

desde since, 4

desear to want, 2; to wish, 2

desinfectar to disinfect, 10

desintoxicación (*f.*) detoxification

desmayarse to faint, 10; to lose consciousness, 10

despierto(a) awake, 20

desprendimiento (*m.*) detachment

después (de) after, 1; later, 15

destruir to destroy

detergente (*m.*) detergent, 19

determinar to determine, 7

día (*m.*) day, 12

diabetes (*f.*) diabetes

diabético(a) diabetic, 6

diafragma (*m.*) diaphragm, 7

diagnosticar to diagnose

diagnóstico (*m.*) diagnosis, 10

diariamente (*adv.*) daily, 17

diario(a) (*adj.*) daily

diarrea (*f.*) diarrhea, 5

diente (*m.*) tooth, 9

dieta (*f.*) diet, 6

  seguir una— to go on a diet, 6

dietista (*m.*, *f.*) dietician, 2

diferente different, 7

difícil difficult, 6

dificultad (*f.*) difficulty, 8

difteria (*f.*) diphtheria, 5

digerir (e:ie) to digest

digestivo(a) digestive

dilatado(a) dilated

dirección (*f.*) address, P

directamente straight, 12; directly, 12

dirigir to direct

disminuir to cut down, 16; to diminish, 16

distinguir to distinguish

distinto(a) different, 7

diurético (*m.*) diuretic

divorciado(a) divorced, 1

doblar to bend, 8

doctor(a) (*m.*, *f.*) doctor, P

doler (o:ue) to hurt, 8; to ache, 8

dolor (*m.*) pain, ache, 1

  —de cabeza headache, 1

  —de estómago stomachache, 1

  —de garganta sore throat

  —de parto labor pain, 11

  el—se me pasa the pain goes away, 17

doloroso(a) painful

domicilio (*m.*) address, P

donante (*m.*, *f.*) donor

donar donate

¿dónde? where?, 10

dormido(a) asleep, 20

dormir (o:ue) to sleep, 8

dosis (*f.*) dosage, 16

drenaje (*m.*) drainage

droga (*f.*) drug, 18

drogadicto(a) (*m.*, *f.*) drug addict, 18

droguería (*f.*) pharmacy (*col. some L.A. countries*), 3

dudar to doubt, 18

dulce (*m.*) candy, 6; sweet, 6

durante during, 4

durar to last, 20

durazno (*m.*) peach

duro(a) hard, 4

E

eccema (*m.*) eczema

edad (*f.*) age, 1

efectivo(a) effective, 7

efecto (*m.*) effect

  —secundario side effect

eficaz effective

ejemplo (*m.*) example

ejercicio (*m.*) exercise, 15

elástico(a) elastic, 17

eléctrico(a) electric, 10; electrical, 10

electrocardiograma (*m.*) electrocardiogram (EKG), 20

electroencefalograma (*m.*) electroencephalogram (EEG)

elegir (e:i) to choose, 11; to select, 11
elevado(a) elevated, 20
elevador (*m.*) elevator
eliminar to eliminate, 16
embarazada pregnant, 4
embarazo (*m.*) pregnancy, 7
embolia (*f.*) embolism, clot
emergencia (*f.*) emergency, 1
empastar to fill (*a tooth*), 9
empeorar to get worse
empezar (e:ie) to begin, 15; to
start, 15
emplear to employ
emplomar to fill (*a tooth*), 9
empujar to push
en in, 2; at, 2
—**ayunas** fasting, 8; with an
empty stomach, 8
—**caso de** in case, 1
—**cuanto** as soon as, 19
—**estos días** these days, 5
—**seguida** right away, 5
encía (*f.*) gum, 9
encinta pregnant, 4
encontrar (o:ue) to find, 12
enchufe de seguridad (*m.*) electrical plug cover, 19
endocrinólogo(a) (*m., f.*) endocrinologist
endometrosis (*f.*) endometriosis
endoscopia (*f.*) endoscopy
endrogarse to take drugs, to become addicted to drugs
endulzado(a) sweetened
endurecimiento (*m.*) hardening
enema (*m.*) enema, 14
enfermedad (*f.*) sickness, 5;
disease, 5
enfermero(a) (*m., f.*) nurse, 2
enfermo(a) (*m., f.*) sick person,
18
enfisema (*m.*) emphysema
enjuagar(se) to rinse (out), 9
enjuague (*m.*) mouthwash
entonces then, 9
entrada (*f.*) opening, 7; entry, 7
entrante next, 5
entrar to enter, 1; to go (come) in
entre between, 20
entumecido(a) numb
entumecimiento (*m.*) numbness
envenenamiento (*m.*) poisoning, 10
envenenar(se) to poison (oneself), 19
enyesar to put a cast on, 10

epilepsia (*f.*) epilepsy, 18
equipo (*m.*) equipment
eructar to burp
erupción (*f.*) rash
escalera (*f.*) staircase, 10
escalofríos (*m. pl.*) chills
escanograma (*m.*) CAT scan
escayola (*f.*) cast (*España*)
escayolar to put a cast on (*España*)
esclerosis múltiple (*f.*) multiple
sclerosis
escrito(a) written, 13
escroto (*m.*) scrotum
escuela (*f.*) school, 6
escupir to spit, 9
esmalte (*m.*) enamel
eso that, 6
por— that's why, 6; for that
reason, 6
espacio (*m.*) room, 9; space, 9
espaguetis (*m.*) spaghetti, 6
espalda (*f.*) back, 4
esparadrapo (*m.*) adhesive bandage
especial special, 5
especialista (*m., f.*) specialist, 12
especialmente especially, 6
espejuelos (*m. pl.*) glasses (*Cuba*), 2
esperar to wait (for), 3; to hope, 17
esperma (*f.*) sperm
espina dorsal (*f.*) spinal column
espinal spinal
espinilla (*f.*) blackhead, 12
esponja (*f.*) sponge
esposo(a) (*m., f.*) husband, 1;
wife, 1
espuma (*f.*) foam
esputo (*m.*) sputum
esqueleto (*m.*) skeleton
esquina (*f.*) corner
esquizofrenia (*f.*) schizophrenia
estacionamiento (*m.*) parking
estado (*m.*) state
—**civil** marital status, 1
estar to be, 3
—**acatarrado(a)** to have a cold, 3
—**bien** to be well, okay, 2
—**de parto** to be in labor
—**enfermo(a) del corazón** to
have heart problems, 6
—**resfriado(a)** to have a cold, 3
este(a) this, 8
esta noche tonight
esterilidad (*f.*) sterility
esterilizar to sterilize

esternón (*m.*)   sternum
esteroides anabólicos (*m. pl.*)   anabolic steroids
estómago (*m.*)   stomach, 1
estos(as)   these
estrecho(a)   narrow, 6
estreñido(a)   constipated, 3
estrés (*m.*)   stress
estricto(a)   strict, 6
estuche (de primeros auxilios) (*m.*)   first-aid kit, 19
estufa (*f.*)   stove, 19
evacuar   to have a bowel movement (*Méx.*), 11
evitar   to avoid, 4
examen (*m.*)   exam, 8; examination, 8; check up, 8
examinar   to examine, 4
exceso de peso (*m.*)   overweight
excremento (*m.*)   excrement, 2
excusado (*m.*)   bathroom, 14
expectorar   to expectorate
expediente médico (*m.*)   patient's medical record
explicar   to explain, 10
exponer(se)   to expose oneself
expresión (*f.*)   expression
éxtasis (*m.*)   ecstasy
extender (e:ie)   to stretch, 14; to extend, 14
extracción (*f.*)   extraction, 9
extraer   to extract, 9; to take (pull) out, 9
extremidad (*f.*)   limb, 20
eyacular   to ejaculate

F

fácil   easy, 7
falange (*m.*)   phalange
falda (*f.*)   skirt
faltarle algo a uno   to be lacking something, 20
familia (*f.*)   family, 7
familiar   family (*adj.*), 7
farfallotas (*f. pl.*)   mumps (*Puerto Rico*), 5
farmacia (*f.*)   pharmacy, 3
fatiga (*f.*)   fatigue
favor (*m.*)   favor, 11
  —de   please, 18
fecha (*f.*)   date, 18
  —de nacimiento   date of birth, 1
fémur (*m.*)   femur

fértil   fertile, 7
feto (*m.*)   fetus
fibra (*f.*)   fiber
fíbula (*f.*)   fibula
fiebre (*f.*)   fever, 3
  —del heno   hay fever
  —escarlatina   scarlet fever
  —reumática   rheumatic fever, 20
fielmente   faithfully, 17
final (*m.*)   end
finalmente   finally, 15
firma (*f.*)   signature, 1
firmar   to sign
físico(a)   physical, 8
flato (*m.*)   intestinal gas
flema (*f.*)   phlegm
flujo (*m.*)   discharge, 15
fluoruro (*m.*)   fluoride
fluoroscopia (*f.*)   fluoroscopy, 14
folleto (*m.*)   brochure, 7; pamphlet, 7
fórceps (*m. sing., pl.*)   forceps, 11
forma (*f.*)   form (*Méx.*), 1; way
fórmula (*f.*)   formula
fósforo (*m.*)   match, 19
fractura (*f.*)   fracture, 10
fracturar(se)   to break, 10; to fracture, 10
frasco (*m.*)   bottle, 10
frazada (*f.*)   blanket, 2
frecuencia (*f.*)   frequency
  con—   frequently, 4
frecuente   frequent, 12
frenos (*m. pl.*)   dental braces
frente (*f.*)   forehead, 10
fresa (*f.*)   strawberry, 6
fricción (*f.*)   rub, 13; rubbing, 13; massage, 13
frijoles (*m. pl.*)   beans, 6
frío(a)   cold, 2
fruta (*f.*)   fruit, 2
fuente (*f.*)   source
  —de agua   water bag, 6
fuera   outside
  —de lo común   out of the ordinary, 8
  —del alcance   out of reach
  por—   on the outside, 7
fuerte   strong
fumar   to smoke, 2

G

gafas (*f. pl.*)   glasses, 2
galletica (*f.*)   cookie

galletita (*f.*)   cookie
ganglio linfático (*m.*)   lymph gland
garganta (*f.*)   throat
garrotillo (*m.*)   croup
gas (*m.*)   gas
gasa (*f.*)   gauze, 9
gastritis (*f.*)   gastritis
gatear   to crawl, 19
gemelos(as) (*m., f. pl.*)   twins
general   general, 8
generalmente   generally, 6
genitales (*m. pl.*)   genitals, 14
gente (*f.*)   people
geriatra (*m., f.*) geriatrician, geriatrist
ginecología (*f.*)   gynecology
ginecólogo(a) (*m., f.*)   gynecologist, 4
glande (*m.*)   glans
glándula (*f.*)   gland
glaucoma (*m.*)   glaucoma, 12
globo (*m.*)   balloon (*drug dosage*),
  18
glúteos (*m. pl.*)   buttocks
golpear(se)   to hit (oneself), 10
gonorrea (*f.*)   gonorrhea, 15
gordo(a)   fat, 6
gordura (*f.*)   obesity, 6
gorro (*m.*)   bonnet, 19; cap, 19
gota (*f.*)   drop, 5
gotero (*m.*)   eyedropper
gracias   thank you, P
grado (*m.*)   degree, 3
grande   big, 4; large
grano (*m.*)   pimple, 12
grasa (*f.*)   fat, 6
grasiento(a)   oily
gratis   free (*of charge*)
grave   serious, 3
gripe (*f.*)   influenza
grupo (*m.*)   group, 6
guardado(a)   put away, 13
guardar   to put away, 13; to keep
guía (*f.*)   guide
gustar   to like, 13; to be pleasing
  to, 13
gusto (*m.*)   pleasure

H

habichuelas (*f. pl.*)   beans (*Puerto
  Rico*), 6
habitación (*f.*)   room, 11
hablar   to speak, 1
hace como...   about . . . , 18
hacer   to do, 5; to make, 5

—**caca**   to have a bowel movement (*col.*)
—**daño**   to hurt, 18
—**ejercicio**   to exercise, 6
—**gárgaras**   to gargle
—**preguntas**   to ask questions, 19
—**un análisis**   to run a test, 8
—**un examen**   to give a checkup, 8
—**una prueba**   to run a test, 8
hacia   toward
—**adelante**   forward, 8
—**atrás**   backwards, 8
hachich (hashís) (*m.*)   hashish
hágame el favor de... (+ *inf.*)
  Please (+ command), 2
hambre: tener—   to be hungry, 5
hamburguesa (*f.*)   hamburger, 6
harina (*f.*)   flour
hasta   until, 8; till 8
—**mañana.**   See you tomorrow., P
hay   there is, 5; there are, 5
hemorragia (*f.*)   hemorrhage, 13
—**cerebral**   stroke, 16
hemorroide (*f.*)   hemorroid, 17
hepatitis (*f.*)   hepatitis, 18
hereditario(a)   hereditary, 16
herida (*f.*)   wound, 9; injury, 9
herido(a) (*m., f.*)   injured person, 10
hermanastro(a) (*m., f.*)   stepbrother; stepsister
hermano(a) (*m., f.*)   brother, 18; sister, 18
heroína (*f.*)   heroin
herpes (*m. sing.*)   herpes, 15
hidropesía (*f.*)   dropsy
hielo (*m.*)   ice, 9
hierro (*m.*)   iron, 3
hígado (*m.*)   liver, 6
higienista (*m., f.*)   hygienist, 9
hijastro(a) (*m., f.*)   stepchild
hijo(a) (*m., f.*)   son, 3; daughter, 3
hilo dental (*m.*)   dental floss, 9
hinchado(a)   swollen, 4
hinchazón (*m.*)   swelling
hiperopía (*f.*)   farsightedness
hipertensión (*f.*)   hypertension, 16;
  high blood pressure, 16
hirviendo   boiling, 10
histerectomía (*f.*)   hysterectomy
historia clínica (*f.*)   medical history, 1
hoja clínica (*f.*)   medical history, 1
hombre (*m.*)   man, 15
hombro (*m.*)   shoulder
hondo   deep (*adv.*), 8; deep (*adj.*), 19

hongo (*m.*) fungus
hora (*f.*) hour, 3
  —**de visita** visiting hour, 13
  pedir (e:i)— to make an
  appointment, 5
horario (*m.*) hours, schedule
hormigueo (*m.*) pins and needles,
  tingling
horno (*m.*) oven, 19
hospital (*m.*) hospital, 2
hoy today, 2
hueco (*m.*) hole, 19
hueso (*m.*) bone, 8
  —**ilíaco** ilium
huevo (*m.*) egg, 6
humano(a) human
húmero (*m.*) humerus

I

implante (*m.*) implant, 7
importancia (*f.*) importance, 12
importante important, 5
impotencia (*f.*) impotence
incapacidad (*f.*) disability, 18
incendio (*m.*) fire
incisivo (*m.*) incisor
incubación (*f.*) incubation
incubadora (*f.*) incubator
indicar to indicate, 15
infarto (*m.*) heart attack, 18
infección (*f.*) infection, 5
  —**de la garganta** tonsilitis
infeccioso(a) infectious
inflamación (*f.*) inflamation
  —**del intestino grueso** colitis
inflamado(a) swollen, 4
inflamatorio(a) inflammatory
información (*f.*) information, P
informe (*m.*) report
ingle (*f.*) groin
ingresar to admit (*to a hospital*), 10
inodoro (*m.*) toilet, 14
insecticida (*m.*) insecticide, 19
inseminación artificial (*f.*) artificial insemination
insertar to insert, 7
insolación (*f.*) sunstroke
insomnio (*m.*) insomnia, 8
insoportable unbearable, 9
instrucción (*f.*) instruction, 17
insulina (*f.*) insulin, 17
internar to be admitted (*to a
hospital*)

internista (*m., f.*) general practitioner, 17; internist, 17
interno(a) internal
intestino (*m.*) gut, intestine
  —**delgado** small intestine
  —**grueso** large intestine
intoxicación (*f.*) intoxication
investigador(a) (*m., f.*) investigator,
  15
inyección (*f.*) injection, 10; shot,
  10
  —**contra el tétano** tetanus shot
inyectar(se) to inject (oneself), 17
ipecacuana (*f.*) ipecac, 19
ir to go, 3
irritación (*f.*) irritation
irritado(a) irritated, 5
irse to leave, 14; to go away, 14
izquierdo(a) left, 12

J

jabón (*m.*) soap, 12
jalea (*f.*) jelly, 7
jarabe (*m.*) syrup
  —**para la tos** cough syrup, 2
jaqueca(s) (*f.*) migraine
jeringa (hipodérmica) (*f.*) hypodermic syringe
jeringuilla (*f.*) hypodermic syringe
jimaguas (*m., f. pl.*) twins (*Cuba*)
joven young, 7
joyas (*f. pl.*) jewelry, 13
juanete (*m.*) bunion
jugo (*m.*) juice, 2
  —**de china** orange juice (*Puerto
Rico*), 2
  —**de naranja** orange juice, 2
junto(a) together, 5

L

labio (*m.*) lip
laboratorio (*m.*) laboratory, 3
lado (*m.*) side, 12
  al—**de** at the side of
ladrón(-ona) (*m., f.*) burglar
laparoscopia (*f.*) laparoscopy
laringitis (*f.*) laryngitis
lastimar(se) to hurt (oneself), 11
latido (*m.*) heartbeat
latir to beat (*heart*), 20
lavado (*m.*) washing
  —**intestinal** enema

hacer un—de estómago to pump the stomach, 10
lavativa (*f.*) enema
laxante (*m.*) laxative, 17
leche (*f.*) milk, 2
   —descremada skim milk, 6
leer to read, 2
legumbre (*f.*) vegetable
lejía (*f.*) bleach, 19
lejos (de) far away, 12
lengua (*f.*) tongue, 13
lentamente slowly, 8
lentes (*m. pl.*) glasses, 2
   —de contacto contact lenses, 2
leño (*m.*) joint (*col.*)
lesión (*f.*) lesion, 15
letra (*f.*) handwriting, 1; letter, 1
   —de imprenta print, printed letter, 1
   —de molde print, printed letter, 1
leucemia (*f.*) leukemia
levantar(se) to lift, 13; to raise, 13; to get up
   al— first thing in the morning
libra (*f.*) pound, 1
licencia para conducir (*f.*) driver's license, 1
ligadura (*f.*) tourniquet, 14
ligar to tie, 12
   —los tubos to tie the tubes, 12
ligero(a) light
limitación (*f.*) limitation, 18
limpiar to clean, 5
limpieza (*f.*) cleaning
línea (*f.*) line, 12
linimento (*m.*) liniment
líquido (*m.*) liquid, 3
lista (*f.*) list, 6
listo(a) ready, 14
llaga (*f.*) sore, 15; wound, 15
llamado(a) called
llamar to call, 1
llamarse to be named, 11
llegar to arrive, 10
llenar to fill out, 1
lleno(a) de gases bloated, 3
llevar to take (someone or something somewhere), 3; to carry
   —a cabo to carry out
llorar to cry
lo it, him, you (*form.*)
   —más pronto posible as soon as possible, 16
   —mejor the best (thing), 5

   —mismo the same (thing), 8
   —que that which, 10
   —siento I'm sorry, P
local local, 9
loción (*f.*) lotion, 12
   —para bebé baby lotion
locura (*f.*) insanity
lonche (*m.*) lunch (*col. Méx.*), 13
los (las) dos both, 3; the two of them, 3
lubricar to lubricate
luego then, 10
lugar (*m.*) place, 18
   —donde trabaja place of employment, 1
lunar (*m.*) mole
luz (*f.*) light, 12

M

macarrones (*m.*) macaroni, 6
madrastra (*f.*) stepmother
madre (*f.*) mother, 2
mal de ojo (*m.*) evil eye
malaria (*f.*) malaria
malestar (*m.*) discomfort, malaise
maligno(a) malignant, 12
malo(a) bad, 4
malparto (*m.*) miscarriage, 4
mamá (*f.*) mother, mom, 2
mamadera (*f.*) baby bottle, 11
mamar: dar de— to nurse, 11
mamila (*f.*) baby bottle (*Méx.*), 11
mamografía (*f.*) mammogram, 12
mancha en la piel (*f.*) birthmark
mandíbula (*f.*) jawbone
manga (*f.*) sleeve, 14
manifestarse (e:ie) to manifest
mano (*f.*) hand, 14
manta (*f.*) blanket, 2
manteca (*f.*) heroin (*col. Caribe*)
mantener to keep
mantequilla (*f.*) butter, 2
   —de cacahuate peanut butter, 6
   —de maní peanut butter, 6
manzana (*f.*) apple
mañana (*f.*) tomorrow, 1; morning, 4
maquillaje (*m.*) makeup, 19
máquina (*f.*) car (*Cuba*), 10
marcapasos (*m. sing.*) pacemaker, 20
mareo (*m.*) dizziness, 4
margarina (*f.*) margarine, 6
marido (*m.*) husband, 1

mariguana (marihuana) (*f.*) marijuana, 18
más more, 4; else, 16; most
 —adelante later on, 5
 —o menos more or less, 8
masa (*f.*) mass, 12
matarse to kill oneself, commit suicide
materia fecal (*f.*) stool, feces
matriz (*f.*) womb
mayor major, 12
mayoría (*f.*) majority, 12
mechón (*m.*) patch
medias (*f.*) stockings, 17; hose, 17
 —elásticas support stockings, 17
medicina (*f.*) medicine, 3
medicinal medicinal, 12; medicated, 12
médico(a) (*adj.*) medical, 1; (*m., f.*) doctor, 1; M.D., 1
medio(a) half, 16
 en el— in the middle
medir (e:i) to measure, 7; to be . . . tall
mejilla (*f.*) cheek
mejor better, 7; best, 7
mejorar to make better, 20; to improve, 20
melocotón (*m.*) peach
melón (*m.*) melon, 6
mellizos(as) (*m., f. pl.*) twins
meningitis (*f.*) meningitis
menor minor, 12
menos less, 8
 por lo— at least
menstruación (*f.*) menstruation, 4
mental mental, 18
mentón (*m.*) chin
mesa (*f.*) table, 14
metadona (*f.*) methadone
metatarso (*m.*) metatarsus
método (*m.*) method, 7
miel (*f.*) honey
miembro (*m.*) member; penis
mientras tanto in the meantime, 4
migraña (*f.*) migraine
mineral (*m.*) mineral, 5
minuto (*m.*) minute, 9
mío(a) mine, 9
miope nearsighted
miopía (*f.*) nearsightedness
mirar to look at, 1
mismo(a) same

mitad (*f.*) half, 6
molar (*m.*) molar
molestia (*f.*) trouble, 7; discomfort, 7
momento (*m.*) moment, 15
moneda (*f.*) coin, 19
monga (*f.*) influenza (*col. Puerto Rico*)
monitorizado(a) monitored
morado (*m.*) bruise, 13
morder (o:ue) to bite, 9
moretón (*m.*) bruise, 13
morfina (*f.*) morphine
morir (o:ue) to die, 20
mover(se) (o:ue) to move, 14
 —el vientre to have a bowel movement, 11
muchacho(a) (*m., f.*) young man, 18; boy, 18; young woman, 18; girl, 18
mucho much, 2; a lot, 2
 muchas gracias thank you very much, P
mucosas (*f.*) mucous membranes
mueble (*m.*) piece of furniture, 19
muela (*f.*) tooth, 9; molar, 9
 —del juicio wisdom tooth, 9
muerte (*f.*) death
muestra (*f.*) sample, 2; specimen, 2
 —de excremento stool specimen, 2
 —de heces fecales stool specimen, 2
 —de orina urine sample (specimen), 2
mujer (*f.*) wife, 1; woman, 7
mujercita (*f.*) female (girl) (*col. Méx.*), 6
muleta (*f.*) crutch, 10
muñeca (*f.*) wrist
músculo (*m.*) muscle
muslo (*m.*) thigh
muy very
 —amable very kind (of you), 13

N

nacer to be born, 11
nacimiento (*m.*) birth
nada nothing, 8
 de— you're welcome, P
nadie nobody, 15; no one, 15
nalgas (*f. pl.*) buttocks, 6
naranja (*f.*) orange, 6
nariz (*f.*) nose
natalidad (*f.*) birth, 7

náusea (*f.*)   nausea, 1
necesariamente   necessarily, 7
necesario(a)   necessary, 5
necesitar   to need, 1
negativo(a)   negative, 8
negro(a)   black, 17
nervio (*m.*)   nerve
nervioso(a)   nervous, 16
neurología (*f.*)   neurology
neurológico(a)   neurological
neurólogo(a) (*m., f.*)   neurologist
nieto(a) (*m., f.*)   grandson; granddaughter
ninguno(a)   not a one, 4; none, 4
niño(a) (*m., f.*)   child, 2; boy (girl), 2
nitroglicerina (*f.*)   nitroglycerin
noche (*f.*)   night
nombre (*m.*)   name, P; noun
normal   normal, 8
normalmente   normally, 11
notar   to notice, 17
novocaína (*f.*)   novocaine, 9
nuca (*f.*)   nape
nudillo (*m.*)   knuckle
nuera (*f.*)   daughter-in-law
nuevo(a)   new
número (*m.*)   number
   —de teléfono   phone number, P
nunca   never, 6

O

o   or, 1
obesidad (*f.*)   obesity, 6
objeto (*m.*)   object, 19
obrar   to have a bowel movement, 11
obstetra (*m., f.*)   obstetrician
obstruido(a)   clogged
oculista (*m., f.*)   oculist, 12; ophthalmologist, 12; optometrist
ocupación (*f.*)   occupation, P
ocurrir   to happen, 16; to occur, 16
odontólogo(a) (*m., f.*)   odontologist; dental surgeon; dentist
oficina (*f.*)   office, 3
oftalmología (*f.*)   ophthalmology
oftalmólogo(a) (*m., f.*)   ophthalmologist
oído (*m.*)   (inner, internal) ear, 5
oír   to hear, 17
ojalá   I hope, 17; if only, 17
ojo (*m.*)   eye
olor (*m.*)   odor, 15
olvidarse (de)   to forget, 9

ombligo (*m.*)   navel
omóplato (*m.*)   scapula
oncólogo(a) (*m., f.*)   oncologist
operación (*f.*)   operation, 11;
   surgery
   —de corazón abierto   open heart
      surgery
operar   to operate, 12
opio (*m.*)   opium
opresión (*f.*)   tightness, 20
orden (*f.*)   order, 3; referral, 3
ordenar   to order, 14
oreja (*f.*)   (external) ear
órgano (*m.*)   organ
orina (*f.*)   urine
orinar   to urinate, 2
ortodoncia (*f.*)   orthodontia
ortodoncista (*m., f.*)   orthodontist
ortopeda (*m., f.*)   orthopedist
ortopedia (*f.*)   orthopedics
ortopedista (*m., f.*)   orthopedist
orzuelo (*m.*)   sty
oscuridad (*f.*)   dark, darkness
otorrinolaringólogo(a) (*m., f.*)   ear,
   nose, and throat specialist
otro(a)   other, 2; another, 2
otra vez   again, 8
ovario (*m.*)   ovary
ovulación (*f.*)   ovulation, 7
óvulo (*m.*)   ovum
oxígeno (*m.*)   oxygen

P

paciente (*m., f.*)   patient, P
   —externo   outpatient
padecer   to suffer, 6
   —del corazón   to have heart
      trouble, 6
padrastro (*m.*)   stepfather
padre (*m.*)   father, 6
padres (*m. pl.*)   parents
pagar   to pay, 1
pago (*m.*)   payment
país (*m.*)   country
palabra (*f.*)   word
paladar (*m.*)   palate
pálido(a)   pale, 3
palpitación (*f.*)   palpitation, 16
pan (*m.*)   bread, 2
   —tostado   toast, 2
pantalones (*m. pl.*)   pants
pantimedias (*f. pl.*)   pantyhose
pantorilla (*f.*)   calf

pañal (*m.*) diaper
—desechable disposable diaper
pañuelo de papel (*m.*) tissue
papa (*f.*) potato
papá (*m.*) father, 6; dad
Papanicolau: examen de— (*m.*) Pap test (smear)
papas fritas (*f.*) French fries, 6
papel (*m.*) paper
paperas (*f.*) mumps, 5
papiloma (*m.*) papilloma
par (*m.*) pair, 17; couple
para for, 2; in order to, 3
—¿qué... ? for what. . . ?, 5
parabrisas (*m. sing.*) windshield
parálisis (*f.*) paralysis, 16
paralítico(a) paralyzed, 16
paramédico(a) (*m., f.*) paramedic, 19
pararse to stand up, 14
parcial partial, 16
parecer to seem, 8; to look
pared (*f.*) wall, 12
pareja (*f.*) pair, couple
pariente (*m., f.*) relative, 20
—cercano(a) close relative, 20
parir to give birth
párpado (*m.*) eyelid
parte (*f.*) part, 7
  partes privadas (*f. pl.*) private parts, 14
partera (*f.*) midwife
parto (*m.*) delivery, 11; childbirth
  dolor de— (*m.*) labor pain, 11
  estar de— to be in labor
  sala de— (*f.*) delivery room, 11
pasado(a) last, 12
pasar to happen, 10
pasársele a uno to pass, 17
Pase. Come in., P
pasillo (*m.*) hallway, 14
pasta (*f.*) pasta
—de dientes toothpaste, 9
—dentífrica toothpaste, 9
pastel (*m.*) pie; cake
pastilla (*f.*) pill, 2
—para el dolor painkiller, 2
pasto (*m.*) marijuana (*col.*)
PCP (*f.*) angel dust
pecho (*m.*) breast, 4; chest, 8
  dar el— to nurse, 11
pediatra (*m., f.*) pediatrician, 3
pediatría (*f.*) pediatrics
pedir (e:i) to ask for; to request, 7

—hora to make an appointment, 5
—turno to make an appointment, 5
pegar un tiro to shoot
peligroso(a) dangerous, 6
pelo (*m.*) hair
pelvis (*f.*) pelvis
pene (*m.*) penis, 8
penicilina (*f.*) penicillin, 3
pensar (e:ie) to think (about), 7; to plan, 11
peor worse, 16; worst, 16
pequeño(a) small, 6; little, 6
pera (*f.*) pear
perder (e:ie) to lose
—peso to lose weight, 6
pérdida (*f.*) loss
perfil (*m.*) side
perfume (*m.*) perfume
perico (*m.*) cocaine (*col.*)
periodo (*m.*) menstruation, 4; period
permanente permanent
pero but, 3
peroné (*m.*) fibula
perro(a) (*m., f.*) dog
persona (*f.*) person, 12
personal (*m.*) personnel
pesado(a) heavy, 4
pesar to weigh, 1
pescado (*m.*) fish, 6
pescuezo (*m.*) neck
peso (*m.*) weight, 6
pestañas (*f. pl.*) eyelashes
pezón (*m.*) nipple
picado(a) decayed, 9; carious, 9
picadura (*f.*) cavity, 9; bite
picante spicy
picazón (*f.*) itching, 8
pie (*m.*) foot, 1
piedra (*f.*) stone, 17; crack (*col.*)
piel (*f.*) skin, 5
pierna (*f.*) leg, 11
pijama (*m.*) pyjamas
píldora (*f.*) pill
pimiento (*m.*) pepper, 6
pintura (*f.*) paint, 19
pinzas (*f. pl.*) tweezers, 19
piña (*f.*) pineapple
piorrea (*f.*) pyorrhea, 9
piscina (*f.*) swimming pool, 19
piso (*m.*) floor; story
pito (*m.*) marijuana (*col.*)
placa (*f.*) plaque

placenta (*f.*)   placenta, 11
plancha (*f.*)   iron, 19
planificación (*f.*)   planning, 7
planilla (*f.*)   form, 1
planta del pie (*f.*)   sole of the foot
plástico (*m.*)   plastic, 19
pleuresía (*f.*)   pleurisy
pneumonía (*f.*)   pneumonia
pobre   poor
pobrecito(a) (*m., f.*)   poor little
  thing (one), 3
poco(a)   little (*ref. to quantity*), 3
  poco a poco   little by little, 14
  un poco   a little, 8
pocos(as)   few, 6
poder (o:ue)   to be able to, 6; can, 6
podiatra (*m., f.*)   podiatrist
polen (*m.*)   pollen
policía (*m., f.*)   police; policeman;
  policewoman
poliomielitis (*f.*)   polio (myelitis), 5
póliza (*f.*)   policy, P
pollo (*m.*)   chicken, 2
polvo (*m.*)   cocaine (*col.*)
  —de ángel   angel dust
pomo (*m.*)   bottle (*Cuba*), 10
poner(se)   to put; to put on; to turn
  poner una inyección   to give a
  shot, 10
  ponerse tenso(a)   to tense up, 11
por   through, 8; for, 10
  —ciento   percent
  ¿—cuánto tiempo… ?   for how
    long . . . ?, 10
  —ejemplo   for example, 20
  —eso   that's why, 6; for that rea-
    son, 6
  —favor   please, P
  —fin   finally, 15
  —la boca   through the mouth, 8
  —lo menos   at least, 6
  —mí   for me, 18; on my behalf, 18
  ¿—qué?   why?, 4
  —supuesto   of course, 16
  —unos segundos   for a few sec-
    onds, 10
  —vía bucal   orally
  —vía oral   orally
porción (*f.*)   portion, serving
poro (*m.*)   pore
porque   because, 4
porro (*m.*)   joint (*col.*)
  —mortal   killer joint
positivo(a)   positive, 8

posterior   rear
postizo(a)   false, 2
postnatal   postnatal
postre (*m.*)   dessert, 2
practicar   to practice
precaución (*f.*)   precaution, 5
preferir (e:ie)   to prefer, 5
pregunta (*f.*)   question, 6
preguntar   to ask (a question), 13
prematuro(a)   premature
prenatal   prenatal
prendas (*f. pl.*)   clothing
prender   to react
preñada   pregnant (*col.*)
preocupado(a)   worried, 6
preocupar(se) por   to worry
  about, 10
preparar   to prepare, 6
présbite   farsighted
presión (*f.*)   pressure, 8; blood
  pressure, 8
  —arterial   blood pressure, 8
presupuesto (*m.*)   budget
primario(a)   primary
primero(a)   first (one), 5
primeros auxilios (*m. pl.*)   first
  aid, 19
primo(a) (*m., f.*)   cousin
principio (*m.*)   principle
privado(a)   private
probablemente   probably, 16
probar (o:ue)   to try, 7
probeta (*f.*)   test tube
  bebé de— (*m.*)   test-tube baby
problema (*m.*)   problem, 3
profundo(a)   deep, 19
programa (*m.*)   program, 18
promedio (*m.*)   average
pronto   soon, 10
  tan—como   as soon as, 19
propio(a)   itself
proporcionar   to provide
próstata (*f.*)   prostate gland
prostatitis (*f.*)   prostatitis
proteger   to protect
proteína (*f.*)   protein, 3
próximo(a)   next, 5; (*m., f.*) next
  one, 12
  la próxima vez   next time, 5
prueba (*f.*)   test, 5
psiquiatra (*m., f.*)   psychiatrist
psiquiátrico(a)   psychiatric, 18
publicar   to publish
público(a)   public, 15

puente (*m.*)   bridge
—**coronario** (heart) bypass
puerta (*f.*)   door
pues   well, 10
pujar   to push (*during labor*), 11
pulgada (*f.*)   inch, 1
pullar   to shoot up (*col. Caribe*)
pulmón (*m.*)   lung
pulmonía (*f.*)   pneumonia
pulpa (*f.*)   pulp
pulso (*m.*)   pulse, 13
puntada (*f.*)   stitch, 10
punto (*m.*)   stitch, 10; dot, 12
punzada (*f.*)   sharp pain
punzante   sharp, 20; stabbing, 20
pupila (*f.*)   pupil
purgante (*m.*)   purgative, 17;
   cathartic, 17
pus (*m.*)   pus, 5

Q

que   that, 3
¿qué?   what?, 2
¿—más?   What else?, 16
¿—tal?   How about . . . ?, 3; How is
   (are) . . . ?, 3
quebrarse (e:ie)   to break (*Méx.*),
   10; to fracture (*Méx.*), 10
quedar(se)   to remain, 11; to
   stay, 11
—**sordo(a)**   to go deaf, 17
quemadura (*f.*)   burn, 10
quemar(se)   to burn (oneself), 10
querer (e:ie)   to want, 5; to wish, 5
queso (*m.*)   cheese, 6
¿quién?   who?, 1
quieto(a)   still
quijada (*f.*)   jaw
quimioterapia (*f.*)   chemotherapy
quirúrgico(a)   surgical
quiste (*m.*)   cyst, 12
quitar(se)   to take out, 12; to remove, 12
—**la ropa**   to take off one's
   clothes, 14
quizá(s)   perhaps, 3; maybe, 3

R

rabadilla (*f.*)   coccyx
radio (*m.*)   radius
radiografía (*f.*)   X-ray, 1
radiología (*f.*)   radiology
radiólogo(a) *m., f.*)   radiologist
raíz (*f.*)   root
rápidamente   rapidly, 20
raquídea (*f.*)   spinal anesthesia
raro(a)   rare
rasguño (*m.*)   scratch, 19
rasurar(se)   to shave
rato (*m.*)   while, 11
rayos equis (*m. pl.*)   X-rays
reanimación (*f.*)   revival
rebajar   to lose weight, 6
recepcionista (*m., f.*)   receptionist, P
receta (*f.*)   prescription, 3
recetar   to prescribe, 5
recibir   to receive, 18
recién   new
—**casado(a)** (*m., f.*)   newlywed, 7
—**nacido(a)** (*m., f.*)   newborn
recomendar (e:ie)   to recommend, 16
reconocer   to examine, 4; to
   recognize
recto (*m.*)   rectum, 14
recuperación (*f.*)   recovery
recuperarse   to recover
refresco (*m.*)   soft drink, 6; soda
   pop, 6
regalo (*m.*)   present; gift
regla (*f.*)   menstruation, 4
regresar   to return, 1
regularmente   regularly, 17
relaciones sexuales (*f. pl.*)   sexual
   relations, 4
tener—   to have sex, 4
relajarse   to relax (oneself), 11
reloj (*m.*)   watch, 13
remangarse   to roll up one's
   sleeves, 14
remedio (*m.*)   medicine, 3
repollo (*m.*)   cabbage, 6
reproductivo(a)   reproductive
resfriado (*m.*)   cold, 3
resfrío (*m.*)   cold, 3
resollar   to breath, 8
resolver (o:ue)   to solve, 16
respiración (*f.*)   breath
respirar   to breathe, 8
Respire hondo.   Take a deep
   breath., 8; Breathe deeply., 8
respiratorio(a)   respiratory
resto (*m.*)   rest, 16; remainder, 16
resultado (*m.*)   result, 8
dar—   to work, 12; to produce
   results, 12
resumen (*m.*)   summary, 18

retención (*f.*)   retention
retina (*f.*)   retina
reumatismo (*m.*)   rheumatism
revisar   to check, 5
revestir (e:i)   to line
riesgo (*m.*)   risk
riñón (*m.*)   kidney, 16
ritmo (*m.*)   rhythm, 7
roca (*f.*)   crack (*col.*)
rodilla (*f.*)   knee, 8
rojo(a)   red, 6
romper(se)   to break, 10; to
  fracture, 10
  —la fuente   to break water (*child-birth*)
ronco(a)   hoarse, 8
roncha (*f.*)   hives
ronquera (*f.*)   hoarseness
ropa (*f.*)   clothes, 13
  —interior   underwear
rótula (*f.*)   patella
rubéola (*f.*)   rubella, 5
ruido (*m.*)   noise, 8; ringing (*ear*), 8

S

sábana (*f.*)   sheet
saber   to know, 7
sacar   to pull out, 9; to take out, 9;
  to extract, 9; to stick out, 17
sal (*f.*)   salt, 9
sala (*f.*)   ward, 2; room
  —de bebés   nursery, 11
  —de cirugía   operating room
  —de emergencia   emergency
    room, 10
  —de espera   waiting room, 3
  —de maternidad   maternity
    ward
  —de parto   delivery room, 11
  —de rayos X   X-ray room, 10
  —de recuperación   recovery
    room
  —de terapia física   physical ther-
    apy room
  —de urgencia   emergency room,
    10
salir   to leave, 9; to go out, 9
  —bien   to turn out okay, 14
salirle un líquido a uno   to have a
  discharge, 15
saliva (*f.*)   saliva
salpullido (*m.*)   rash, 5
salud (*f.*)   health, 15

saludo (*m.*)   greeting
salvar   to save, 9
sangrar   to bleed, 9
sangre (*f.*)   blood, 1
sano(a)   healthy, 8
sarampión (*m.*)   measles, 5
sarna (*f.*)   scabies
sarpullido (*m.*)   rash, 5
sarro (*m.*)   tartar, 9
seco(a)   dry
secreción (*f.*)   secretion
secundario(a)   secondary
  efecto secundario (*m.*)   side
  effect
sed (*f.*)   thirst
seda dental (*f.*)   dental floss, 9
sedativo (*m.*)   tranquilizer
seguida: en—   right away
seguir (e:i)   to continue, 7; to
  follow, 7
según   according to
segundo (*m.*)   second, 10
segundo(a)   second, 14
  segundo nombre (*m.*)   middle
  name, 1
seguro (*m.*)   insurance, 1
  —social   Social Security, 1
seguro(a)   sure, 4; safe, 19
semana (*f.*)   week, 5
  —entrante   next week, 5
  —próxima   next week, 5
  —que viene   next week, 5
semen (*m.*)   semen
semiduro(a)   medium hard
seno (*m.*)   breast, 4
sentado(a)   sitting
sentar(se) (e:ie)   to sit (down), 9
sentidos (*m. pl*)   senses
sentir(se) (e:ie)   to feel, 8
señal (*f.*)   sign; warning
señalar   to indicate
señor (*m.*)   Mr., P; sir, P; gentleman, P
señora (*f.*)   Mrs., P; lady, P; Ma'am,
  P; madam, P
señorita (*f.*)   Miss, P; young
  lady, P
separado(a)   separated, 1
separar   to separate, 8
ser   to be, 2
  —querido (*m.*)   loved one
serio(a)   serious, 3
servicio (*m.*)   bathroom, 14
servir (e:i)   to serve, 7

sexo (*m.*)   sex, 1
si   if, 3
sicosis (*f.*)   psychosis
**SIDA (Síndrome de Inmunodefi-
ciencia Adquirida)** (*m.*)   AIDS, 18
siempre   always, 1
sien (*f.*)   temple
sífilis (*f.*)   syphilis, 15
sifilítico(a)   syphilis (*adj.*)
siguiente   following, 12; next, 12
silla de ruedas (*f.*)   wheelchair
sillita alta (*f.*)   high chair
similar   similar, 14
simple   simple, 9
sin   without, 8
   —falta   without fail, 15
   —sal   salt free
síntoma (*m.*)   symptom, 4
siquiatría (*f.*)   psychiatry
situación (*f.*)   situation
sobre   about, 1; on
   —todo   above all, 6
sobredosis (*f.*)   overdose
sobrino(a) (*m., f.*)   nephew; niece
social   social, 1
sofocar(se)   to suffocate (oneself),
19
sol (*m.*)   sun, 19; monetary unit of
Perú
solamente   only, 2
solo(a)   alone, 19
sólo   only, 2
soltero(a)   single, P
sonograma (*m.*)   sonogram
sopa (*f.*)   soup, 2
soplo cardíaco (*m.*)   (heart)
murmur
sordera (*f.*)   deafness
sordo(a)   deaf, 17; dull (*pain*), 20
sospechar   to suspect, 15
subir   to lift, 13; to go up, 13
   —de peso   to gain weight, 8
   subirse la manga   to roll up one's
   sleeve, 14
suceder   to happen
sudor (*m.*)   sweat, 20
suegro(a) (*m., f.*)   father-in-law;
mother-in-law
suero (*m.*)   I.V. (serum), 13
suerte (*f.*)   luck, 7
suficiente   enough, 9; sufficient, 9
sufrir   to suffer, 3
   —del corazón   to have heart
   trouble, 20

sugerencia (*f.*)   suggestion
sugerir (e:ie)   to suggest, 16
suicidarse   to commit suicide
sulfa (*f.*)   sulfa
supositorio (*m.*)   suppository
supuración (*f.*)   pus, 5
susto (*m.*)   fright
suyo(a)   yours (*form.*), his, her, 9

T

tabaco (*m.*)   tobacco, 16
tableta (*f.*)   tablet, 13
tal vez   perhaps, 20
talco para bebé (*m.*)   baby powder
talón (*m.*)   heel
tamaño (*m.*)   size, 7
también   also, 2
tampoco   either, 7; neither 7
tanto(a)   so much, 2
tapado(a)   constipated, 3
tapar   to cover, 14
taquicardia (*f.*)   tachycardia
tarde (*f.*)   afternoon, 11; (*adv.*)   late
   más—   later, 6
tarjeta (*f.*)   card, 1
   —de seguro médico   medical insurance card
tarso (*m.*)   tarsus
taza (*f.*)   cup, 2
técnico(a) (*m., f.*)   technician, 14
tejido (*m.*)   tissue
   —graso   fatty tissue
tela (*f.*)   cloth
teléfono (*m.*)   phone, 19
temblor (*m.*)   tremor, 20; shaking,
20
temer   to be afraid, 17; to fear, 17
temperatura (*f.*)   temperature, 3
   la—pasa de...   the temperature is
   over . . . , 3
tendencia (*f.*)   tendency
tener   to have, 4
   —a mano   to keep at hand
   —... años   to be . . . years old, 6
   —cuidado   to be careful, 6
   —dolor   to be in pain, 4
   —dolor de espalda   to have a
   backache, 4
   —en cuenta   to keep in mind
   —hambre   to be hungry, 5
   —mal olor (peste)   to have a bad
   odor, 15
   —miedo   to be afraid, 19

—que (+ *inf.*)   to have to (do
something), 4
—razón   to be right, 4
—sueño   to be sleepy, 4
—un flujo   to have a discharge, 15
no—importancia   to not
matter, 12
tensión (*f.*)   blood pressure, 16;
tension
terapia (*f.*)   therapy
tercero(a)   third, 10
terminar   to finish, 14; to be done, 14
termómetro (*m.*)   thermometer, 13
terrible   terrible, 10
testículo (*m.*)   testicle
tétano(s) (*m.*)   tetanus, 5
tete (*m.*)   pacifier (*Cuba*)
tía (*f.*)   aunt, 20
tibia (*f.*)   tibia
tibio(a)   lukewarm, 9; tepid, 9
tiempo (*m.*)   time
tienda (*f.*)   store; shop
tijeras (*f. pl.*)   scissors, 19
tímpano (*m.*)   eardrum
tinte (*m.*)   dye, 19
tintura de yodo (*f.*)   iodine
tío (*m.*)   uncle, 20
tiroides (*m. sing.*)   thyroid, 14
título (*m.*)   title
toallita (*f.*)   washcloth
tobillo (*m.*)   ankle, 4
tocar   to touch, 8
todavía   yet, 2; still, 2
todo(a)   all, 4
—eso   all that, 5
—lo posible   everything possible, 6
tomacorrientes (*m. sing.*)   electrical
outlet, 19; socket, 19
tomar   to drink, 2; to take, 3
—la presión   to take the blood
pressure, 16
—la tensión   to take the blood
pressure, 16
Tome asiento.   Have a seat., P
tomate (*m.*)   tomato, 6
tórax (*m.*)   thorax
torcer(se) (o:ue)   to twist, 10
torcido(a)   crooked
torniquete (*m.*)   tourniquet, 14
toronja (*f.*)   grapefruit, 6
tortilla (*f.*)   tortilla, 6
tos (*f.*)   cough, 2

—convulsiva   whooping cough
—ferina   whooping cough, 5;
pertussis, 5
toser   to cough, 2
tostada (*f.*)   toast, 2
total   total, 16
trabajar   to work, 12
trabajo (*m.*)   work, 4
traer   to bring, 8
tragar   to swallow, 14
tranquilizante (*m.*)   tranquilizer
transfusión (*f.*)   transfusion, 12
transmitido(a)   transmitted
—a través del contacto sexual
sexually transmitted
trasplante de corazón (*m.*)   heart
transplant
trastorno nervioso (*m.*)   nervous
disorder
tratamiento (*m.*)   treatment, 12
tratar   to treat, 16; to try, 16
tripas (*f. pl.*)   belly; intestines
tripear   to take drugs
trompa (*f.*)   tube
tuberculina (*f.*)   tuberculin, 5
tuberculosis (*f.*)   tuberculosis, 5
tubo (*m.*)   tube, 14
tumor (*m.*)   tumor, 12
tupido(a)   constipated, 3
turno (*m.*)   appointment, 5

U

úlcera (*f.*)   ulcer, 17
últimamente   lately, 17
último(a)   last, 12
la última vez   the last time, 12
ultrasonido (*m.*)   ultrasound, 17
ultrasonografía (*f.*)   ultrasound
ungüento (*m.*)   ointment, 5
unidad (*f.*)   unit
—de cuidados intensivos   intensive care unit
urea alta (*f.*)   uremia
uremia (*f.*)   uremia
uretra (*f.*)   urethra
úrico(a)   uric, 20
urología (*f.*)   urology
urólogo(a) (*m., f.*)   urologist, 12
urticaria (*f.*)   hives
usado(a)   used, 7
usar   to wear, 2; to use, 2
útero (*m.*)   uterus, 7

útil useful, 19
uva (*f.*) grape
úvula (*f.*) uvula

V

vacío(a) empty, 10
vacunado(a) vaccinated, 5
vacunar to vaccinate, 5
vagina (*f.*) vagina, 7
vaginal vaginal
vaginitis (*f.*) vaginitis
vamos a ver let's see, 4
varicela (*f.*) chickenpox
várices (*f. pl.*) varicose veins, 17
variedad (*f.*) variety, 6
varios(as) several, 13
varón (*m.*) male, 11; boy, 11
vasectomía (*f.*) vasectomy, 12
vaselina (*f.*) Vaseline, 5
vasito (*m.*) little glass, 14; cup, 14
vaso (*m.*) glass, 17
veces (*f.*) times
  a— sometimes, 8
  algunas— sometimes, 8
  muchas— many times, 16
vegetal (*m.*) vegetable
vejiga (*f.*) bladder
vena (*f.*) vein, 13
  —varicosa varicose vein, 17
venda (*f.*) bandage, 19
vendaje (*m.*) bandage, 19
vendar to bandage, 10
veneno (*m.*) poison, 10
venéreo(a) venereal, 15
venir to come, 5
ventaja (*f.*) advantage
ventana (*f.*) window
  —nasal nostril
  —de la nariz nostril
ver to see, 5
  vamos a— let's see, 4
verbo (*m.*) verb
verdad true
  ¿—? right?, 11
verde green, 6
verdoso(a) greenish, 15
verruga (*f.*) wart, 12
verse to look, 13; to seem, 13
vértebra (*f.*) vertebra

vesícula (*f.*) bladder
  —biliar gallbladder, 17
  —seminal seminal vesicle
vestido (*m.*) dress
vez (*f.*) time, 12
  de—en cuando from time to time, 17
  una— once
vida (*f.*) life, 16
viejo(a) (*m., f.*) elderly man, 16; elderly woman, 16
vientre (*m.*) abdomen, 11
VIH (virus de inmunodeficiencia humana) (*m.*) HIV (human immunodeficiency virus)
vino (*m.*) wine, 18
violento(a) violent, 20; strenuous
viruela (*f.*) smallpox
virus (*m.*) virus
visitar to visit, 13
vista (*f.*) vision, 12; view
  corto(a) de— nearsighted
vitamina (*f.*) vitamin, 3
viudo(a) (*m., f.*) widow, 1; widower 1
vivir to live
vocabulario (*m.*) vocabulary
voltearse (*Mex.*) to turn over
volver (o:ue) to come (go) back, 6; to return, 6
volverse (o:ue) to turn over, 14
vomitar to throw up, 1

Y

y and, P
ya already, 11; now, 11
  —está That's it., 14
  —lo sé. I know (it)., 6
  ¿—terminamos? Are we finished already?, 14
yerba (*f.*) marijuana (*col.*)
yerno (*m.*) son-in-law
yeso (*m.*) cast, 10
yodo (*m.*) iodine, 19
yogur (*m.*) yogurt, 6

Z

zapatilla (*f.*) slipper
zapato (*m.*) shoe

English-Spanish Vocabulary

A

a day al día, 2

a lot mucho, 2

abdomen vientre (*m.*), 11; barriga (*f.*), 11; abdomen (*m.*)

abortion aborto (*m.*), 4

about sobre, 1; acerca de; hace como..., 18

above all sobre todo, 6

abscess absceso (*m.*), 9

abstinence abstinencia (*f.*)

accident accidente (*m.*), 10

according to según

ache dolor (*m.*), 1; doler (*o:ue*), 8

acid ácido (*m.*), 10

acidity acidez (*f.*), 17

acne acné (*m.*), 12

acquainted: to be—with conocer, 7

add añadir

addicted adicto(a)

address dirección (*f.*), P; domicilio (*m.*), P

adhesive tape cinta adhesiva (*f.*), 19

adjective adjetivo (*m.*)

admission admisión (*f.*)

admit (to a hospital) ingresar, 10; internar

advance adelanto (*m.*)

advantage ventaja (*f.*)

  take—of aprovechar

advice consejo (*m.*), 19

advise aconsejar, 16

affect afectar, 16

after después (de), 1

afternoon tarde (*f.*), 11

again otra vez, 8

against contra, 5

age edad (*f.*), 1

ago: How long ago . . . ? ¿Cuánto tiempo hace...?, 14

agreeable ameno(a)

aha ajá, 1

AIDS SIDA (Síndrome de Inmunodeficiencia Adquirida) (*m.*), 18

air aire (*m.*)

alcohol alcohol (*m.*), 16

alcoholic alcohólico(a), 4

all todo(a), 4; todos(as)

  —that todo eso, 5

allergic alérgico(a), 3

allergy alergia (*f.*), 18

almost casi, 10

alone solo(a), 19

already ya, 11

also también, 2; asimismo

always siempre, 1

ambulance ambulancia (*f.*), 10

amount cantidad (*f.*)

amphetamine anfetamina (*f.*), 18

amputate amputar

anabolic steroids esteroides anabólicos (*m. pl.*)

analgesics analgésicos (*m.*)

analysis análisis (*m.*), 1

and y, P

anemia anemia (*f.*) 4

anemic anémico(a), 3

anesthesia anestesia (*f.*), 9

anesthesiologist anestesiólogo(a) (*m., f.*)

anesthesiology anestesiología (*f.*)

aneurism aneurisma (*m.*)

aneurysm aneurisma (*m.*)

angel dust PCP (*f.*); polvo de ángel (*m.*)

angina angina (*f.*)

angioplasty angioplastía (*f.*)

ankle tobillo (*m.*), 4

another otro(a), 2

antacid antiácido (*m.*), 17

antibiotic antibiótico (*m.*), 5

anticoagulant anticoagulante (*m.*)

antidrug antidroga, 18

antihistamine antihistamínico (*f.*), 19

anus ano (*m.*)

any alguno(a), 3; cualquier(a), 16

anything algo, 2

  —else? ¿Algo más?, 2

anxiety ansiedad, (*f.*); angustia (*f.*)

apparatus aparato (*m.*), 12

appendicitis apendicitis (*f.*)

appetite apetito (*m.*), 3

apple manzana (*f.*)

apply aplicar, 19

appointment cita (*f.*), 5; turno (*m.*), 5

approach acercarse, 14

arm brazo (*m.*), 7

around alrededor (de), 13

arrive llegar, 10

artery arteria (*f.*)

arthritis artritis (*f.*)

artificial artificial

as soon as possible lo más pronto posible, 16

ask preguntar, 13

  —for pedir (*e:i*), 7

—questions hacer preguntas, 19
asleep dormido(a), 20
aspirin aspirina (*f.*), 3
assistant asistente (*m., f.*), 9
asthmatic asmático(a), 3
astigmatism astigmatismo (*m.*)
at en, 2; a
   —(+ time) a la(s) (+ *time*), 1
   —first al principio
   —least por lo menos, 6
   —the end of al final de, 14
   —the present time actual-
     mente, 18
atmosphere ambiente (*m.*)
attack ataque (*m.*)
attend atender (*e:ie*)
aunt tía (*f.*), 20
authorization autorización (*f.*)
average promedio (*m.*)
avoid evitar, 4
awake despierto(a), 20

B

baby bebé (*m.*), 4
   —bottle mamadera (*f.*), 11;
     mamila (*f.*) (*Méx.*), 11; biberón
     (*m.*), 11
   —carriage cochecito (*m.*)
   —food comidita de bebé (*f.*)
   —lotion loción para bebé (*f.*)
   —powder talco para bebé (*m.*)
back espalda (*f.*), 4
backbone columna vertebral (*f.*)
backward hacia atrás, 8
bad malo(a), 4
balanced balanceado(a)
balloon (drug dosage) globo
   (*m.*), 18
bandage venda (*f.*), 19; vendaje
   (*m.*), 19; vendar, 10
   adhesive— curita (*f.*), 14
bank banco (*m.*)
barbiturate barbitúrico (*m.*)
barely apenas, 16
bathe bañar, 13
bathroom baño (*m.*), 14; excusado
   (*m.*), 14; servicio (*m.*), 14; cuarto de
   baño (*m.*)
bathtub bañadera (*f.*), 19; bañera
   (*f.*), 19
battery batería (*f.*), 20
be ser, 2; estar, 3
   —. . . years old tener… años, 6

—able (to) poder (*o:ue*), 6
—afraid temer, 17; tener
   miedo, 19
—born nacer, 11
—careful tener cuidado, 6
—done terminar, 14
—frightened asustarse, 19
—in pain tener dolor, 4
—lacking something faltarle
   algo a uno, 20
—named llamarse, 11
—pleasing to gustar, 13
—right tener razón, 4
—scared asustarse, 19
—sleepy tener sueño, 4
—tight apretar (*e:ie*), 14
beans frijoles (*m.*), 6; habichuelas
   (*Puerto Rico*), 6
bear aguantar, 18
beat (heart) latir, 20
because porque, 4
become ponerse
bed cama (*f.*), 13
bedpan chata (*f.*), 2; cuña (*f.*), 2
bedtime: at— al acostarse
beer cerveza (*f.*), 18
before antes (de), 3
   —sleeping antes de dormir, 3
begin comenzar (*e:ie*), 11; empezar
   (*e:ie*), 15
believe creer, 3
bend doblar, 8
benign benigno(a), 12
besides además, 6
best mejor, 7; lo mejor, 5
better mejor, 7
between entre, 20
beverage bebida (f.), 17
   alcoholic— bebida alcohólica
   (*f.*), 4
bib babero (*m.*)
big grande, 4
bill cuenta (*f.*), 1
biopsy biopsia (f.), 12
birth natalidad (*adj.*), 7; nacimiento
   (*m.*)
   —control anticonceptivo(a) (*adj.*), 7
   —mark mancha en la piel (*f.*)
   to give— dar a luz; parir
bite morder (*o:ue*), 9; picadura (*f.*)
black negro(a), 17
blackhead espinilla (*f.*), 12
bladder vejiga (*f.*)
bland blando(a)

blanket frazada (*f.*), 2; cobija (*f.*), 2; manta (*f.*), 2

bleach lejía (*f.*), 19

bleed sangrar, 9

bleeding pérdida de sangre (*f.*)

blind ciego(a)

blindness ceguera (*f.*)

blister ampolla (*f.*)

bloated aventado(a), 3; lleno(a) de gases, 3

block cuadra (*f.*), 20

blood sangre (*f.*), 1
  —**bank** banco de sangre (*m.*)
  —**count** conteo (*m.*), 14
  —**pressure** presión (*f.*), 8; presión arterial (*f.*), 8; tensión (*f.*), 16
  —**relative** pariente cercano(a) (*m., f.*), 20
  —**test** análisis de sangre (*m.*), 1

blouse blusa (*f.*)

blue azul

blurry borroso(a), 12

body cuerpo (*m.*)

boiling hirviendo, 10

bone hueso (*m.*), 8

bonnet gorro (*m.*), 19

both los (las) dos, 3

bottle frasco (*m.*), 10; botella (*f.*), 10; pomo (*m.*) (*Cuba*), 10

bowel movement: to have a— mover el vientre, 11; obrar, 11; defecar, 11; evacuar (*Méx.*), 11, hacer caca, (*col.*)

box caja (*f.*), 20; cuadro (*m.*)

boy niño (*m.*), 2; varón (*m.*), 11; muchacho (*m.*), 18

braces (dental) frenos (*m. pl.*)

brain cerebro (*m.*)

bread pan (*m.*), 2

break fracturar(se), 10; quebrarse (*e:ie*) (*Méx.*), 10; romperse, 10
  —**water (childbirth)** romperse la fuente

breakfast desayuno (*m.*), 2

breast seno (*m.*), 4; pecho (*m.*), 4

breath aliento (*m.*), 9; respiración (*f.*)

breathe respirar, 8; resollar, 8

bridge puente (*m.*)

brief breve, P

bring traer, 8

broccoli bróculi (*m.*), 6

brochure folleto (*m.*), 7

bronchitis bronquitis (*f.*)

bronchoscopy broncoscopia (*f.*)

brother hermano (*m.*), 18

brother-in-law cuñado (*m.*)

bruise moretón (*m.*), 13; morado (*m.*), 13; cardenal (*m.*) (*Cuba*), 13

brush cepillo (*m.*), 9; cepillar(se), 9
  —**one's teeth** cepillarse los dientes, 9

budget presupuesto (*m.*)

bunion juanete (*m.*)

burglar ladrón(-ona) (*m., f.*)

burn quemadura (*f.*), 10; quemar(se), 10; arder, 15

burning ardor (*m.*), 8

burp eructar

business office oficina de pagos (*f.*)

but pero, 3

butter mantequilla (*f.*), 2

buttocks nalgas (*f. pl.*), 5; asentaderas (*f. pl.*), 5

button botón (*m.*), 13

buy comprar, 3

bye chau, P

bypass (heart) puente coronario (*m.*)

C

cabbage col (*f.*), 6; repollo (*m.*), 6

caffeine cafeína (*f.*), 17

cake pastel (*m.*)

calcaneus calcáneo (*m.*)

calcium calcio (*m.*)

calf pantorrilla (*f.*)

call llamar, 1

called llamado(a)

calm calma (*f.*); calmar
  —**down** calmar(se), 11

calorie caloría (*f.*), 6

can (be able to) poder (*o:ue*), 6

cancer cáncer (*m.*), 7

candy dulce (*m.*), 6; caramelo (*m.*)

canine canino (*m.*)

cap gorro (*m.*), 19

capsule cápsula (*f.*), 3

car carro (*m.*), 10; coche (*m.*), 10; auto (*m.*), 10; máquina (*f.*) (*Cuba*), 10

carbohydrate carbohidrato (*m.*)

card tarjeta (*f.*), 1

cardiologist cardiólogo(a), 20

cardiology cardiología (*f.*)

care cuidado (*m.*)

careful: to be— tener cuidado, 6

carious picado(a), 9; cariado(a), 9

carpus carpo (*m.*)

carry llevar

—out llevar a cabo

case caso (*m.*), 10

  in—of en caso de, 1

  in that— en ese caso, 7

cashier cajero(a) (*m.*, *f.*)

cast yeso (*m.*), 10; escayola (*f.*) (*España*)

CAT scan escanograma (*m.*)

cataracts cataratas (*f. pl.*)

cathartic purgante (*m.*), 17

cause causa (*f.*); causar, 7

cavity picadura (*f.*), 9; carie (*f.*), 9

cement cemento (*m.*)

center centro (*m.*), 7

cereal cereal (*m.*), 2

cerebrum cerebro (*m.*)

certain cierto(a), 20; seguro(a)

certainly ciertamente

cervix cérvix (*f.*)

cesarean cesárea, 11

chancre chancro (*m.*)

change cambiar(se), 9; cambio (*m.*), 16

cheap barato(a)

check revisar, 5; chequear, 5

checkup examen (*m.*), 8; chequeo (*m.*), 8

  give a— hacer un examen, 8

cheek cachete (*m.*); mejilla (*f.*)

cheese queso (*m.*), 6

chemotherapy quimioterapia (*f.*)

chest pecho (*m.*), 8

chew masticar; mascar

chicken pollo (*m.*), 2

chickenpox varicela (*f.*)

child niño(a) (*m.*, *f.*), 2

childbirth parto (*m.*)

chills escalofríos (*m. pl.*)

chin barbilla (*f.*), 8

chlamydia clamidia (*f.*)

chocolate chocolate (*m.*), 2

choke atragantarse, 19

cholesterol colesterol (*m.*), 8

choose elegir (*e:i*), 11

cigarette cigarrillo (*m.*), 2

circulation circulación (*f.*)

clavicle clavícula (*f.*)

clean limpiar, 5; limpio(a)

cleaning limpieza (*f.*)

clearly claramente, 12

clinic clínica (*f.*), 5

clogged obstruido(a)

close cerrar (*e:ie*), 5; cerca, 12

closed cerrado(a), 14

clot embolia (*f.*)

clothes ropa (*f.*), 13

clothing ropa (*f.*), 13; prendas (*f. pl.*)

coagulum coágulo (*m.*)

coat abrigo (*m.*)

cocaine cocaína (*f.*); coca (*f.*); perico (*m.*) (*col.*); polvo (*m.*) (*col.*)

coccyx rabadilla (*f.*); cóccix (*m.*)

codeine codeína (*f.*)

coffee café (*m.*), 2

cognate cognado (*m.*)

coin moneda (*f.*), 19

cold frío(a), 2; catarro (*m.*), 3; resfrío (*m.*), 3; resfriado (*m.*), 3

  to have a— estar resfriado(a), 3; estar acatarrado(a), 3

colic cólico (*m.*)

colitis colitis (*f.*); inflamación del intestino grueso (*f.*)

collide chocar, 10

colon colon (*m.*), 14

colonoscopy colonoscopia (*f.*)

color blindness daltonismo (*m.*)

coloscopy colonoscopia (*f.*)

come venir, 5

  —back volver (*o:ue*), 6

  —in pase, P; entrar

comfortable cómodo(a), 13

commercial comercial, 17

commit suicide suicidarse

common común

company compañía (*f.*), 1

compare comparar

completely completamente, 15

compress compresa (*f.*), 13

conceive concebir (*e:i*)

condom condón (*m.*), 7

confirm confirmar, 10

conjunctivitis conjuntivitis (*f.*)

constantly constantemente, 6

constipated estreñido(a), 3; tapado(a), 3; tupido(a), 3

consult consultar

consume consumir

contact lenses lentes de contacto (*m. pl.*), 2

contagious contagioso(a), 15

contain contener, 20

continue seguir (*e:i*), 7

contraceptive (*adj.*) anticonceptivo(a); anticonceptivo (*m.*), 7

contraction contracción (*f.*), 11

control control (*m.*), 7; controlar, 9

convenience comodidad, (*f.*)

conversation conversación (*f.*), P
convulsions convulsiones (*f. pl.*)
cookie galletita (*f.*); galletica (*f.*)
coordinator coordinador(a)
(*m., f.*), 18
correct correcto(a), 7
correctly correctamente, 7
cosmetic cosmético (*m.*)
cough toser, 2; tos (*f.*), 2
—**syrup** jarabe para la tos (*m.*), 2
count contar (*o:ue*), 6; conteo (*m.*), 14
country país (*m.*)
couple par (*m.*), pareja (*f.*)
course: of— cómo no, 13; por
supuesto, 16
cover cubrir, 5; tapar, 14
crack crac (*m.*); piedra (*f.*) (*col.*); roca
(*f.*) (*col.*); coca cocinada (*f.*) (*col.*)
cradle cuna (*f.*), 19
cramp calambre (*m.*), 20
crawl gatear, 19; andar a gatas, 19
cream crema (*f.*), 7
crib cuna (*f.*), 19
crooked torcido(a)
cross-eyed bizco(a)
croup crup (*m.*); garrotillo (*m.*)
crown corona (*f.*), 9
crutch muleta (*f.*), 10
cry llorar
cup taza (*f.*), 2; vasito (*m.*), 14
cure curar, 17; cura (*f.*)
cured curado(a), 15
currently actualmente, 18
curtain cortina (*f.*), 19
cut (oneself) cortar(se), 10; cortadura (*f.*), 19
—**down** disminuir, 16
cyst quiste (*m.*), 12

D

dad papá (*m.*)
daily (*adv.*) diariamente, 17; (*adj.*)
diario(a)
damage daño (*m.*); dañar
dangerous peligroso(a), 6
dark oscuridad (*f.*)
date fecha (*f.*), 18
—**of birth** fecha de nacimiento
(*f.*), 1
daughter hija (*f.*), 3
—**daughter-in-law** nuera (*f.*)
day día (*m.*), 12
—**before yesterday** anteayer

on the following— al día siguiente, 15
deaf sordo(a), 17
go— quedarse sordo(a), 17
deafness sordera (*f.*)
death muerte (*f.*)
decayed picado(a), 9; cariado(a), 9
decide decidir, 18
decision decisión (*f.*), 12
decongestants descongestionantes
(*m. pl.*)
deep (*adv.*) hondo, 8; (*adj.*)
hondo(a), 19; profundo(a), 19
degree grado (*m.*), 3
delivery parto (*m.*), 11; alumbramiento (*m.*), 11
—**room** sala de parto (*f.*), 11
dental dental, 18
—**floss** hilo dental (*m.*), 9; seda
dental (*f.*), 9
—**surgeon** odontólogo(a) (*m., f.*)
dentine dentina (*f.*)
dentist dentista (*m., f.*), 9; odontó-
logo(a) (*m., f.*)
dentures dentadura postiza (*f.*), 2
department departamento (*m.*), 15
depend depender, 16
depression depresión (*f.*)
dermatologist dermatólogo(a)
(*m., f.*), 12
dessert postre (*m.*), 2
destroy destruir
detachment desprendimiento (*m.*)
detergent detergente (*m.*), 19
determine determinar, 7
detoxification desintoxicación (*f.*)
develop desarrollar
diabetes diabetes (*f.*), 8
diabetic diabético(a), 6
diagnose diagnosticar
diagnosis diagnóstico (*m.*), 10
diaper pañal (*m.*)
diaphragm diafragma (*m.*), 7
diarrhea diarrea (*f.*), 5
die morir (*o:ue*), 20
diet dieta (*f.*), 6
go on a— seguir (*e:i*) una dieta, 6
dietician dietista (*m., f.*), 2
different distinto(a), 7; diferente, 7
difficult difícil, 6
difficulty dificultad (*f.*), 8 .
digest digerir (*e:ie*)
digestive system aparato digestivo
(*m.*)

dilated dilatado(a)

diminish disminuir, 16; aliviarse (*a pain*), 17

dinner cena (*f.*)

diptheria difteria (*f.*), 5

direct dirigir

directly directamente, 12

disability incapacidad (*f.*), 18

discharge flujo (*m.*), 15

discomfort molestia (*f.*) 7; malestar (*m.*)

discount descuento (*m.*)

discover descubrir

disease enfermedad (*f.*), 5

disfigure afear, desfigurar

disinfect desinfectar, 10

disorder trastorno (*m.*)

disposable desechable

distinguish distinguir

diuretic diurético (*m.*)

divorced divorciado(a), 1

dizziness mareo (*m.*), 4

do hacer, 5

doctor doctor(a) (*m.*, *f.*), P; médico(a) (*m.*, *f.*), 1

   doctor's office consultorio (*m.*), 1

donate donar

donor donante (*m.*, *f.*)

door puerta (*f.*)

dosage dosis (*f.*), 16

dot punto (*m.*), 12

doubt dudar, 18; duda (*f.*)

drainage drenaje (*m.*)

dress vestido (*m.*)

drink beber, 2; tomar, 2; bebida (*f.*), 17

drop gota (*f.*), 5

dropsy hidropesía (*f.*)

drug(s) droga(s) (*f.*), 18

   —addict drogadicto(a) (*m.*, *f.*), 18

   become addicted to— endrogarse

   take— endrogarse, dar un viaje (*col.*), tripear (*col.*)

dry seco(a)

DT's delírium tremens (*m. pl.*)

dull (pain) sordo(a), 20

during durante, 4

dye tinte (*m.*), 19

E

each cada, 3

ear oído (*inner*) (*m.*), 5; oreja (*external*) (*f.*)

   —canal conducto auditivo (*m.*); canal auditivo (*m.*)

   —drum tímpano (*m.*)

easy fácil, 7

eat comer, 2

ecstasy éxtasis (*m.*)

eczema eccema (*m.*)

effect efecto (*m.*)

effective efectivo(a), 7; eficaz

egg huevo (*m.*), 6; blanquillo (*m.*) (*Méx.*), 6

either tampoco, 7

ejaculate eyacular

elastic elástico(a), 17

elbow codo (*m.*)

elderly man (woman) viejo(a) (*m.*, *f.*), 16; anciano(a) (*m.*, *f.*), 17

electric(al) eléctrico(a), 10

   —outlet tomacorrientes (*m. sing.*, *pl.*), 19

   —plug cover enchufe de seguridad (*m.*), 19

electrocardiogram (EKG) electrocardiograma (*m.*), 20

electroencephalogram (EEG) electroencefalograma (*m.*)

elevated elevado(a), 20

elevator elevador (*m.*); ascensor (*m.*)

eliminate eliminar, 16

else más, 16

embolism embolia (*f.*)

emergency emergencia (*f.*), 1

   —room sala de emergencia (*f.*), 10; sala de urgencia (*f.*), 10

emphysema enfisema (*f.*)

employ emplear

empty vacío(a), 10

   with an—stomach en ayunas, 8

enamel esmalte (*m.*)

endocrinologist endocrinólogo(a) (*m.*, *f.*)

endometriosis endometrosis (*f.*)

endoscopy endoscopia (*f.*)

enema enema (*m.*), 14; lavado intestinal (*m.*); lavativa (*f.*)

enough suficiente, 9

enter entrar, 1

entry entrada (*f.*), 7

epilepsy epilepsia (*f.*), 18

equipment equipo (*m.*)

especially especialmente, 6

even aun

ever alguna vez, 17

   hardly— casi nunca, 20

every cada, 3
—. . . hours cada...horas
everything todo (*m.*)
—possible todo lo posible, 6
evil eye mal de ojo (*m.*)
examination examen (*m.*), 8;
chequeo (*m.*), 8
examine examinar, 4; reconocer, 4,
chequear
excrement excremento (*m.*)
exercise hacer ejercicio, 6; ejercicio
(*m.*), 15
exhaustion cansancio (*m.*), 17
explain explicar, 10
expose (oneself) exponer(se)
expression expresión (*f.*)
extend extender (*e:ie*), 14
extract sacar, 9; extraer, 9
extraction extracción (*f.*), 9
eye ojo (*m.*)
eyebrow ceja (*f.*)
eyedropper gotero (*m.*), cuentago-
tas (*m. sing., pl.*)
eyelashes pestañas (*f. pl.*)
eyelid párpado (*m.*)

F

face cara (*f.*), 9
faint desmayarse, 10; perder (*e:ie*) el
conocimiento, 10
faithfully fielmente, 17
fall caer(se), 10
false postizo(a), 2
family familia (*f.*), 7; (*adj.*) familiar, 7
far (away) lejos (de), 12
farewell despedida (*f.*)
farsighted présbite
farsightedness hiperopía (*f.*)
fast (*adj.*) rápido(a); (*adv.*) rápidamente
fasting en ayunas, 8
fat grasa (*f.*), 6; gordo(a), 6
father padre (*m.*), 6; papá (*m.*), 6
— -in-law suegro (*m.*)
fatigue fatiga (*f.*)
fatty tissue tejido graso (*m.*)
favor favor (*m.*), 11
fear temer, 17
feces materia fecal (*f.*)
feel sentir(se) (*e:ie*), 8
—better aliviarse, 17
feet pies (*m.*)
female mujercita (*f.*) (*col. Méx.*), 11
femur fémur (*m.*)

fertile fértil, 7
fetus feto (*m.*)
fever fiebre (*f.*), 3; calentura (*f.*), 3
few pocos(as), 6
fiber fibra (*f.*)
fibula fíbula (*f.*); peroné (*m.*)
fill llenar
—a tooth emplomar, 9; empastar, 9
—out (forms) llenar, 1
finally finalmente, 15
find encontrar (*o:ue*), 12
fine bien, P
finger dedo (*m.*)
finish terminar, 14
fire incendio (*m.*)
—department departamento de
bomberos (*m.*)
first primero(a), 5; antes, 10
—aid primeros auxilios (*m. pl.*), 19
— -aid kit estuche (botiquín) de
primeros auxilios (*m.*), 19
fish pescado (*m.*), 6
flatus flato (*m.*)
floss (dental) hilo dental (*m.*), 9;
seda dental (*f.*), 9
flour harina (*f.*)
fluoride fluoruro (*m.*)
fluoroscopy fluoroscopia (*f.*)
foam espuma (*f.*)
follow seguir (*e:i*), 7
following siguiente, 12
food alimento (*m.*), 6; alimentación
(*f.*), 12; comida (*f.*), 16
foot pie (*m.*), 1
for para, 2; por, 10
—a few seconds por unos segundos, 10
—example por ejemplo, 20
—me (on my behalf) por mí, 18
—that reason por eso, 6
—what . . . ? ¿para qué... ?, 5
forceps fórceps (*m. sing., pl.*), 11
forehead frente (*f.*), 10
forget olvidarse (de), 9
form planilla (*f.*), 1; forma (*f.*)
(*Méx.*), 1
formula fórmula (*f.*)
forward hacia adelante, 8
fracture fractura (*f.*), 10;
fracturar(se), 10; quebrarse (*e:ie*)
(*Méx.*), 10; romperse, 10
free gratis
French fries papas fritas (*f. pl.*), 6
frequent frecuente, 12

frequently con frecuencia, 4
fright susto (*m.*)
fruit fruta (*f.*)
fungus hongo (*m.*)
furniture (piece of) mueble (*m.*), 19

G

gain weight subir de peso, 8; aumentar de peso, 8
gallbladder vesícula biliar (*f.*), 17
gargle hacer gárgaras
gas gas (*m.*)
gastritis gastritis (*f.*)
gauze gasa (*f.*), 9
general general, 8
  —practitioner clínico (*m.*), 17; internista (*m., f.*), 17
generally generalmente, 6
genitals genitales (*m. pl.*), 14
gentleman señor (*m.*), P
geriatrist geriatra (*m., f.*)
get conseguir (*e:i*), 15
  —close acercarse, 14
girl niña (*f.*), 2; mujercita (*f.*) (*col. Méx.*), 11; muchacha (*f.*), 18
give dar, 3
  —a checkup hacer un examen, 8
  —a shot poner una inyección, 10
  —birth dar a luz; parir
gland glándula (*f.*)
glans glande (*m.*)
glass vaso (*m.*), 17
  little— vasito (*m.*), 14
glasses anteojos (*m. pl.*), 2; lentes (*m. pl.*), 2; gafas (*f. pl.*), 2; espejuelos (*m. pl.*) (*Cuba*), 2
glaucoma glaucoma (*m.*), 12
go ir, 3
  —away irse, 14
  —down bajar, 3
  —in entrar
  —out (leave) salir, 9
  —to bed acostarse (*o:ue*), 14
  —up subir, 13
goiter bocio (*m.*)
gonorrhea gonorrea (*f.*), 15
good bueno(a)
  —afternoon buenas tardes, P
  —evening (night) buenas noches, P
  —luck buena suerte, 7
  —morning (day) buenos días, P
good-bye adiós, P

granddaughter nieta (*f.*)
grandfather abuelo (*m.*)
grandmother abuela (*f.*)
grandson nieto (*m.*)
grapefruit toronja (*f.*), 6
green verde, 6
greenish verdoso(a), 15
greeting saludo (*m.*)
groin ingle (*f.*)
group grupo (*m.*), 6
gum (of mouth) encía (*f.*), 9
gunshot wound herida de bala (*f.*)
gurney camilla (*f.*), 10
gut tripa (*f.*); intestino (*m.*)
gynecologist ginecólogo(a) (*m., f.*), 4
gynecology ginecología (*f.*)

H

hair pelo (*m.*); cabello (*m.*)
half mitad (*f.*), 6; medio(a), 16
hallucination alucinación (*f.*)
hallway pasillo (*m.*), 14
hamburger hamburguesa (*f.*), 6
hand man (*f.*), 14
handbag bolsa (*f.*), 9; cartera (*f.*), 9
handwriting letra (*f.*), 1
happen pasar, 10; ocurrir, 16; suceder
hard duro(a), 4
hardening endurecimiento (*m.*)
hashish hachich (*m.*); hachís (*m.*)
have tener
  —a backache tener dolor de espalda, 4
  —just (done something) acabar de (+ *inf.*), 13
  —lunch almorzar (*o:ue*), 6
  —to tener que, 4
hay fever fiebre de heno (*f.*)
head cabeza (*f.*), 1
headache dolor de cabeza (*m.*), 1
health salud (*f.*), 15
healthy sano(a), 8; saludable
hear oír, 17
hearing aid audífono (*m.*), 17
heart corazón (*m.*), 16
  —attack ataque al corazón (*m.*), 18
  —beat latido (*m.*)
  —murmur soplo cardíaco (*m.*)
  —transplant trasplante de corazón (*m.*)
to have—trouble estar enfermo(a) del corazón, 6; sufrir del

corazón, 20; padecer del corazón, 6
heartburn acidez (*f.*), 17
heat (up) calentar (*e:ie*)
heavy pesado(a), 4
heel talón (*m.*)
help ayudar, 13
helper asistente (*m., f.*), 9
hemorrhage hemorragia (*f.*), 13
hemorrhoids hemorroides (*f.*), 17; almorranas (*f.*), 17
hepatitis hepatitis (*f.*), 18
here aquí, 6
 —it is aquí está, 1
hereditary hereditario(a), 16
heroin heroína (*f.*), manteca (*f.*) (*col. Caribe*)
herpes herpes (*m. sing.*), 15
high alto(a), 3
 —blood pressure hipertensión (*f.*), 16
 —chair sillita alta (*f.*)
hip cadera (*f.*)
hit (oneself) golpear(se), 10
HIV (human immunodeficiency virus) VIH (virus de inmunodeficiencia humana) (*m.*)
hives urticaria (*f.*), ronchas (*f. pl.*)
hoarse ronco(a), 8
hoarseness ronquera (*f.*)
hold aguantar
 —one's breath aguantar la respiración, 14
hole agujero (*m.*), 19; hueco (*m.*), 19
home casa (*f.*)
honey miel (*f.*)
hope esperar, 17
 I hope ojalá, 17
hose medias (*f. pl.*), 17
hospital hospital (*m.*), 2
hot caliente, 2
hour hora (*f.*), 3
hours horario (*m.*)
house casa (*f.*), 19
how cómo, P
 —about . . . ? ¿Qué tal... ?, 3
 —are you? ¿Cómo está usted?, P
 —are you feeling? ¿Cómo se siente?, P
 —long cuánto tiempo, 10
 —long ago . . . ? ¿Cuánto tiempo hace... ?, 14
 —many cuántos(as)
 —much cuánto(a), 1
human humano(a)

humerus húmero (*m.*)
hungry: to be— tener hambre, 5
hurt doler (*o:ue*), 8; **(oneself)** lastimarse, 11; hacer daño, 18
husband esposo (*m.*), 1; marido (*m.*),1
hydrogen peroxide agua oxigenada (*f.*), 19
hygienist higienista (*m., f.*), 9
hypertension hipertensión (*f.*), 16
hypodermic syringe jeringuilla (*f.*); jeringa hipodérmica (*f.*)
hysterectomy histerectomía (*f.*)

I

ice hielo (*m.*), 9
 —pack bolsa de hielo (*f.*), 9
if si, 3
 —only ojalá, 17
ilium hueso ilíaco (*m.*)
ill enfermo(a)
implant implante (*m.*), 7
importance importancia (*f.*), 12
important importante, 5
impotence impotencia (*f.*)
impotent impotente
improve mejorar, 20
in en, 2; dentro de, 8
 —a hurry de prisa, 8
 —addition además, 6
inch pulgada (*f.*), 1
incisor incisivo (*m.*)
increase aumento (*m.*); aumentar
incubation incubación (*f.*)
incubator incubador (*m.*)
indicate indicar, 15; señalar
infect infectar
infection infección (*f.*), 5
infectious infeccioso(a)
inflammation inflamación (*f.*)
inflammatory inflamatorio(a)
influenza gripe (*f.*); monga (*f.*) (*col. Puerto Rico*)
information información (*f.*), 1
inject (oneself) inyectar(se), 17
injection inyección (*f.*), 10
injured person herido(a) (*m., f.*), 10
injury herida (*f.*), 9
insanity locura (*f.*)
insecticide insecticida (*m.*), 19
insemination inseminación (*f.*)
insert insertar, 7
inside adentro
 on the— por dentro, 7

insomnia   insomnio (*m.*), 8
instruction   instrucción (*f.*), 17
instrument   aparato (*m.*), 12
insulin   insulina (*f.*), 17
insurance   seguro (*m.*), 1; aseguranza (*f.*), 1
 —company   compañía de seguro (*f.*), 1
intensive care unit   unidad de cuidados intensivos (*f.*)
internal   internal
internist   internista (*m., f.*), 17; clínico (*m.*), 17
interuterine device (I.U.D.)   aparato intrauterino (*m.*), 7
intestine   intestino (*m.*)
 large—   intestino grueso (*m.*)
 small—   intestino delgado (*m.*)
intoxication   intoxicación (*f.*)
investigator   investigador(a) (*m., f.*), 15
iodine   yodo (*m.*), 19
ipecac   ipecacuana (*f.*), 19
iron   hierro (*m.*), 3; plancha (*f.*), 19
irritated   irritado(a), 5
irritation   irritación (*f.*)
itching   comezón (*f.*), 8; picazón (*f.*), 8
itself   propio(a)
I.V. serum   suero (*m.*), 13

J

jacket   chaqueta (*f.*)
jaw (bone)   mandíbula (*f.*); quijada (*f.*)
jelly   jalea (*f.*), 7
jewelry   joyas (*f. pl.*), 13
joint (*drugs*)   leño (*m.*); cucaracha (*f.*); porro (*m.*); (*anatomy*) articulación (*f.*)
juice   jugo (*m.*), 2
just: to have—   acabar de, 13

K

keep   mantener
 —at hand   tener a mano
 —in mind   tener en cuenta
kidney   riñón (*m.*), 16
 —stones   cálculos en el riñón (*m. pl.*); piedras en el riñón (*f. pl.*)
kill   matar
killer joint   porro mortal (*m.*)
kind   amable, 13
knee   rodilla (*f.*), 8

know   saber, 7; conocer, 7
 I—it   Ya lo sé., 6
knowledge   conocimiento (*m.*)
knuckle   nudillo (*m.*)

L

labor   parto (*m.*)
 —pain   dolor de parto (*m.*), 11
 to be in—   estar de parto
laboratory   laboratorio (*m.*), 3
lady   señora (*f.*), P
laparoscopy   laparoscopia (*f.*)
laryngitis   laringitis (*f.*)
last   último(a), 12; pasado(a), 12; durar, 20
 —name   apellido (*m.*), P
 —night   anoche, 13
 —time   la última vez, 12
late   tarde
lately   últimamente, 17
later   más tarde, 6; después, 15
 —on   más adelante, 5
laxative   purgante (*m.*), 17; laxante (*m.*), 17
least: at—   por lo menos
leave   salir, 9; irse, 14
left   izquierdo(a), 12
leg   pierna (*f.*), 11
lesion   lesión (*f.*), 15
less   menos, 8
let (someone) know   avisar, 13
 let's see . . .   a ver..., 1; vamos a ver, 4
letter   letra (*f.*), 1
leukemia   leucemia (*f.*)
license: driver's—   licencia para conducir (*f.*), 1
lie (down)   acostarse (*o:ue*), 14
life   vida (*f.*), 16
lift   subir, 13; levantar, 13
light   luz (*f.*), 12; ligero(a)
like   gustar, 13; como
 —that   así, 11
 —this   así, 8
limb   extremidad (*f.*), 20
limitation   limitación (*f.*), 18
line   línea (*f.*), 12; revestir (*e:i*)
liniment   linimento (*m.*)
lip   labio (*m.*)
liquid   líquido (*m.*), 3
list   lista (*f.*), 6
little   pequeño(a) (*size*) (*f.*), 6; poco (*quantity*), 3

—by little poco a poco, 14
  a— un poco, 8
live vivir
liver hígado (*m.*), 6
local local, 9
look mirar, 1; verse, 13
lose perder (*e:ie*)
  —consciousness perder (*e:ie*) el conocimiento, 10; desmayarse, 10
  —weight adelgazar, 6; bajar de peso, 6; perder (*e:ie*) peso, 6; rebajar, 6
loss pérdida (*f.*)
lotion loción (*f.*), 12
loved one ser querido (*m.*)
low bajo(a), 8
  —fat con poca grasa
LSD ácido (*m.*)
lubricate lubricar
luck suerte (*f.*), 7
lukewarm tibio(a), 9
lump bolita (*f.*), 12; abultamiento (*m.*)
lunch almuerzo (*m.*), 13; lonche (*m.*) (*col. Méx.*), 13; comida (*f.*)
lung pulmón (*m.*)
lymph gland ganglio linfático (*m.*)

M

ma'am señora (*f.*), P
macaroni macarrones (*m. pl.*), 6
Madam señora (*f.*), P
maintain mantener
major mayor, 12
majority mayoría (*f.*), 12
make hacer, 5
  —an appointment pedir (*e:i*) turno, 5; pedir (*e:i*) hora, 5
  —better mejorar, 20
  —sure asegurarse, 12
makeup maquillaje (*m.*), 19
malaise malestar (*m.*)
malaria malaria (*f.*)
male varón (*m.*), 11
malignant maligno(a), 12
mammogram mamografía (*f.*), 12
man hombre (*m.*), 15
manifest manifestar (*e:ie*)
margarine margarina (*f.*), 6
marijuana mariguana (*f.*), 18; marihuana 18; [*col.:* yerba (*f.*); pito (*m.*); pasto (*m.*)]
marital status estado civil (*m.*), 1

married casado(a), P
mass masa (*f.*), 12
massage fricción (*f.*), 13
match fósforo (*m.*), 19; cerilla (*f.*), 19
maternity ward sala de maternidad (*f.*)
matter: to not— no tener importancia, 12
maybe quizá(s), 3
M.D. doctor(a) (*m., f.*), 1; médico(a) (*m., f.*), 1
meal comida (*f.*), 1
meantime: in the— mientras tanto, 4
measles sarampión (*m.*), 5
measure medir (*e:i*), 7
meat carne (*f.*)
medical médico(a), 1; clínico(a), 1
  —history hoja clínica (*f.*), 1; historia clínica (*f.*), 1
  —insurance card tarjeta de seguro médico (*f.*), 1
medicated medicinal, 12
medicinal medicinal, 12
medicine medicina (*f.*), 3; remedio (*m.*), 3
  —chest (cabinet) botiquín (*m.*), 19
medium hard semiduro(a)
melon melón (*m.*), 6
meningitis meningitis (*f.*), 5
menstruation menstruación (*f.*), 4; regla (*f.*), 4; periodo (*m.*), 4
mental mental, 18
  —health enfermedades mentales (*f. pl.*)
metatarsus metatarso (*m.*)
methadone metadona (*f.*)
method método (*m.*), 7
midday meal almuerzo (*m.*); comida (*f.*)
middle medio (*m.*)
  —name segundo nombre (*m.*), 1
midwife partera (*f.*); comadrona (*f.*)
migraine migraña (*f.*)
milk leche (*f.*), 2
mine mío(a), 9
mineral mineral (*m.*), 5
minor menor, 12
minute minuto (*m.*), 9
miscarriage malparto (*m.*), 4; aborto espontáneo (*m.*), 4; aborto natural (*m.*), 4
Miss señorita (*f.*), P
molar muela (*f.*), 9; molar (*m.*)

mole lunar (*m.*)
mom mamá (*f.*), 2
moment momento (*m.*), 15
monitored monotorizado(a)
more más, 4
 —**or less** más o menos, 8
morning mañana (*f.*), 4
morphine morfina (*f.*)
mother madre (*f.*), 2
 — -**in-law** suegra (*f.*)
mouth boca (*f.*), 9
mouthwash enjuague (*m.*)
move mover(se) (*o:ue*), 14
Mr. señor (*m.*), P
Mrs. señora (*f.*), P
much (*adv.*) mucho, 2
 too— demasiado, 19
mucous membranes mucosas (*f. pl.*)
multiple sclerosis esclerosis múltiple (*f.*)
mumps paperas (*f. pl.*), 5; farfallotas
 (*f. pl.*) (*col. Puerto Rico*)
muscle músculo (*m.*)
must deber, 2

N

name nombre (*m.*), P
 last— apellido (*m.*), P
nape nuca (*f.*)
narrow estrecho(a), 11
nausea náusea (*f.*), 1
near cerca (de) 12; cercano(a), 20
nearsighted miope; corto(a) de
 vista
nearsightedness miopía (*f.*)
necessarily necesariamente, 7
necessary necesario(a), 5
neck cuello (*m.*), 12; pescuezo (*m.*)
 (*col.*)
need necesitar, 1
needle aguja (*f.*)
negative negativo(a), 8
neither tampoco, 7
nephew sobrino (*m.*)
nerve nervio (*m.*)
nervous nervioso(a), 16
neurological neurológico(a)
neurologist neurólogo(a) (*m., f.*)
neurology neurología (*f.*)
never nunca, 6
new nuevo(a)
newborn recien nacido(a) (*m., f.*)
newlywed recién casado(a) (*m., f.*), 7

next próximo(a), 12; siguiente, 12
 —**one** próximo(a) (*m., f.*), 12
 —**time** la próxima vez, 5
 —**week** la semana que viene, 5;
 la semana próxima, 5; la semana
 entrante, 5
niece sobrina (*f.*)
night noche (*f.*)
 —**before last** anteanoche, 13
nightgown camisón (*m.*)
nipple pezón (*m.*)
nitroglycerin nitroglicerina (*f.*)
no one nadie, 15
nobody nadie, 15
noise ruido (*m.*), 8
none ninguno(a), 4
normal normal, 8
normally normalmente, 11
nose nariz (*f.*)
nostril ventana nasal (*f.*); ventana
 de la nariz (*f.*)
nothing nada, 8
notice notar, 17
noun nombre (*m.*)
nourishment alimento (*m.*), 6
novocaine novocaína (*f.*), 9
now ahora, 1; ya, 11
numb entumecido(a)
number número (*m.*)
 phone— número de teléfono
 (*m.*), P
numbness entumecimiento (*m.*)
nurse enfermero(a) (*m., f.*), 2; dar el
 pecho, 11; dar de mamar, 11
nursery sala de bebés (*f.*), 11

O

obesity obesidad (*f.*), 6; gordura
 (*f.*), 6
object objeto (*m.*), 19
obstetrician obstetra (*m., f.*)
obtain conseguir (*e:i*), 15
occupation ocupación (*f.*), 1
occur ocurrir, 16
oculist oculista (*m., f.*), 12
odontologist odontólogo(a) (*m., f.*)
odor olor (*m.*), 15
 to have a bad— tener mal olor,
 15; apestar, 15; tener peste, 15
offer brindar
office oficina (*f.*), 3
often a menudo, 1
oh ah, 9; ¡ay!, 10

oil aceite (*m.*), 5
oily grasiento(a)
ointment ungüento (*m.*), 5
okay bueno(a), 1; Está bien., 2
on en; sobre
once una vez
oncologist oncólogo(a) (*m., f.*)
only sólo, 2; solamente, 2
open abrir, 9; abierto(a)
  —heart surgery operación de
  corazón abierto (*f.*)
opening entrada (*f.*), 7
operate operar, 12
operating room sala de cirugía (*f.*);
  sala de operaciones (*f.*)
operation operación (*f.*), 11
ophthalmologist oculista (*m., f.*),
  12; oftalmólogo(a) (*m., f.*)
ophthalmology oftalmología (*f.*)
opium opio (*m.*)
optometrist oculista (*m., f.*)
or o, P
oral bucal
orally por vía bucal; por vía oral
orange naranja (*f.*), 6; anaranjado(a)
  —juice jugo de naranja (*m.*), 2;
  jugo de china (*m.*) (*Puerto Rico*), 2
order orden (*f.*), 3; ordenar, 14
  in—to para, 3
organ órgano (*m.*)
orthodontia ortodoncia (*f.*)
orthodontist ortodoncista (*m., f.*)
orthopedics ortopedia (*f.*)
orthopedist ortopedista (*m., f.*); ortopedia (*m., f.*)
other otro(a), 2
out of reach fuera del alcance
out of the ordinary fuera de lo
  común, 8
outpatient paciente externo(a) (*m., f.*)
outside afuera, 10
  on the— por fuera, 7
ovary ovario (*m.*)
oven horno (*m.*), 19
overdose sobredosis (*f.*)
overweight exceso de peso (*m.*)
ovulation ovulación (*f.*), 7
ovum óvulo (*m.*)
oxygen oxígeno (*m.*)

P

pacemaker marcapasos (*m. sing.*), 20
pacifier chupete (*m.*); chupón (*m.*);

tete (*m.*) (*Cuba*)
pack bolsa (*f.*)
  —of cigarettes cajetilla (*f.*), 2
pain dolor (*m.*), 1
  The—goes away. El dolor se me
  pasa., 17
painkiller pastilla para el dolor (*f.*),
  2; calmante (*m.*), 2
painful doloroso(a)
paint pintura (*f.*), 19
pair par (*m.*), 17; pareja (*f.*)
palate paladar (*m.*)
pale pálido(a), 3
palpitation palpitación (*f.*), 16
pamphlet folleto (*m.*), 7
pants pantalones (*m. pl.*)
pantyhose pantimedias (*f. pl.*)
Pap test (smear) examen Papanicolau (*m.*)
papilloma papiloma (*m.*)
paralysis parálisis (*f.*), 16
paralyzed paralítico(a), 16
paramedic paramédico(a) (*m., f.*), 19
parents padres (*m. pl.*)
parking estacionamiento (*m.*)
part parte (*f.*), 7
partial parcial, 16
pass pasársele a uno, 17
pasta pasta (*f.*)
patch mechón (*m.*)
patella rótula (*f.*)
patient paciente (*m., f.*), 1
pay pagar, 1
payment pago (*m.*)
peach durazno (*m.*); melocotón
  (*m.*)
peanut butter mantequilla de maní
  (*f.*), 6; mantequilla de cacahuete
  (*f.*), 6
pear pera (*f.*)
pediatrics pediatría (*f.*)
pediatrician pediatra (*m., f.*), 3
pelvic de la pelvis; pélvico(a)
penicillin penicilina (*f.*), 3
penis pene (*m.*), 8; miembro (*m.*)
people gente (*f.*)
pepper chile (*m.*), 6; pimiento
  (*m.*), 6
per day al día, 2
perfume perfume (*m.*)
perhaps quizá(s), 3; tal vez, 20
period periodo (*m.*)
permanent permanente
person persona (*f.*), 12

personnel personal (*m.*)
pertussis tos ferina (*f.*), 5
phalange falange (*m.*)
pharmacy farmacia (*f.*), 3;
   droguería (*f.*) (*col. in some L.A. countries*), 3
phlegm flema (*f.*)
phone teléfono (*m.*), 19
   —number número de teléfono
   (*m.*), P
physical físico(a), 8
   —therapy terapia física (*f.*)
pie pastel (*m.*)
pill pastilla (*f.*), 2; píldora (*f.*)
   —for pain pastilla para el dolor,
   2; calmante (*m.*), 2
pillow almohada (*f.*), 2
pimple grano (*m.*), 12
pin alfiler (*m.*), 19
   pins and needles hormigueo
   (*m.*)
pineapple piña (*f.*)
place colocar, 7; lugar (*m.*), 18
   —of employment lugar donde
   trabaja (*m.*), 1
placenta placenta (*f.*), 11
plan pensar (*e:ie*), 11
planning planificación (*f.*), 7
plaque placa (*f.*)
plastic plástico (*m.*), 19
pleasant ameno(a)
please por favor, P; favor de, 18
   please (+ command) hágame el
   favor de... (+ *inf.*), 2
pleasure gusto (*m.*)
pleuresy pleuresía (*f.*)
pneumonia pulmonía (*f.*); pneumonía (*f.*)
podiatrist podiatra (*m., f.*)
poison (oneself) envenenar(se), 19;
   veneno (*m.*), 10
   —center centro de envenenamiento (*m.*), 19
poisoning envenenamiento (*m.*),
   10
police policía (*f.*)
policy póliza (*f.*) (*insurance*), 1
polio myelitis poliomielitis (*f.*), 5
pollen polen (*m.*)
poor pobre
   —little thing (one) pobrecito(a)
   (*m., f.*), 3
pore poro (*m.*)
portion porción (*f.*)

positive positivo(a), 8
postnatal postnatal
potato papa (*f.*)
pound libra (*f.*), 1
practice practicar
precaution precaución (*f.*), 5
prefer preferir (*e:ie*), 5
pregnancy embarazo (*m.*), 7
pregnant embarazada, 4; encinta,
   4, preñada (*col.*)
premature prematuro(a)
prenatal prenatal
preparation preparación (*f.*)
prepare preparar, 6
prescribe recetar, 5
prescription receta (*f.*), 3
press apretar (*e:ie*), 8
pressure presión (*f.*), 8
pretty bonito(a), 11
prick pinchar
primary primario(a)
print (printed letter) letra de
   imprenta (*f.*), 1; letra de molde
   (*f.*), 1
private parts partes privadas
   (*f. pl.*), 14
probably probablemente, 16
problem problema (*m.*), 3
program programa (*m.*), 18
prostate gland próstata (*f.*)
prostatitis prostatitis (*f.*)
protect proteger
protein proteína (*f.*), 3
provide proporcionar
psychiatric psiquiátrico, 18
psychiatrist psiquiatra (*m., f.*)
psychiatry siquiatría (*f.*)
psychosis sicosis (*f.*)
public público(a), 15
publish publicar
pull (teeth) sacar, 9; extraer, 9
pulp pulpa (*f.*)
pulse pulso (*m.*), 13
pump (the stomach) hacer un
   lavado de estómago, 10
pupil pupila (*f.*)
purgative purgante (*m.*), 17
purse bolsa (*f.*), 9; cartera (*f.*), 9
pus supuración (*f.*), 5; pus (*m.*), 5
push (during labor) pujar, 11
put poner
   —a cast on enyesar, 10; escayolar (*España*)
   —away guardar, 13

pyjamas   pijama (*m.*)
pyorrhea   piorrea (*f.*), 9

Q

quantity   cantidad (*f.*), 6
question   pregunta (*f.*), 6

R

radiologist   radiólogo(a) (*m., f.*)
radiology   radiología (*f.*)
radius   radio (*m.*)
raise   levantar, 13
rapidly   rápidamente, 20
rare   raro(a)
rash   sarpullido (*m.*), 5; salpullido
   (*m.*), 5; erupción de la piel (*f.*)
react   prender
read   leer, 2
ready   listo(a), 14
receive   recibir, 18
receptionist   recepcionista (*m., f.*), 1
recognize   reconocer
recommend   recomendar (*e:ie*), 16
records: medical—   archivo clínico
   (*m.*)
recover   recuperarse
recovery room   sala de recuperación (*f.*)
rectum   recto (*m.*), 14
red   rojo(a), 6
referral   orden (*f.*), 3
regularly   regularmente, 17
relative   pariente (*m., f.*), 20
   close—   pariente cercano(a) (*m.,
   f.*), 20
relax (oneself)   relajarse, 11
release (from hospital)   dar de
   alta, 13
remain   quedarse, 11
remainder   resto (*m.*), 16
remove   quitar, 12
report   informe (*m.*)
request   pedir (*e:i*), 7
respiratory   respiratorio(a)
rest   descansar, 4; descanso (*m.*);
   resto (*m.*) (*remainder*), 16
result   resultado (*m.*), 8
   produce results   dar resultado, 12
retention   retención (*f.*)
retina   retina (*f.*)
return   regresar, 1; volver (*o:ue*), 6
revival   reanimación (*f.*)

rheumatic fever   fiebre reumática
   (*f.*), 20
rheumatism   reumatismo (*m.*)
rhythm   ritmo (*m.*), 7
rib   costilla (*f.*)
rice   arroz (*m.*), 6
right   derecho(a), 14
   —?   ¿verdad?, 11
   —away   en seguida, 5
   —here   aquí mismo, 12
   —now   ahora mismo, 3
ring   anillo (*m.*), 13
ringing (in the ear)   ruido (*m.*), 8
rinse   enjuagar, 9
risk   riesgo (*m.*); arriesgar
robe   bata (*f.*), 14
roll up one's sleeves   subirse la
   manga, 14; remangarse, 14
room   cuarto (*m.*), 3; espacio (*m.*), 9;
   habitación (*f.*), 11, sala (*f.*)
   —temperature   temperatura del
   ambiente (*f.*)
root   raíz (*f.*)
   —canal   canal en la raíz (*m.*)
roughage   fibras (*f. pl.*)
rub   fricción (*f.*), 13; friccionar
rubella   rubéola (*f.*), 5
run   correr, 8
   —a test   hacer un análisis, 8;
   hacer una prueba, 8
   —into   chocar, 10
   in the long—   a la larga

S

safe   caja de seguridad (*f.*), 13; caja
   fuerte (*f.*), 13; seguro(a), 19
saliva   saliva (*f.*)
salt   sal (*f.*), 9
   —free   sin sal
same   mismo(a)
   the—   lo mismo, 8
sample   muestra (*f.*), 2
save   salvar, 9
say   decir (*e:i*), 7
scab   costra (*f.*), 5
scabies   sarna (*f.*)
scalp   cuero cabelludo (*m.*)
scapula   omóplato (*m.*)
scarlet fever   fiebre escarlatina (*f.*)
schedule   horario (*m.*)
schizophrenia   esquizofrenia (*f.*)
school   escuela (*f.*), 6
scissors   tijeras (*f. pl.*), 19

scratch rasguño (*m.*), 19; rascar(se)

scrotum escroto (*m.*)

seat: Have a—. Tome asiento., P

second segundo (*m.*), 10; segundo(a), 14

secretion secreción (*f.*)

sedative sedativo (*m.*); calmante (*m.*)

see ver, 5

—**you tomorrow.** Hasta mañana., P

seem parecer, 8; verse, 13

seizure ataque (*m.*)

select elegir (*e:i*), 11

semen semen (*m.*)

seminal vesicle vesícula seminal (*f.*)

senses sentidos (*m.*)

separate separar, 8

separated separado(a), 1

serious grave, 3; serio(a), 3

serve servir (*e:i*), 7

several varios(as), 13

sex sexo (*m.*), 1

to have— tener relaciones sexuales, 4; acostarse con, 4

sexual sexual

—**relations** relaciones sexuales (*f. pl.*), 4

—**partner** compañero(a) sexual (*m., f.*)

sexually a través del contacto sexual

shaking temblor (*m.*), 20

share compartir

sharp agudo(a), 20; punzante, 20

—**pain** punzada (*f.*)

shave afeitar(se); rasurar(se)

shirt camisa (*f.*)

shoe zapato (*m.*)

shoot dar un tiro; pegar un tiro

—**up** pullar (*Caribe*)

shop tienda (*f.*)

short corto(a); bajo(a)

shortness of breath faltarle el aire a uno, 20

shot inyección (*f.*), 10

should deber, 2

shoulder hombro (*m.*)

sick person enfermo(a) (*m., f.*), 18

sickness enfermedad (*f.*), 5

side lado (*m.*), 12; costado (*m.*), 14

at the—of al lado de, 13

—**effect** efecto secundario (*m.*)

to (at) the sides a los costados, 14; a los lados, 14

sign firmar; señal (*f.*)

signature firma (*f.*), 1

similar similar, 14

simple simple, 9

since como, 3; desde, 4

single soltero(a), P

sir señor (*m.*), P

sister hermana (*f.*), 18

— **-in-law** cuñada (*f.*)

sit sentar(se) (*e:ie*), 9

sitting sentado(a)

situation situación (*f.*)

size tamaño (*m.*), 7

skeleton esqueleto (*m.*)

skim milk leche descremada (*f.*), 6

skin piel (*f.*), 5; cutis (*m.*) (*face*)

skirt falda (*f.*)

skull cráneo (*m.*)

sleep dormir (*o:ue*), 8

sleeve manga (*f.*), 14

slipper zapatilla (*f.*); babucha (*f.*)

slowly lentamente, 8

small pequeño(a), 6

smallpox viruela (*f.*)

smoke fumar, 2; humo (*m.*)

smoked ahumado(a)

so así, 8

—**much** tanto(a), 2

soap jabón (*m.*), 12

social social, 1

—**security** seguro social (*m.*), 1

socket tomacorrientes (*m. sing.*), 19

sock calcetín (*m.*)

soda pop refresco (*m.*), 6

soft blando(a)

—**drink** refresco (*m.*), 6

sole (of foot) planta del pie (*f.*)

solve resolver (*o:ue*), 16

some algunos(as), 3

someone alguien (*m.*)

something algo (*m.*), 2

sometimes algunas veces, 6; a veces, 6

son hijo (*m.*), 3

— **-in-law** yerno (*m.*)

sonogram sonograma (*m.*)

soon pronto, 10

as—as en cuanto, 19; tan pronto como, 19

sooner: the—, the better cuanto antes mejor, 15

sore llaga (*f.*), 15
—**throat** dolor de garganta (*m.*)
sorry: I'm— Lo siento, P
soup sopa (*f.*), 2
source fuente (*f.*)
space espacio (*m.*), 9
spaghetti espaguetis (*m. pl.*), 6
speak hablar, 1
special especial, 5
specialist especialista (*m., f.*), 12
specimen muestra (*f.*), 2
sperm esperma (*f.*)
spiced condimentado(a), 17
spicy picante, 6; condimentado(a), 17
spinal anesthesia raquídea (*f.*)
spine (spinal column) columna vertebral (*f.*); espina dorsal (*f.*)
spit escupir, 9
spleen bazo (*m.*)
sponge esponja (*f.*)
—**bath** baño de esponja (*m.*), 13
spoonful cucharada (*f.*), 13
sputum esputo (*m.*)
stab dar una puñalada
stabbing agudo(a), 20; punzante, 20
staircase escalera (*f.*), 10
stairs escaleras (*f.*)
stand pararse, 14; aguantar, 18
start comenzar (*e:ie*), 11; empezar (*e:ie*), 15
stay quedarse, 11
stepbrother hermanastro (*m.*)
stepchild hijastro(a) (*m., f.*)
stepfather padrastro (*m.*)
stepmother madrastra (*f.*)
stepsister hermanastra (*f.*)
sterility esterilidad (*f.*)
sterilize esterilizar
sternum esternón (*m.*)
stick out (one's tongue) sacar (la lengua), 17
still todavía, 2
to keep— quedarse quieto(a)
stitch punto (*m.*), 10; puntada (*f.*), 10
stockings medias (*f. pl.*), 17
support— medias elásticas (*f. pl.*), 17
stomach estómago (*m.*), 1; barriga (*f.*), 11
stomachache dolor de estómago (*m.*), 1
stone cálculo (*m.*), 17; piedra (*f.*), 17

stool materia fecal (*f.*); caca (*f.*) (*col.*)
—**specimen** muestra de heces fecales (*f.*), 2; muestra de excremento (*f.*), 2
stop (doing something) dejar de (+ *inf.*), 4
stove cocina (*f.*), 19; estufa (*f.*), 19
straight directamente, 12
strawberry fresa (*f.*), 6
street calle (*f.*), P
strenuous violento(a)
stress estrés (*m.*)
stretch extender (*e:ie*), 14
stretcher camilla (*f.*), 10
strict estricto(a), 6
stroke derrame (*m.*), 16; hemorragia cerebral (*f.*), 16
strong fuerte
sty orzuelo (*m.*)
suffer sufrir, 3; padecer, 6
sufficient suficiente, 9
suffocate (oneself) sofocar(se), 19
sugar azúcar (*m.*), 17
suggest sugerir (*e:ie*), 16
suggestion sugerencia (*f.*)
sulfa sulfa (*f.*)
summary resumen (*m.*), 18
sun sol (*m.*), 19
sunstroke insolación (*f.*)
supper cena (*f.*)
suppository supositorio (*m.*)
sure seguro(a), 4; cómo no, 13
make— asegurarse, 12
surgeon cirujano(a) (*m., f.*), 12
surgery cirugía (*f.*), 12; operación (*f.*)
surgical quirúrgico(a)
surname apellido (*m.*), P
suspect sospechar, 15
swallow tragar, 14
sweat sudar, 20
sweet dulce (*m.*), 6; caramelo (*m.*); dulce (*adj.*)
sweetened endulzado(a)
swelling inflamación (*f.*); hinchazón (*m.*)
swimming pool piscina (*f.*), 19; alberca (*f.*) (*Méx.*), 19
swollen hinchado(a), 4; inflamado(a), 4
symptom síntoma (*m.*), 4
syphilis sífilis (*f.*), 15; sifilítico(a) (*adj.*)

syringe jeringa (f.); jeringuilla (f.)
syrup jarabe (m.)

T

table mesa (f.), 14
tablespoonful cucharada (f.), 13
tablet tableta (f.), 13; pastilla (f.)
tachycardia taquicardia (f.)
take tomar, 3; llevar, 3
  —care (of oneself) cuidarse, 12
  —off one's clothes quitar(se) la
    ropa, 14
  —out sacar, 9; extraer, 9; quitar, 12
  —the blood pressure tomar la
    presión, 16; tomar la tensión, 16
talk conversar, hablar
tall alto(a)
  How are you? ¿Cuánto mide
  Ud.?, 1
tarsus tarso (m.)
tartar sarro (m.), 9
tea té (m.)
tear duct conducto lacrimar (m.);
  conducto lagrimar (m.)
teaspoonful cucharadita (f.), 3
technician técnico (m., f.), 14
teenager adolescente (m., f.), 12
teeth (set of teeth) dentadura (f.),
  2
telephone teléfono (m.), 19
television televisión (f.)
tell decir (e:i), 7
temperature temperatura (f.), 3
temple sien (f.)
tend atender (e:ie)
tendency tendencia (f.)
tense up ponerse tenso(a), 11
tension tensión (f.)
tepid tibio(a), 9
terrible terrible, 10
test análisis (m.), 1; prueba (f.), 5
testicle testículo (m.)
test tube probeta (f.)
tetanus tétano(s) (m.), 5
  —shot inyección contra el tétano
    (f.)
thanks (thank you) gracias, P
that que, 3; eso, 6
  —which lo que, 10
  —way así, 11
That's it. Ya está., 14
that's why por eso, 6
then entonces, 9; luego, 10

therapy terapia (f.)
there allí, 15
  —is (are) hay, 5
thermometer termómetro (m.), 13
these estos(as)
  —days en estos días, 5
thigh muslo (m.)
thin delgado(a), 3
thing cosa (f.), 6
think creer, 3; pensar (e:ie), 7
third tercero(a), 10
thirst sed (f.)
this este(a), 8
thorax tórax (m.)
throat garganta (f.)
through por, 8
  —the mouth por la boca, 8
throw up vomitar, 1; arrojar, 1
thyroid tiroides (m.), 14
tibia tibia (f.)
tie ligar, 12; amarrar
  —the tubes ligar los tubos, 12;
    amarrar los tubos
tightness opresión (f.), 20
till hasta, 8
time vez (f.) (*in a series*), 12; tiempo
  (m.)
  at the present— actualmente,
  1 8
  from—to— de vez en cuando, 17
  many times muchas veces, 16
  on— a tiempo
tired cansado(a), 3
tiredness cansancio (m.), 17
tissue tejido (m.); pañuelo de papel
  (m.)
title título (m.)
toast tostada (f.), 2; pan tostado
  (m.), 2
tobacco tabaco (m.), 16
today hoy, 2
toe dedo del pie (m.)
  big— dedo gordo (m.)
together junto(a), 5
toilet inodoro (m.), 14
tolerate aguantar, 18
tomato tomate (m.), 6
tomorrow mañana, 1
tongue lengua (f.), 13
tonsils amígdalas (f. pl.)
tonsilitis amigdalitis (f.)
too much demasiado(a), 19
tooth diente (m.), 9; muela (f.), 9
toothbrush cepillo de dientes (m.)

toothpaste pasta dentífrica (*f.*), 9; pasta de dientes (*f.*), 9
tortilla tortilla (*f.*), 6
total total, 16
touch tocar, 8
tourniquet ligadura (*f.*), 14; torniquete (*m.*), 14
tranquilizer tranquilizante (*m.*)
transfusion transfusión (*f.*), 13
transmitted trasmitido(a)
treat tratar, 16
treatment tratamiento (*m.*), 12
tree árbol (*m.*), 10
tremor temblor (*m.*), 20
trouble molestia (*f.*), 7
trousers pantalones (*m. pl.*)
true verdad, 11
try probar (*o:ue*), 7; tratar (de), 16
tube tubo (*m.*), 14
tuberculin tuberculina (*f.*), 5
tuberculosis tuberculosis (*f.*), 5
tumor tumor (*m.*), 12
turn ponerse
　—out okay salir bien, 14
　—over volverse (*o:ue*), 14; darse vuelta, 14; voltearse (*Méx.*), 14
tweezers pinzas (*f. pl.*), 19
twins mellizos(as) (*m. pl., f. pl.*); gemelos(as) (*m. pl., f. pl.*); cuates (*m. pl., f. pl.*) (*Méx.*); jimaguas (*m. pl., f. pl.*) (*Cuba*)
twist torcer(se) (*o:ue*), 10
twitching temblor (*m.*)

U

ulcer úlcera (*f.*), 17
ulna cúbito (*m.*)
ultrasound ultrasonido (*m.*), 17; ultrasonografía (*f.*)
umbilical cord cordón umbilical (*m.*)
unbearable insoportable, 9
uncle tío (*m.*), 20
under debajo (de), 13; bajo, 18
underwear ropa interior (*f.*)
undress desvestir(se) (*e:i*)
unit unidad (*f.*)
until hasta, 8
uremia uremia (*f.*); urea alta (*f.*)
urethra uretra (*f.*); canal de la orina (*m.*); caño de la orina (*m.*)
uric úrico(a), 20
urinate orinar, 2

urine orina (*f.*)
　—specimen muestra de orina (*f.*), 2
urologist urólogo(a) (*m., f.*)
urology urología (*f.*)
use usar, 2
used usado(a), 7
useful útil, 19
uterus útero (*m.*), 7
uvula campanilla (*f.*); úvula (*f.*)

V

vaccinate vacunar, 5
vaccinated vacunado(a), 5
vaccine vacuna (*f.*)
vagina vagina (*f.*), 7
vaginal vaginal
vaginitis vaginitis (*f.*)
varicose veins várices (*f., pl.*), 17; venas varicosas (*f., pl.*), 17
variety variedad (*f.*), 6
vasectomy vasectomía (*f.*), 12
Vaseline vaselina (*f.*), 5
vegetable vegetal (*m.*), 6; legumbre (*f.*)
vein vena (*f.*), 13
venereal venéreo(a), 15
verb verbo (*m.*)
vertebra vértebra (*f.*)
very muy
　—kind (of you) muy amable, 13
　—well muy bien, P
　not—well no muy bien, P
view vista (*f.*)
violent violento(a), 20
virus virus (*m.*)
vision vista (*f.*), 12
visit visitar, 13
visiting hours horas de visita (*f., pl.*), 13
vitamin vitamina (*f.*), 3
vocabulary vocabulario (*m.*), P
vomit arrojar, vomitar

W

waist cintura (*f.*)
wait esperar, 3
waiting room sala de espera (*f.*), 3
walk caminar, 10; andar, 19
wall pared (*f.*), 12
want desear, 2; querer (*e:ie*), 5
ward sala (*f.*), 2

warning aviso (*m.*)
wart verruga (*f.*), 12
washcloth toallita (*f.*)
washing lavado (*m.*)
watch reloj (*m.*), 13
water agua (*f.*), 2
  —bag bolsa de agua (*f.*), 11
way forma
  that— así, 11
weak débil, 4
weakness debilidad (*f.*), 17
wear usar, 2
week semana (*f.*), 5
weigh pesar, 1
weight peso (*m.*), 6
welcome: you're— de nada, P
well bien, P; bueno, 1; pues, 10
what cuál, 3; qué, 2; lo que
  —for? ¿para qué?, 5
  —time? ¿a qué hora?, 5
wheelchair silla de ruedas (*f.*)
when cuando, 8; ¿cuándo?, 1
where ¿dónde?, 10; donde
  ¿**—(to)?** ¿adónde?, 3
which ¿cuál?, 3
while rato (*m.*), 11
  a—later al rato, 3
white blanco(a)
who? ¿quién?, 1
whooping cough tos ferina (*f.*), 5;
  tos convulsiva (*f.*)
why? ¿por qué?, 4
widow viuda (*f.*), 1
widower viudo (*m.*), 1
wife esposa (*f.*), 1; mujer (*f.*), 1
window ventana (*f.*)
windshield parabrisas (*m.*)
wine vino (*m.*), 18
wisdom tooth muela del juicio (*f.*),
  9; cordal (*m.*), 9

wish desear, 2; querer (*e:ie*), 5
with con, 1
within dentro de, 8
without sin, 8
  —fail sin falta, 15
woman mujer (*f.*), 7
womb matriz (*f.*)
word palabra (*f.*)
work trabajo (*m.*), 4; trabajar, 12;
  dar resultado, 12
worried preocupado(a), 6
worry (about) preocupar(se) por, 10
worse peor, 16
worst peor, 16
wound herida (*f.*), 9; llaga (*f.*), 15
wounded herido(a)
wrist muñeca (*f.*)
write escribir
written escrito(a), 13

X

X-ray radiografía (*f.*), 1
  —room sala de rayos X (*f.*), 10

Y

year año (*m.*), 3
yellowish amarillento(a), 15
yesterday ayer
yet todavía, 2
yogurt yogur (*m.*), 6
You're welcome. De nada., P
young joven, 7
  —lady señorita (*f.*), P
  —man muchacho (*m.*), 18
  —woman muchacha (*f.*), 18
yours suyo(a), 9